社会资本视角下我国家族企业代际传承与投资决策研究

娄 阳 ⊙ 著

立信会计出版社

U0780661

图书在版编目(CIP)数据

社会资本视角下我国家族企业代际传承与投资决策研究/娄阳著. —上海：立信会计出版社，2021.12
ISBN 978-7-5429-6985-9

Ⅰ. ①社… Ⅱ. ①娄… Ⅲ. ①家族-私营企业-企业管理-研究-中国 Ⅳ. ①F279.245

中国版本图书馆 CIP 数据核字(2021)第 258913 号

策划编辑　毕芸芸
责任编辑　毕芸芸

社会资本视角下我国家族企业代际传承与投资决策研究

出版发行	立信会计出版社			
地　　址	上海市中山西路 2230 号		邮政编码	200235
电　　话	(021)64411389		传　　真	(021)64411325
网　　址	www.lixinaph.com		电子邮箱	lixinaph2019@126.com
网上书店	http://lixin.jd.com			http://lxkjcbs.tmall.com
经　　销	各地新华书店			

印　　刷	苏州市古得堡数码印刷有限公司
开　　本	710 毫米×1000 毫米　　　　1/16
印　　张	14.25
字　　数	280 千字
版　　次	2021 年 12 月第 1 版
印　　次	2021 年 12 月第 1 次
书　　号	ISBN 978-7-5429-6985-9/F
定　　价	69.00 元

如有印订差错，请与本社联系调换

前　言

　　长期以来，资源最优配置一直是经济学研究的核心问题，而资源配置决策的合理性直接决定资源配置效率的高低。在现代企业制度和市场经济背景下，企业在资源配置中发挥了举足轻重的作用。企业资源配置问题主要是指用科学的方法选择最优的资源配置决策，最大化地利用企业所拥有的各种资源提高企业总体经营能力和获利能力，从而实现企业价值最大化的战略目标，其实质就是科学、合理地进行企业投资。

　　投资决策作为企业财务活动的重要内容之一，一直是国内外学者们研究的重点。从微观来讲，作为企业价值创造、竞争优势获取的重要驱动力，科学、合理的投资决策直接影响公司的股利决策和融资决策，影响企业未来现金流量水平，影响企业的收益、风险和发展；从宏观来讲，作为国家社会总需求、拉动经济增长的重要推动力，企业投资影响社会扩大再生产，影响国内生产总值变动，影响国民经济持续、稳定和健康发展。

　　作为人类经济发展史上一种比较古老的企业组织形式，家族企业在世界各国都普遍存在，并在各国的经济发展和社会进步中发挥着至关重要的作用。然而，"神龟虽寿，犹有竟时。腾蛇乘雾，终为土灰"，家族企业的持续成长却面临着代际传承的严峻挑战。据统计，能够顺利发展到第二代的家族企业只有30%，而仅有10%～15%的家族企业主能够将接力棒成功传递到第三代接班者手中。

　　改革开放40多年以来，我国家族企业从无到有、从小到大，取得了举世瞩目的发展，现已成为扩大就业，提高国民收入，促进经济发展、社会进步的主力军。目前，我国改革开放初期创业的第一代企业家普遍已年逾花甲，但二代正值有所作为的年龄。越来越多的家族企业已进入权杖交接的重要阶段，全国性的家族企业"接班"时代已经悄然到来。

　　家族企业代际传承是一个关乎企业稳定发展的动态演变过程，但企业的成功传承并非易事。在长达3～8年的传承过程中，家族企业的经营环境具有较大的不确定性，面临极大的经营风险，企业的战略定位、经营理念和治理机制等都会发生一定程度的变革。因此，为了减少事后不适应成本的冲击，家族企业常会做好充分的财务安排,转变企业的经营理念、变革企业战略定位,采取更稳健的长期投资决策以顺利度过传承动荡期,实现可持续发展。另外,在儒家文化基调的深刻影响下,创始人更倾向于将家族企业交由子女来经营。但是,在没有培养出有意愿、有能力接班的继承人的情况下,聘用具有专业知识和丰富管理经验的职业经理人对家族企业进行专业化管理的案例也常有发生。在我国激励机制不规范、职业经理人市场不完善的环境下,受"差序格局"的信任结构和防御性经营策略的影响,所有权和控制权的分离又会产生代理冲突和道德风险。因此,不同的传承模式也会对家族企业长期投资决策造成异质性的影响。

企业社会资本也是影响长期投资决策的一个重要因素。社会资本是家族企业竞争战略优势之源,不仅能为家族企业长期投资决策提供资金保障,还能提供技术支持、智力支撑。家族企业的代际传承不仅仅是物质财富和权杖的简单交接,更重要的是以社会关系网络为核心的企业社会资本的正效传承、再生与融合。企业社会资本是嵌入企业与其利益相关者之间所构建的网络结构中的一种关系资源集合,具有较强的社会性、时效性、场域性、动态性等诸多属性。家族企业代际传承会导致企业与内外利益相关者契约发生变化,从而使企业在社会关系网络结构的位置节点发生变迁,出现关系"结构洞",关系异化的现象不断发生。因此,在整个传承过程中,家族企业社会资本的结构、强度和效用等都会随之悄然发生变化,而这一变化不可避免地会影响传承家族企业的投资决策。

在全国性的家族企业"接班时代"到来之际,本书以代际传承家族企业长期投资决策为中心议题,以企业社会资本为立论点,结合我国经济转型制度背景,主要对代际传承家族企业异质性投资决策相关问题展开研究,研究的具体问题包括:家族企业实施代际传承会对其投资决策产生怎样的异质性影响,家族企业代际传承主要通过什么样的路径来影响其投资决策,代际传承家族企业实施异质性的投资决策的经济后果会是什么。这三个问题不是彼此孤立的,而是相互关联的、非常综合的问题,要对它们做出全面的回答是相当困难的,要想在一本书中完全穷尽这些研究内容也是不现实的。鉴于此,我们根据对该领域理论体系的整体把握,并结合自己的研究方向,从财务视角对上述三个问题进行研究。本书的研究焦点及主要发现归纳如下:

(1)在家族企业投资决策问题上,目前主要有风险规避和长期投资承诺两种对立假说。风险规避假说认为家族企业的利他行为导致家族企业更容易因风险规避而降低投资规模(Anderson 等,2012;Gómez-Mejía 等,2014);而长期投资承诺假说则认为与非家族企业相比,家族企业更关注企业长期利益而更愿意进行长期投资(Poterba 和 Summers,1995;Chen 等,2008)。关于家族企业投资异质性的争议,目前学术界尚未达成一致结论。本书以家族企业代际传承这一特殊战略时期为切入点,从定性与定量角度系统地研究了家族企业投资异质性问题及其经济后果。研究发现,风险规避假说和长期投资承诺假说实质上并不是对立的两种假说,代际传承家族企业采取异质性的投资决策是为了平衡短期目标和长期战略发展愿景的关系,从而一定程度上澄清有关家族企业投资决策异质性的争议。

(2)在代际传承家族企业对其投资决策影响的路径问题上,本书首先剖析了家族企业"传什么"的问题。当前研究大都习惯地将领导权"锚定"为家族企业传承的唯一要素。本书则基于利益相关者理论和自组织理论,从企业社会资本变迁的角度,对该问题进行了深入研究。通过理论分析和实证检验我们发现,作为家族企业一种重要的战略资源,社会资本是其传承的主要元素之一,在传承的过程中,家族企业会通过社会资本的变迁来影响其投资决策。

(3)在采取异质性投资决策的经济后果问题上,本书从经营风险的规避和可持续发展能力的提高两个维度来展开研究。研究发现,代际传承家族企业通过实施稳健性的投资决策在一定程度上可以有效地降低企业的经营风险,同时优化企业投资结构可以提高企业可持续发展能力,从而促进家族企业顺利传承,实现基业长青。

本书不但从社会资本视角为家族企业代际传承影响投资决策理论提供了微观经济基础的实证支持,丰富了代际传承家族企业投资异质性的理论研究,同时也以实证支持了社会资本是家族企业重要的战略资源,是家族企业传承的主要要素的结论。在家族企业传承过程中,关系网络的变迁和重构造成了家族企业社会资本的流失、再生和整合,从而对企业投资决策造成异质性的影响。

娄 阳

2021.12

目　　录

1　绪　论

作为全书的开篇,本章主要构建研究的基本框架。首先,对研究背景进行介绍并由此提出本书研究的具体问题;其次,阐述对相关问题的研究在理论与实践两方面所具有的意义与价值;再次,将研究问题详尽地展开为研究内容,并介绍本书的研究思路、研究框架以及研究方法等;最后,阐述本书可能实现的贡献与创新之处。

1.1　研究背景与问题的提出

1.1.1　研究背景

1.1.1.1　我国家族企业步入传承高峰,合理的财务安排是顺利传承的必要前提

家族企业是人类经济发展史上出现最早并普遍存在的一种经济组织形态,无论是在封建社会自给自足的庄园经济条件下还是在现代通过市场配置社会资源的市场经济条件下,家族企业一直都展现出生机勃勃、强大的生命力,并伴随着经济社会的进步而不断发展、完善和蜕变,促进了一个国家或地区经济的进步和发展。Kelin(1997)研究发现,据最保守的估计,家庭所有或经营的企业在全球企业中所占比例为 65%～80%。在美国,财富 500 强的企业中有 37% 的企业由家族控制,家族企业创造了一半的 GDP 和雇用了一半以上的国内劳动力(Anderson 和 Reeb,2003;Villalonga 和 Amit,2004)。国际上,许多著名的企业都是家族企业,如福特、沃尔玛、宝洁、杜邦等,而世界 500 强企业中有 40% 多的企业都属于家族企业。在亚洲,由于受传统文化、经济发展模式等因素的影响,家族企业在促进经济发展中的作用尤为重要,关系国民经济支柱和命脉。比如在日本,家族企业占全国中小企业的 95% 以上。印度的 500 强企业中家族企业占到 75%,掌控着石油、电信、高科技信息技术等经济支柱产业,其最大的家族企业——塔塔集团拥有 148 年的历史,富可敌国,2018 年资产高达 8 400 亿元,在世界 500 强榜单当中排名第247 位。在泰国,5 个较大家族企业控制了约 26% 的市价总值。韩国、马来西亚及新加坡的十大家族也操纵着市价总值的 1/4。由此可见,家族企业在世界各地经

济社会发展中发挥着至关重要的作用。

改革开放 40 多年来,我国家族企业从无到有、从小到大,迅猛发展,我国初步实现了从僵化、封闭、低效率、高风险的计划经济向富有活力、开放、具有中国特色的市场经济转型。在占中国经济总量 70% 以上的民营企业中,家族企业占到85.4%,在资本市场上,家族控股上市公司占所有 A 股公司的 53.8%,占据了资本市场的半壁江山。《第三次全国经济普查主要数据公报》中指出,家族企业已经完全融入市场经济的每一个角落,成为符合中国特色社会主义价值体系的重要经济组织形态和市场经济的重要组成部分。在创造经济财富、吸纳劳动就业、促进科技创新、提高市场竞争、维护社会稳定等方面,家族企业做出了举世瞩目的贡献,成为我国经济发展的重要增长点和活力来源(中国民营经济研究会家族企业研究课题组,2011)。

经过改革开放的蓬勃发展,我国家族企业的第一代创业者逐步开拓了家族事业并完成了资本的原始积累,但他们也逐渐年近花甲,同时,二代也正值有所作为的年龄。越来越多的家族企业已进入权杖交接的重要阶段,全国性的家族企业"接班"时代已经悄然到来(中国民营经济研究会家族企业委员会,2015)。福布斯《2014 年中国家族企业调查报告》发布的统计数据显示,在 A 股上市的 747 家家族企业中,36.4% 的企业出现了一、二代同时任职的现象。其中,截至 2015 年年底,10% 左右的中国上市家族企业和财富的权杖已由二代接管,进入二代掌权的新时代,并且随着我国经济转型升级的不断深化,二代接班的步伐正逐渐加快。

家族企业代际传承是一个关乎企业稳定发展的动态演变战略过程。在长达3～8 年的传承过程中,家族企业的经营环境具有较大的不确定性,面临极大的经营风险,企业的战略定位、经营理念、治理机制等都会发生一定程度的变革(Fan等,2012),对企业存续产生一定程度的威胁。因此,为了减少事后不适应成本的冲击,家族企业常会做好充分的财务安排,转变企业的经营理念、变革企业的战略定位以顺利度过传承动荡期,实现可持续发展。

1.1.1.2 资源配置至关重要,投资决策是传承家族企业财务安排的核心

长期以来,资源最优配置一直是经济学研究的核心问题,而资源配置决策的合理与否直接决定资源配置的效率高低。在现代企业制度和市场经济背景下,企业在资源配置中发挥了举足轻重的作用。企业资源配置问题主要是指用科学的方法选择最优的资源配置决策,最大化地利用企业所拥有的各种资源,从而提高企业的总体经营能力和获利能力,实现企业价值最大化的战略目标,其实质就是科学、合理地进行企业投资。

企业投资作为全社会总投资的重要组成部分,不仅是企业价值创造、竞争优势

获取的重要驱动力,还是国家社会总需求、拉动长期经济增长和短期波动的基本推动力(徐明东和陈学彬,2012)。科学、合理的投资决策不仅直接影响着企业未来现金流量的水平,影响着企业的风险、收益和价值以及未来的成长,还影响着整个宏观经济持续稳定增长和社会发展进步(黄海杰等,2016)。可见,企业投资不仅能够长期促进资本存量的增长,还是社会总需求和经济短期波动的基本驱动力(凯恩斯,1983)。

企业长期投资决策是决定企业经济发展的最重要战略和财务决策之一,也是构成国家宏观经济的微观基础,一直是国内外学者们研究的重点。从早期的 MM 理论,到与公司治理、行为财务等理论相融合来研究上市公司长期投资决策,这些都促进了投资理论的长足发展,并取得了许多有价值且影响力广泛的研究结论,但这些理论对企业长期投资决策的研究以对一般上市公司问题的研究居多,鲜有以现实中普遍存在的企业组织形态——家族企业为研究对象,更不曾涉及家族企业代际传承这一战略事件对长期投资决策影响的研究。

作为企业财务管理的核心,投资决策是财务支持家族企业代际传承的一项重要内容。科学、合理的投资决策可以有效地降低传承阶段家族企业的经营风险,提高价值创造能力,促进企业平稳度过传承危险期。另外,在儒家文化基调的深刻影响下,创始人更倾向于将家族企业交由子女来经营。心理学家兰斯贝格认为,对父母来说,将他们的希望和梦想永续的最好方式,就是将他们毕生所建立和从事的事业传递给他们的子孙,并代代相传,这是人类的天性。因此,子承父业是大多数创始人所倾向的一种企业持续发展模式,也是我国目前主要的家族企业传承模式(余向前,2007;窦军生和贾生华,2008),这既是情感需求,也是现实所致。

对于含着金钥匙出生和无忧无虑成长的二代来说,他们的人生在父辈已造就的基础上有着无限可能。不同的成长经历形成了不同的价值观,接手父业或许只是选项之一。因此,在“富二代”缺乏强烈的意愿和能力接班的情况下,聘用具有专业知识和丰富管理经验的职业经理人对家族企业进行专业化管理的案例也常有发生(王陆庄等,2008)。

职业经理人作为“外人”的身份可以说是一把双刃剑。一方面,具有卓越企业管理才能的职业经理人的融入,可以推动家族企业的合理化管理,在制定战略决策时,由于没有裙带关系的牵扯,职业经理人更倾向采取一种客观理性的管理风格,从而打破家族企业根深蒂固的“规划屏障”“标签模糊”等障碍,有助于家族企业有效规避“传承鸿沟”,躲过家族内讧存亡之劫。但另一方面,职业经理人和家族成员之间存在先天性的利益冲突,他们进入家族企业后势必使得企业面临分权问题。有些时候,即使面对接班的二代,创始人也很难做到放权,在信任稀薄的环境下,要分权给一个"外人",无形中就存在更大的心理屏障。相应地,如果职业经理人感受到信任稀薄或者很难认同这个家族的情感导向,那么他投入这个企业中的情感和忠诚度也会大打折扣,这就形成了恶性循环。同时,在我国目前职业经理人市场不规范、激励机制不完善的情况下,职业经理人的考核指标大多只能通过可量化的业绩来体现。这就导致职业经理人在参与管理的过程中容易忽视企业的长期利益或许不会主动去维护家族的社会情感财富,而是更倾向于直接追求眼前的短期利益,通过快速的业绩增长或是市场拓展来证明自己的业绩能力,牺牲家族企业的可持续发展为自己的职业铺路。

不同的传承模式会造成家族企业采取不同的经营战略,从而实施不同的长期投资决策(陈灿君和许长新,2021)。因此,对当前我国家族企业代际传承过程以及传承模式下的长期投资决策问题进行研究不仅具有重要的理论意义,同时,对于家族企业实现顺利传承、基业长青乃至国家经济发展也具有较为重要的现实意义。

1.1.1.3 家族企业传承元素众多,社会资本传承意义重大

家族企业的传承不仅是所有权和控制权的传承,更重要的是以社会关系网络为核心的社会资本的正效传承、再生与融合(杨玉秀,2014;丁昆和丁贵桥,2020)。企业社会资本是嵌入于企业与其利益相关者之间所构建的网络结构中的一种关系资源集合,具有较强的社会性、时效性、场域性、动态性等诸多属性(Scott,2016)。家族企业代际传承会导致企业与内外利益相关者契约发生变化,从而使企业在社会关系网络结构的位置节点发生变迁(窦军生和贾生华,2008),出现关系"结构洞",关系异化的现象不断发生。

在整个传承过程中,家族企业社会资本的结构、强度、效用等都会随之悄然发生变化。为了从战略资源角度明确传承家族企业投资决策异质性的本质和影响机理,本书还将系统研究家族企业社会资本传承的一般规律。

1.1.1.4 社会资本传承作用凸显,战略资源是制约投资决策的关键

在中国目前的制度背景下,企业的战略决策不仅受到资本市场、法制环境、政治政策等正式制度的影响,也受到诸如关系网络、道德、文化等非正式制度的制约(Charles 和 Charles,2012)。Allen 等(2005)提出了西方主流经济学家所不能理解的"中国之谜"学说。他们指出,虽然中国市场化水平较低、法律保护力度较薄弱,但其长期以来一直保持较高的经济增长速度,这一现象无法用 La Porta 等(1998)的经济发展理论来解释。他们研究分析后认为,其中主要原因是在中国的市场经济体制中,存在着由信任、权威、声誉、关系网络等相关因素组成的法律保护替代机制。潘越等(2010)也指出,在我国法律保护力度不大的背景下,社会资本是

经济制度、法律制度等正式制度之外的一种促进经济增长的重要非正式制度。

社会资本是家族企业战略竞争优势之源，家族企业通过社会网络关系寻求稀缺资源的配置方式在当代中国已成为主流。家族企业的社会资本扩大并强化了企业与拥有独特资源的外部组织之间的联系。社会资本越丰富，企业内部凝聚力越强，代理成本和交易费用越低（杨玉秀，2014），企业间信息交流与合作效率也会越高，并且融资约束也会越低，从而企业投资能力相应更强（Tsai 和 Ghoshal，1998；边燕杰和丘海雄，2000；张润宇和余明阳，2020）。家族企业的传承不仅是所有权和控制权的传承，更重要的是以社会关系网络为核心的社会资本的传承（杨玉秀，2011）。

社会资本传承对家族企业财务决策的制定意义重大。厘清社会资本传承规律，捋顺社会资本在代际传承和投资决策两者关系中的作用已成为打破"富不过三代"魔咒、实现家族企业基业长青的关键。因此，本书将从社会资本视角出发，探讨家族企业如何通过传承企业社会资本来影响家族企业不同传承过程和传承模式下的企业风险和交易成本，进而影响代际传承家族企业的长期投资决策。

1.1.2 问题的提出

基于上述对于我国家族企业长期投资决策、代际传承以及企业社会资本等因素的现实背景以及研究动态的简要介绍，本书试图回答以下问题：家族企业代际传承是否会对企业长期投资决策产生影响？因家族企业代际传承自身的独特性，其对长期投资规模和投资结构的影响在不同传承过程和传承模式下是否存在异质性？家族企业代际传承对长期投资决策具体的影响路径是什么？社会资本是否在家族企业代际传承对长期投资决策的影响机制中起到了中介作用？这种中介作用是否会因传承模式的不同而有所不同？传承家族企业通过实施异质性的投资决策是否会降低其经营风险、提高其可持续发展能力？因此，本书基于企业社会资本视角，来探讨经济转型深化制度背景下我国代际传承的家族企业进行长期投资决策的内在机理和经济后果；将代际传承对长期投资决策的影响细分为传承过程和传承模式两个维度进行研究，揭示代际传承对家族企业投资规模和投资结构的不同影响机制和经济后果。

1.2 理论意义与实践价值

在家族企业"接班"时代悄然到来之际，本书针对家族企业代际传承、社会资本对长期投资决策影响的研究在丰富长期投资的影响因素、研究视角等方面具有一定的理论意义,同时对于提高家族企业长期投资决策的科学性和合理性以及优化投资结构、推动家族企业转型升级等实践活动也具有指导意义。

1.2.1 理论意义

1.2.1.1 有助于从理论上澄清有关家族企业投资决策异质性的争议

家族控制对投资决策的影响有风险规避和长期投资承诺两种对立假说。风险规避假说认为家族企业的利他行为导致家族企业更容易风险规避而缩减投资规模(Anderson 等,2012;Gómez-Mejía 等,2014);而长期投资承诺假说则认为与非家族企业相比,家族企业更关注企业长期利益而更愿意进行长期投资(Poterba 和 Summers,1995;Chen 等,2008)。关于家族企业投资异质性的争议,目前学术界尚未达成一致结论。本书以家族企业代际传承这一特殊战略时期为切入点,从定性与定量角度系统地研究了家族企业投资异质性问题及其经济后果。因此,本书的研究有助于从理论上澄清有关家族企业投资决策异质性的争议。

1.2.1.2 有助于从代际传承视角丰富和拓展投资决策影响因素的相关研究

现有研究主要关注的是非家族企业的公司治理(Giroud 和 Mueller,2011;李延喜等,2015;姜英兵和于雅萍,2017)、财务特征(Dhaliwal 等,2011;Sasidharan 等,2015;郑毅和徐佳,2018)等因素对投资决策的影响,而鲜有关注家族企业,尤其是家族企业代际传承这一特殊时期的投资决策,至今尚未形成科学性、权威性的研究结论。作为"家族"和"企业"两个重叠的系统构成,家族企业在公司治理、组织结构、经营绩效、资源配置等方面都有自身独特性,这些独特性很可能会使公众公司的研究成果在家族企业代际传承中的"外部效度"大打折扣。其中,最为显著的当属家族的长期影响使得家族企业代际传承比普通公众公司管理层变更多了一个"非同寻常"的维度,这种差异主要体现在传承过程和传承模式中。因此,本书深入研究了家族企业代际传承对投资决策的影响,丰富和拓展了企业投资决策影响因素的相关研究。

1.2.1.3 有助于从财务行为视角丰富和拓展家族企业代际传承经济后果的相关研究

代际传承是家族企业生命周期中的重要阶段,也是家族企业生命力延续的必要过程。代际传承视角成为观察家族企业的财务决策经济后果的重要切入口。处在代际传承的不同进程或者采取不同传承模式的家族企业,其财务行为、战略取向等各有不同,由此产生的经济后果也大相径庭。目前,学者从债务特征(许永斌等,2014)、现金持有(Liu 等,2015;李思飞和裴泱,2018;金一禾等,2020)、盈余管理

(魏春燕和陈磊,2015;Fan 等,2012)等方面去研究代际传承对家族企业财务行为影响的居多,但是对代际传承时期家族企业采取显著异质性财务决策的经济后果关注较少。因此,本书从风险规避和可持续发展能力提高两方面,研究代际传承的家族企业实施异质性投资决策的动机,可以为家族企业通过财务安排促进成功传承提供新的证据。

1.2.2 实践价值

1.2.2.1 有助于提高家族企业进行长期投资决策的科学性和合理性

长期投资决策是决定企业经济发展的最重要战略决策之一。企业的发展壮大需要持续不断的资本支出,企业核心竞争力的获取以及战略转型更需要持续不断的技术创新的支撑。科学、合理的长期投资决策不仅是企业实现持续经营并确保盈利的力量源泉,还是公司经营风险、融资政策、股利分配等一系列公司财务政策行为的重要影响因素。本书从社会资本视角深入剖析代际传承家族企业的长期投资决策影响因素,为家族企业提升长期投资决策能力的关键环节和关键路径提供理论支持和数据支撑,有助于提高家族企业长期投资决策的科学性和合理性,并助推家族企业成功传承,实现"家业长青"。

1.2.2.2 有助于优化家族企业投资结构,推动家族企业转型升级

在我国经济转型不断深化的背景下,优化长期投资结构尤其是加大研究与开发(R&D)投资力度是促进企业可持续发展、提高价值创造能力、形成核心竞争力的关键,更是提升家族企业甚至我国产业转型升级水平线、推动高质量发展的必由之路。为了破解"家族主义困境",避免家族企业"三代消亡律",促进家族企业健康发展,本书从投资规模和投资结构两个维度来研究代际传承家族企业的投资决策,以社会情感财富理论和资源基础观理论为理论基础,系统研究了家族企业代际传承对长期投资决策的影响,深化了家族企业投资结构偏好问题研究。这一研究为家族企业以市场为机制,优化投资结构,推动家族企业转型升级,实现从"创业结构"向"发展结构"的结构升级提供了理论基础。

1.2.2.3 有助于促进家族企业顺利传承,实现基业长青

代际传承不仅关系到家族企业可持续发展,更关系到我国民族产业的兴衰存亡。家族企业如何顺利传承,如何在传承过程中规避可能遇到的风险和危机,是困扰着家族企业发展的主要问题。投资决策作为企业三大财务决策之一,在家族企业极为特殊的代际传承时期对其进行调整,不仅体现了家族企业投资差异性,更是控制家族代际传承期通过财务安排降低经营风险、提高可持续发展能力,促进顺利

传承的具体体现。本书系统研究代际传承家族企业投资决策的异质性，深入分析代际传承期的财务行为及其经济后果，为促进家族企业顺利传承、实现基业长青提供了理论依据和政策参考。

1.3 研究内容与研究方法

1.3.1 研究内容

1.3.1.1 研究目标

本书通过对家族企业代际传承、长期投资决策、企业社会资本等方面的相关文献进行系统、详细的梳理和分析，以发现现有研究的不足，并抓住研究契机对相关问题进行理论上的分析和实证上的检验。分析发现，家族企业代际传承是一个关乎企业稳定发展的动态演变战略过程。在这一特殊时期，家族企业的经营环境具有较大的不确定性，面临极大的经营风险，企业的战略定位、经营理念、治理机制等都会发生一定程度的变革。另外，在不同的传承模式下，企业管理者的经营目标不同，代理问题和信息不对称程度也有所不同。那么企业代际传承这一战略事件是否会影响家族企业长期投资决策呢？目前关于这方面的文献还很缺乏，于是本书尝试对家族企业代际传承与长期投资决策的关系进行探索。具体而言，本书要实现的研究目标如下：

（1）探究家族企业代际传承对长期投资决策的影响。考虑到不同的传承过程和传承模式都会对长期投资决策造成异质性的影响，并且家族企业代际传承的经济后果还会受到公司内外部环境的影响，本书将结合家族所有权、家族化方式和家族企业所在地区市场化水平，检验家族企业代际传承过程和传承模式对长期投资规模和投资结构的影响。

（2）深入研究家族企业社会资本对长期投资决策的影响。社会资本能强化信任的产生，能加强信息的交流、提高资源的获取能力、促进产权的保护、减少环境的不确定性。但社会资本功效的发挥受企业内外部环境的影响，本书将结合家族所有权、家族化方式和家族企业所在地区市场化水平，深入研究家族企业社会资本对长期投资决策的影响。

（3）探究家族企业社会资本的传承。家族企业传承是一个长期社会化的过程，不只是物质资本和权杖的代际交接，更重要的是企业社会资本的正效传承、再生与融合。探究在家族企业代际传承的整个过程中社会资本的传承、再生与融合也是本书所研究的问题。

（4）以社会资本为视角，探究家族企业代际传承过程对长期投资决策的影响路径。具体而言，检验家族企业代际传承是否通过影响社会资本进而影响其长期投资决策。

（5）以投资决策为视角，剖析代际传承家族企业实施财务安排的经济后果，即是否降低了企业经营风险和提高了企业可持续发展能力。

1.3.1.2　研究框架

为了实现上述研究目标，本书的研究内容如下。

第1章，绪论。本章主要介绍本书的研究背景、主要研究问题和研究意义、研究内容与研究思路、研究框架与研究方法和主要创新之处。首先，阐明长期投资决策的重要性以及家族企业代际传承这一战略事件对长期投资决策的影响，在此基础上引出社会资本作为家族企业一种重要的战略资源与代际传承的家族企业的长期投资决策的关系的话题，并阐述该项研究的必要性以及研究意义；其次，将本书的研究问题详细展开为研究内容，并对本书的研究思路、研究框架以及具体研究方法进行交代；最后，对本书的主要创新点进行总结。

第2章，文献综述。本章围绕家族企业长期投资决策、代际传承和企业社会资本三个核心概念对国内外相关文献进行回顾。首先回顾企业长期投资决策相关的文献，具体包括长期投资和长期投资决策的概念、影响因素以及家族企业长期投资决策；其次回顾家族企业代际传承的过程和理论模型、传承模式、传承要素和家族企业代际传承对投资决策影响的相关文献；然后梳理企业社会资本的概念和功效相关的文献。本章最后进行文献述评，力图使本书的研究内容汲取前人研究之"精华"，既有所继承又有所突破。

第3章，理论基础。本章为本书的研究提供理论支撑。首先介绍与社会资本传承相关的利益相关者理论和自组织理论；其次介绍家族传承作用于长期投资决策的资源基础观理论和社会情感财富理论；最后对上述理论及其在本书所构建的关系中发挥的作用加以小结。

第4章，家族企业代际传承与长期投资决策的实证研究。本章以继承人参与企业管理为代际传承实施开始的标志，将家族企业划分为传承前后两阶段。传承模式分为子承父业和引进职业经理人两种模式。本章分别从传承过程和传承模式两方面对长期投资规模和结构进行实证研究。在研究的过程中，首先，通过理论分析提出研究假设；其次，进行研究设计，包括样本选择与数据来源、变量定义与模型设计；再次，得出实证结果并进行分析，包括描述性统计分析、相关性分析以及多元回归结果分析；最后，进行进一步分析与稳健性检验。在进一步检验中首先以家族企业所有权、家族化方式和家族企业所在地区市场化水平为切入点，从内部治理制度和外部环境来分析其对家族企业代际传承和长期投资决策关系的调节效应,接着将子承父业传承模式的传承过程细分为继承人参与管理、与传承人共同管理和接收管理三个阶段不同的情境,分别检验传承模式的异质性对长期投资决策的影响;而稳健性检验则包括模型变换和变量替换等。

第5章,家族企业社会资本与长期投资决策的实证研究。本章对家族企业社会资本与长期投资规模和投资结构进行实证研究。本章也是按照理论分析与研究假设、研究设计、实证结果与分析、进一步分析和稳健型检验以及本章小结的顺序展开。在进一步分析中,首先从家族企业所有权、家族化方式和家族企业所在地区市场化水平三方面探索其对企业社会资本和长期投资决策关系的影响;然后通过细分家族企业社会资本的类型,具体从权力性社会资本和市场性社会资本、外部社会资本和内部社会资本两种分法,更深入地探究企业社会资本异质性对长期投资决策的影响。

第6章,家族企业代际传承、社会资本与长期投资决策的实证研究。本章首先对家族企业代际传承与企业社会资本进行实证研究,然后再结合第4章的研究结果,实证检验企业社会资本在家族企业代际传承和长期投资决策中的中介效应。本章依然按照理论分析与研究假设、研究设计、实证结果与分析、进一步分析与稳健性检验以及本章小结的顺序展开。在进一步分析中,从家族企业所有权、家族化方式和家族企业所在地区市场化水平三方面探究其对企业社会资本中介效应的调节作用。

第7章,代际传承家族企业实施异质性投资决策经济后果的实证研究。本章从经营风险规避和可持续发展能力提高两方面实证研究传承家族企业实施异质性长期投资决策的经济后果。本章还是按照理论分析与研究假设、研究设计、实证结果与分析、进一步分析与稳健性检验以及本章小结的顺序展开。

第8章,研究结论、政策建议、研究不足与展望。本章首先对全书的理论分析和实证检验作总结,以此来实现本书的研究目的;其次结合本书所得到的研究结论,对家族企业在权杖交接、社会资本再生、优化投资决策等方面提出有针对性政策建议;最后指出本书在研究过程中存在的不足,并对未来可以完善之处进行展望。

由此可见,本书研究的主要内容分为三个层次:关系确定—影响机制—经济后果。其内部逻辑在于:第一层次是研究起点,主要从理论上澄清家族企业投资决策异质性的争议,明确家族企业代际传承和投资决策的关系性质;第二层次是研究核心,提出家族企业代际传承主要通过企业社会资本影响投资决策,并挖掘在各条影响路径中企业社会资本的作用机制;第三层次是研究落脚点,通过验证代际传承家族企业采取异质性投资决策可以降低经营风险、提高可持续发展能力,明晰了家族企业可以通过财务安排来促进顺利传承,实现基业长青,为家族企业健康发展提供数理支持。具体研究框架如图 1-1 所示。

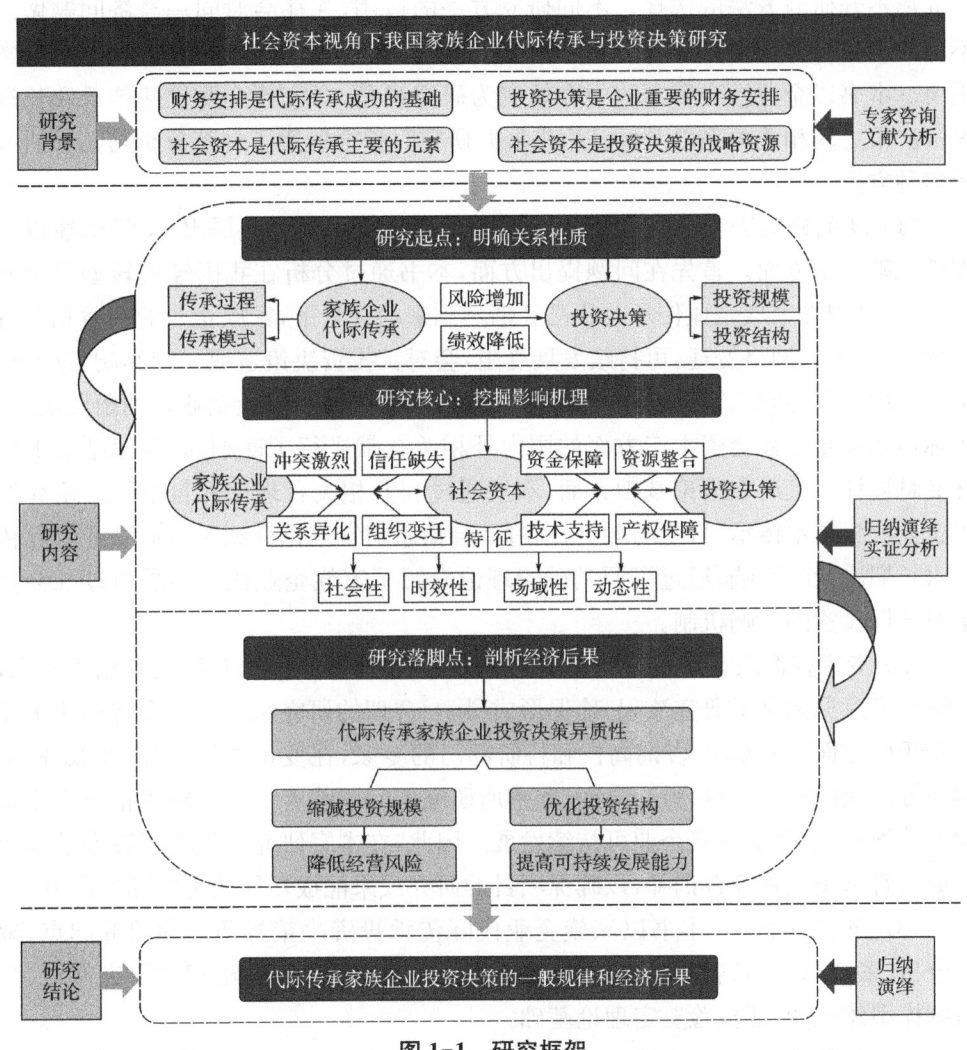

图 1-1 研究框架

1.3.2 研究方法

任何一门学问,都离不开研究方法,甚至可以说,方法就是学问。方法的枯竭便是学问的停滞,方法的繁荣则是学术的发展(许家林,2005)。在科学研究中,研究方法是指研究主体为取得理论研究成果而作用于研究客体(特定的实践活动对象)所凭借的途径、方式或手段的总称。不同的研究方法既体现了研究主体不同的理论思维模式,也体现了最终所得到的理论研究成果上的差异。所以,经济理论的研究离不开研究方法的选择。不同研究方法的运用,往往会对同一经济问题做出不同的逻辑证明,或得出不同的研究结论。因而,理论研究方法的选取、采用异常重要。本书以企业社会资本的中介效应为研究视角,对家族企业代际传承和长期投资决策之间相关关系以及经济后果展开研究时综合使用了规范分析与实证研究等多种方法。

(1) 规范分析法。本书主要将规范分析方法应用于问题提出、文献综述以及理论基础三个方面。首先在问题提出方面,本书通过分析在我国经济转型升级不断深化,全国性家族企业传承时代已经悄然到来的背景下,家族企业的利益相关者突变,社会关系网络变迁,可持续发展受阻,会对其投资决策造成一定影响,进而提出本书欲研究的问题。其次在文献综述方面,本书分别对家族企业长期投资决策、代际传承和企业社会资本三方面的国内外相关文献进行了回顾,并在此基础上展开文献述评。最后在理论基础方面,本书通过利益相关者理论和自组织理论介绍了企业社会资本传承、再生与融合;通过社会情感财富理论介绍了家族企业代际传承对长期决策的影响;通过资源基础管理理论介绍了家族企业代际传承通过社会资本对长期投资的影响机制。

(2) 专家咨询法。为了达到本书的研究目标,根据研究需要咨询了相关专家,根据专家意见优化了研究流程,确保形成科学、合理的研究结论。专家咨询法主要应用于两方面:一方面,咨询高校和科研部门的专家,在变量选择、方法选取、模型构建方面获得技术指导;另一方面,本书所研究的问题能否实际应用于指导家族企业经营管理,助力于家族企业可持续发展。因此,在本书研究过程中还咨询了家族企业高管和企业管理咨询师,以确保项目的研究成果能成功转化为实际生产力。

(3) 归纳演绎法。本书以家族企业代际传承投资决策异质性为研究起点,理论分析、系统总结归纳关键变量之间逻辑关系和作用路径,提出相关研究假设,为后续模型建立、实证检验奠定理论基础。

(4) 实证研究法。实证研究法是研究者通过观察、实验、调查等定量分析的手段,对提出的相关假设进行检验,并使之形成一种普遍性的规律和理论的方法。针对所欲探讨的家族企业代际传承、企业社会资本与长期投资决策之间的相互关系,本书主要通过实证研究的方法为所提出的研究假设提供支持性证据,并由此形成了本书的研究结论。在数据选取与处理方面,本书以 2008—2019 年沪深两市的上市家族企业为研究样本,从国泰安数据、万德数据库,以及上海证券交易所、深圳证券交易所、新浪财经和巨潮资讯网等网站中收集了相关数据,并通过 Excel2007 和

Stata12 等软件进行了数据处理。在各章节的实证研究过程中,本书首先对样本中主要变量进行了描述性统计,主要包括变量的平均值、中位数、最小值、最大值和标准差,以此展示样本中各变量在数据上呈现的分布和趋势特征;其次,对模型中的各变量进行了相关性分析,以避免多重共线性对本书研究的干扰;再次,通过多元回归对各章的假设进行了实证检验和分析;最后,为了深化各个问题的研究又做了进一步分析,并且为了保证实证结果的准确性和可靠性又进行了稳健性检验研究,为研究假设提供了更为充实的证据。

1.4 研究贡献和创新

与国内外学者关于家族企业长期投资决策的已有研究相比,本书的研究贡献和可能的创新之处主要体现在以下几个方面:

(1) 以家族企业代际传承为切入点研究家族企业代际传承对长期投资决策的影响,丰富了长期投资决策影响因素的研究。目前关于长期投资决策影响因素的研究以非家族上市公司为研究对象的居多,鲜有以家族企业为研究对象,尤其是代际传承期的家族企业。代际传承时期是关乎家族企业稳定发展的特殊阶段,会对企业长期投资决策产生异质性影响。因此,本书从 Handler 家族企业代际传承的三阶段模型出发,更深入地探究了家族企业代际传承对长期投资决策不同维度的影响,具体包括传承过程和传承模式对长期投资规模的不同影响,传承过程和传承模式对长期投资结构的不同影响,丰富了家族企业长期投资决策影响因素的研究,也拓展了长期投资决策影响机制的研究。

(2) 从整体观的视角来整合正式制度和非正式制度并探讨其对长期投资决策的影响机制,丰富了企业投资决策的研究视角。本书以家族企业非正式关系治理——企业社会资本为研究视角,探索了家族企业代际传承这一正式治理制度对长期投资决策的影响机制;从整体上将正式制度和非正式制度相融合,非正式制度作为正式制度的有益补充,当正式制度产生效应降低时,企业可以通过完善非正式制度来缓解其对企业绩效的损害作用。这一研究有助于我们进一步理解企业社会资本在家族企业稳定发展以及财务决策中的中间影响机制,凸显非正式关系治理与正式制度的共生演化过程对企业价值的影响作用,丰富了企业长期投资决策的研究视角。

(3) 首次尝试将家族企业代际传承、企业社会资本与长期投资决策纳入统一框架进行研究,系统检验了家族企业代际传承影响长期投资决策的路径。本书在实证检验了代际传承对长期投资决策产生不同方向的影响后,进一步用家族企业的战略性资源——企业社会资本作为中介变量,对两者关系的影响路径进行了系统中介效应研究。此外,为了更有效地证明正式制度与非正式制度的相互作用机理,在进一步研究中又从家族企业所有权、家族化方式以及家族企业所在地区的市场化水平三方面,探索了它们对企业社会资本中介作用的调节效应,为本书的研究假设提供了更为充分的证据。这一研究丰富了长期投资决策影响机制的相关文献。

2 文献综述

"不畏浮云遮望眼,自缘身在最高层。"任何研究者都不可能凭借一己之力在真空地带构筑起擎天理论大厦,要展开一个研究领域或研究主题,首先需要综合分析、全面梳理和系统总结以往学者在该领域或主题的主要研究成果、研究动态和前沿问题,并找出存在的研究不足,为进一步研究寻找切入点和突破点。由于本书是基于企业社会资本视角来研究家族企业代际传承对长期投资决策的影响以及经济后果,因此有必要分别就国内外家族企业长期投资决策、家族企业代际传承和企业社会资本三方面进行文献梳理和回顾,以在一定程度上更好地发现家族企业代际传承、企业社会资本以及长期投资决策之间的逻辑关系,从而把握住代际传承中家族企业长期投资决策的研究方向和视角。本章围绕本书的核心问题按照如下顺序对国内外文献进行梳理:首先梳理国内外有关家族企业长期投资决策的研究;其次整理家族企业代际传承以及代际传承对投资决策的影响和经济后果;再次从经济效益、企业管理、技术创新和竞争优势四个方面总结企业社会资本的功效;最后在对现有文献梳理回顾的基础上进行系统总结,归纳出有关研究的主要成果,为全书后续的理论分析和实证检验部分提供支持。本书的研究力图在前人研究的基础上,既有所继承又有所突破。

2.1 家族企业长期投资决策的文献综述

投资决策作为企业财务决策制定的逻辑起点,始终是国内外研究学者们关注的重点。在对国内外关于企业长期投资决策的现有文献进行归纳和梳理时,本书主要关注于企业长期投资决策的概念、影响因素以及家族企业的长期投资决策这三个方面。

2.1.1 企业长期投资决策的概念

投资活动是随着商品经济的产生而产生,并随着经济发展的市场化和社会化程度的不断提高而逐步完善起来的。在此基础上,西方经济学者率先提出了投资的概念,并从金融学和经济学两个层面进行阐述和分析。从金融学层面来讲,企业投资主要是指公司为了在未来一定时期内获得与风险成比例的经济利益,而把货币资金投入资本市场,并取得货币价值形态的金融资产,如股票、债券等,通过间接投资获得利润分配(Williams,1938;申慧慧等,2012)。而在经济层面上,投资则是指公司为了形成新的资本资产,而把资金投入到生产性的实物和无形资产中,主要包括对生产经营中的存货追加、厂房建造、生产设备购置和安装等能够形成生产能力物质技术基础的投资,也包括为了获得新技术、新产品的研发投资(R&D 支出)(Biddle,2006),通过生产经营活动来获取收益。《新帕尔格雷夫经济学大辞典》(伊特韦尔等,1996)就从经济学角度将投资定义为"资本形成、获得或创造用于生产的资源……资本主义经济中非常注重在有形资本——建筑、设备和存货方面的企业投资"。《会计辞典》(西格尔等,2007)则同时从经济学与金融学两方面去定义投资:"为获得产生收入的财产、设备和其他资本性资产的支出;长期持有其他公司的证券,成为长期投资,列示在资产负债表的非流动资产部分;非常短期地持有其他公司的证券(短期投资),它们作为有价证券列示在资产负债表的流动资产部分。"美国经济学家萨缪尔森(1992)认为企业投资主要是以实物投资为主要表现形式的资本行为,其目的是获得经营活动所需的实物资源,促进企业可持续发展。杜格尔和科里根(1990)也曾在其所著的《投资学》一书中指出:"投资是以社会再生产活动对资金投入的客观要求为前提的,是以新的建筑物、新的生产耐用设备或追加存货等形式存在的生产性资本。"

由此可见,投资是指为了保障资本正常运营,实现资本保值增值的资金需求,而在一段时期内提前支付一定的资金,从而获取预期收益并创造公司价值的一种经济行为。这种经济行为的意义在金融和经济层面上有较大差距。金融层面上的投资实质是企业货币资金与金融资产的交换,是一种财务交易,并没有实现实物资产和无形资产的增加。但经济意义上的投资则是人与自然的一种交集活动,实质是通过资金投入而达到新的资本资产的形成,是企业可持续发展、维持竞争优势的重要保证。萨缪尔森等(1992)就曾指出,"对于经济学家而言,投资意味着耐用资本品的生产。而对于一般人而言,投资常常是指用货币购买几张通用汽车公司的股票或开立一个储蓄账户。请不要将'投资'一词的这两种不同用法混淆起来。如果我从我的保险柜里取出 $1000,把它存入银行,或者购买政府债券,那么从经济学的含义来讲,并没有投资发生。所发生的只是我将一种形式的金融资产转变为另一种形式的金融资产。"

按照投资时间长短,企业投资可以划分为长期投资和短期投资。长期投资是指一年以上才能收回的投资,一般由资本支出和 R&D 支出两部分组成(Kothari

等,2002;郝颖等,2014)。资本支出主要是投资于现有产品或项目相关的固定资产、无形资产和其他投资,具有相对稳定的经济利益,面临的主要是市场风险(Chan,2001;Cambini 和 Rondi,2010)。而 R&D 支出则是投资于一些新的技术、产品或服务中,其创造的无形资产的形态存在很大差异,因而这类资产具有较强的专用性,并且 R&D 支出主要表现为实验费用和人力资本的支出等,为了提高研发成功率,这些不可逆成本的发生又是不可避免的;同时,R&D 支出面临较高风险,不仅要考虑 R&D 支出活动自身所具的资金管理风险、技术研发风险,还要考虑技术成果转化后的市场推广风险、知识保护风险等。因此,R&D 支出具有较大的异质性风险和不确定性(陈爽英等,2012)。此外,与资本支出相比,R&D 支出还面临较高的人力资本风险,如关键研发人员离任等(Bloom 等,2007;陈德球和钟昀珈,2011)。但是,研发活动是企业技术进步的主要来源,更是企业成长的源泉和内生演化的动力,技术成果的成功转化不仅能提高企业自身竞争能力,而且对竞争对手也有深远影响(陈爽英等,2012),R&D 支出是以牺牲公司短期业绩为代价,追求公司未来成长性的支出。由于本书立足于企业社会资本视角来探讨家族企业代际传承对直接投资的影响,因此在借鉴国内外学者的研究成果基础上,本书研究的投资范畴仅包括经济意义上的生产经营性长期资本支出和 R&D 支出。

从财务方面来看,投资决策是指为了实现企业预期投资目标,在给定资本约束情况下,企业运用一定的科学理论、方法和手段对可行性集中的投资项目进行有效分析、筛选并实施最优的投资项目,以使其投资收益最优化、企业价值最大化。投资决策是企业三大决策中最为关键、最为重要的决策,直接影响融资决策和股利决策,并且作为企业价值提升、竞争优势获取的重要驱动力以及企业未来现金流量水平提高的基本推动力,不仅影响着企业总体的经营能力和获利能力,还影响着企业的风险、收益和价值以及未来的成长。如果对一个重要的投资项目做出错误决策,往往会使一个企业陷入困境,甚至破产。就研究内容来讲,投资决策主要包括投资规模、投资结构以及投资效率三方面的问题(毛德凤等,2016)。投资效率是指将稀缺的资本分配给进行最优化"生产性"使用的投资者所形成的资源配置状态,是为企业带来的运营业绩和企业价值的提升状况。目前,学者们主要侧重于从代理理论和信息不对称理论来研究投资效率,而对其他两方面深入系统的研究不多,因此,本书研究内容主要包括企业投资规模与投资结构决策。企业投资规模是指在一定时期内的投资总额,是企业投资决策的具体表现,它可以用企业总投资规模来衡量。企业投资结构是指在一定时期内,按照风险、流动性等维度对可行性集中的投资项目进行排序所形成的投资比例结构(付文林等,2014)。风险标准是按照可行性项目的风险程度进行排序后形成投资组合;流动性标准是按照投资资产的流动性大小来配备资金(赵静等,2016)。本书研究中的长期投资资产的流动性都较低,因此主要是从风险维度来探索长期投资决策的投资结构。

2.1.2 企业长期投资决策的影响因素

作为企业兴衰的战略决策之一,长期投资决策不但影响着企业经营风险和未来现金流的水平,还会影响到企业价值的提升甚至可持续健康发展,因此其始终是学者研究的主要领域。经过长期的发展,该领域的研究已经形成了较为丰富、科学的投资理论研究框架。早期的企业投资理论主要包括以资本存量为视角的Jorgensen 新古典投资理论、剖析预期产量与投资之间关系的 Clark 投资加速器理论以及以投资的调整费用为基础的 Tobin Q 理论等。以此为基础,后续的研究不断对其进行突破和创新。从 20 世纪 70 年代开始,随着行为财务学、不确定性经济学和信息经济学的发展,国内外学者研究公司治理结构、环境不确定性以及信息不对称和委托代理问题对投资行为的影响也是不容忽视的,从而推动了传统投资理论的发展。

由此可见,影响企业长期投资决策的因素非常复杂,既有融资渠道的因素,也有投资环境的因素,还有企业自身层面的因素。为了更好地探析企业长期投资决策的影响机制,结合本书的研究视角,本章主要从企业长期投资决策的内部和外部影响因素进行文献回顾,并对国内外学者的研究成果进行总结和评价。

2.1.2.1 企业长期投资决策的内部影响因素

对于长期投资决策内部影响因素,现有文献主要是从公司治理结构和财务特征的角度进行研究的。

1) 公司治理结构的影响

在两权分离的情况下,公司治理结构被认为是解决委托代理问题,提高长期投资决策科学性、合理性的有效机制。有效的公司治理不仅能够缓解代理冲突,降低信息不对称程度,更能够监督和激励管理层放弃利己行为,以企业价值最大化为目标,做出合理有效的战略决策(La Porta 等,1997;Rhee 等,2003;方红星和金玉娜,2013)。代理冲突是造成企业非效率投资的重要原因之一(Jensen,1976)。企业的管理者拥有有利于其控制企业资源和财富为其个人创造利益的企业控制权。为了获取更多额外津贴、提高职业声誉以及建设商业帝国等,从而增加私人收益,企业管理者会盲目投资进行多元化发展或者扩大企业规模(Jensen,1976、1986)。建造商业帝国是资本预算中的代理问题,企业经理倾向管理较大规模的企业而非小企业,通过不断地投资新项目,经理可以拥有更多可以控制的资源和福利,获得更多的在职消费(Myers 和 Majluf,1984)。Conyon 和 Schwalbach(2000)研究发现,企业管理者收益与企业规模正相关,大规模企业管理者的收益远高于小规模企业,管理层常通过加大投资力度、扩大企业规模,最终使个人收益增加。Shin 和 Kim(2002)的研究也发现,当股东和经理人的目标效用函数不一致时,两者之间存在激励不相容的情况,此时经理人的投资决策与企业成长机会的关系并不显著,经理人倾向于根据自身利益投资于并非最优的项目。也就是说,管理者确定的投资水平会超过投资资金的边际收益刚好等于市场要求的投资收益率时的投资水平。由于管理者的行为无法完全被证实,管理者持有的自由现金流量越多,就越有可能从事那些可以为自己牟取私利而于股东无益的投资。Richardson(2006)通过实证研究也证明,自由现金流是过度投资资金的最重要来源,是过度投资行为发生的催化剂。

同时,管理者的风险防御动机也会造成企业投资不足。企业的长期投资项目具有周期长、占用资金多、经济效益不确定等特征,短期内项目的实施会对企业的经营绩效和经营风险产生一定的压力(Kothari 等,2002),给管理者带来工作的不安全感。如果管理者在经营期间经营业绩达不到约定的目标绩效,就会面临减薪甚至被劝退离职的风险(Chen,2013)。为了防止自己的"利益王国"遭到破坏,管理者会采取偷懒和"搭便车"的行为,主动选择减少投资甚至用自身的权力影响其他管理者选择减少投资,从而引发企业投资不足。

对企业高管进行有效的激励是激发其进行合理、高效长期投资决策的重要驱动力(姜英兵和于雅萍,2017)。赋予管理层一定股权有利于缓解管理层与股东之间的利益冲突,减少代理成本。股权激励本质是协调管理层与股东未来利益合理分配的长期激励机制,促使管理层有动力按照股东利益最大化的原则经营企业,减少和消除短期行为(Smith,1982;Bebchuk 等,2010),合理做出资本性支出和 R&D 支出决策。Dechow 和 Sloan(1991)以美国 1974—1988 年 405 家制造业公司为研究对象,探究接近退休的 CEO 是否会无效率地削减企业研发费用,从而以未来利润为代价来增加现在的利润及奖金,他们发现,CEO 即将退休前,公司研发费用的增长率是下降的,而对于持有公司股份的 CEO 则没有这种趋势。周杰(2005)利用我国上市公司的数据,在研究管理者股权结构与企业投资的关系时发现,总经理持股能够显著地提高企业对投资机会的敏感性,从而有效抑制企业的过度投资。吕长江和张海平(2011)对我国股权激励计划对公司投资行为的影响进行研究,发现股权激励机制有助于抑制上市公司的非效率投资行为。夏宁和邱飞飞(2014)将股权激励分为显性激励和隐性激励,认为显性激励和隐性激励对于投资效率和公司业绩的影响是不同的,显性激励能够通过提升投资效率来改善公司业绩,而隐性激励则没有这样的作用。卢闯等(2015)对我国上市公司高管人员股权激励和投资决策的关系进行研究,发现与未实施股权激励的公司相比,实施股权激励的公司在股权激励实施后投资显著增长。这说明对企业高管人员实施股权激励会显著提高管理层追求企业价值最大化的积极性。

在现代企业制度下,为了实现公司目标、股东利益而形成的有股东大会、董事会、监事会和管理层之间相互制衡的监督制约机制,制衡着管理者的权力,确保其合法经营,提高其长期投资决策,优化企业的投资结构(Richardson,2006;Giroud 和 Mueller,2011)。董事会承担着代表股东监督管理层的责任,但董事会规模过大,也会导致非效率投资行为的发生。董事会规模越大、人越多就越容易发生争执,这样就越不容易管理,导致董事会有可能被经理人所控制和利用,从而促使管理者发生机会主义行为,因此更加容易引起非效率投资问题的发生(王艳林和薛鲁,2014)。谢军和李千子(2012)考察了公司治理结构对企业非效率投资的作用关系,发现公司的最大股东能够显著地抑制企业的投资不足问题,但该研究没有发现董事会结构的相关作用。同时,要考虑董事会中独立董事的职能。Rhee 等(2003)研究了独立董事与公司投资的关系,研究发现公司独立董事的独立性特征可以有效抑制经营管理者的盲目投资行为,有利于公司做出正确的投资决策,因此独立董事在抑制非理性投资决策上有着极其重要的作用。董事长和总经理两职分离,增强了董事会的独立性,加强了对管理层的有效制约,从而提高了投资决策的科学性和合理性(杨兴全等,2010;张会丽和陆正飞,2012)。Malekzedeh 等(2011)研究发现,两职分离对企业 R&D 投资和绩效有正向的促进作用。

Williamson(1985)认为,在市场经济条件下,股权不仅仅应该被看作一种融资工具,而且还应该被看作一种有效的治理手段。在我国特殊的制度背景下,处于经济深化转型期的不同产权性质和股权结构的企业,由于行使所有权的方式不同,造成企业产生代理冲突的方式及解决代理冲突的措施也各不相同。这种差异又会对企业投资决策和经营绩效产生显著差异性影响(龚光明和曾照存,2014)。不仅产权性质不同企业之间的投资决策不同,在同一性质的企业中,所有权结构以及股权结构的不同造成监督力度的不同,导致对管理层机会主义的限制不同,从而企业投资决策也存在一定差异(杨清香等,2010)。安灵等(2008)则研究了国有企业和民营企业治理绩效方面的差异在投资决策中的体现,认为在国有企业中一方面政府是所有者,国有资本由谁负责不确定,另一方面国企内部行政化色彩浓重、存在一定程度的行政超强控制等问题,再加上银行对国有企业资金的软约束,国有企业存在严重的投资过度现象。杨清香等(2010)通过对上市公司 2006—2008 年数据进行回归分析发现,国有企业更容易产生过度投资的问题。Gedajlovic 等(2003)以日本 1996—1998 年制造业为样本,研究了股权结构对投资的影响,发现金融机构持股比例能促进投资水平的提高,内部投资者股权和外国股权与投资水平负相关。

以上文献主要研究内部公司治理中的激励机制、监督机制、产权性质和股权结构方面对企业投资决策的影响,此外,也有学者从股权集中、股权制衡、管理层权力等角度,研究公司治理效率对企业投资决策的影响。Orbay 和 Yurtoglu(2010)以土耳其的上市公司为研究对象,研究发现大股东通过金字塔形结构控股的企业投资效率较低,存在严重的非效率投资问题。Gomes(2000)的研究结果表明,股权制衡度的提高能够有效抑制由大股东侵占中小股东利益导致的非效率投资问题。Chemmanur 和 Paeglis(2005)的研究表明,有能力的管理者能够通过选择更具优势的投资项目、更合理地配置资金来提高投资效率。潘前进和王君彩(2015)借鉴 Demerjian 等(2013)的 DEA-Tobit 两阶段模型度量管理者能力,以投资现金流敏感性度量管理层能力,研究管理层能力和投资效率之间的关系,结果也发现高能力的管理层能够缓解融资约束和代理冲突问题,改善投资效率;李延喜等(2015)以 Richardson(2006)的投资期望模型计量投资效率检验两者关系,得到相同的结论。

2) 企业财务特征的影响

在完美资本市场条件下,投资决策是由项目的未来现金流量的净现值和投资机会所驱动的,与融资决策无关(Modigliani 和 Miller,1958)。在实际经济运行中,由于资本市场的不完善,公司与资本市场存在信息不对称,外部融资存在融资溢价以及资金的可得性较低,公司投资更多地依赖内部资金,从而公司投资决策受到融资约束的制约(郑毅和徐佳,2018)。Guariglia(2008)认为可以依据资金的来源将企业的融资约束分为内部融资约束和外部融资约束两种。Fazzari 等(1988)率先研究了企业外部融资约束与投资现金流敏感性间的关系,研究发现外部融资约束越高的公司其投资现金流的敏感性越高。此后许多学者对此观点提供了实证支持(Dhaliwal 等,2011;Sasidharan 等,2015;刘胜强等,2015)。Kaplan 和 Luigi(1997)则从内部融资约束角度出发,通过研究后发现内部融资约束程度越低的企业,其投资现金流敏感性反而越高。Opler 等(1997)研究发现拥有过多现金的公司具有较高的资本支出,并会进行更多的并购活动,即使当投资机会较少时。这一观点也得到了诸多学者的验证(Moyen,2004;Wei 和 Zhang,2008;曾爱民和魏志华,2013)。

企业投资决策与融资约束的关系还受企业的生命周期、规模、产权性质、融资方式等因素的影响。Chen 和 Chen(2012)以 15 个 OECD 国家公司数据为样本,研究了研发投资、固定资产投资与融资约束问题,其认为研发依赖于现金流,而固定资产投资并不依赖于现金流,这种对现金流的依赖性在年轻企业和小规模企业更为明显。赵岩(2013)在对中小板的上市公司的社会资本和融资约束对于企业投资现金流敏感性的影响进行研究时发现,在企业社会资本不变的情况下,企业投资现金流敏感性与企业融资约束两者间呈 U 型变化关系。曹献飞(2014)利用企业层面的数据研究了融资约束对 R&D 投资的影响,研究结果表明,外部融资约束与内部融资约束都会影响企业的 R&D 投资,但两者影响的程度会因为企业所有制的不同而不同,内部融资约束对于民营企业的 R&D 投资影响较大,而对于国有企业却没有显著的影响,而外部融资约束对于所有类型的企业都有影响。Johnson 等(2013)发现产权对投资非常重要,外部融资对企业再投资的影响微弱。

信息质量也是影响企业投资决策的重要因素之一。信息不对称是导致企业非效率投资的主要根源(Stein 和 Jeremy,2003)。一方面,与企业内部的经营决策者相比,外部资金供给者对企业投资项目掌握的信息较为匮乏,难以客观、公允地对投资项目未来的收益和风险做出有效评估。资本市场信息不对称容易导致逆向选择问题,即企业外部资金供给者会要求更高的回报以弥补投资项目可能存在的风险,造成企业融资约束。融资难、融资贵导致的资金匮乏问题往往迫使投资者放弃良好的投资机会(潘越等,2019),降低了其高质量发展能力。同时,企业内部的信息不对称还会导致管理者道德风险的产生。企业管理者为了构建商业帝国或者提高职业声誉,会将企业的资源投入收益低的项目中,从而不断扩大企业规模,造成企业过度投资(叶松勤等,2020)。

高质量的会计信息通过向企业内部管理者与企业外部投资者、社会公众等利益相关者传递公司的财务状况、经营成果、现金流量、所有者权益变动情况等信息,改善契约和监督,有效缓解信息不对称程度并有效解决委托代理问题,从而影响企业的投资战略决策(Biddle 等,2009)。企业提供会计信息质量越高,越真实可靠,企业高管据此做出的投资决策越行之有效,偏离预期投资水平程度就越低,对于宏观环境的变化敏感性也越小(郭琦和罗斌元,2013)。Bushman 和 Smith(2001)对会计信息披露质量与企业投资效率的关系进行实证研究,发现会计信息披露质量的提高能够缓解股东和管理层的代理困境,在一定程度上降低管理者的道德风险,从而降低由于管理者利己行为造成的过度投资发生的可能性。娄阳和王满(2018)以2008—2016 年度深交所非金融类上市公司为研究对象,发现企业会计信息质量的提高在缓解投资不足的同时还会抑制投资过度,从而有效地治理非效率投资。

负债的相机治理理论认为,负债本息的固定支付特征不仅可以减少公司自由现金流量,对流动性进行限制,同时债务合同中的限定性条款对经理的机会主义行为也具有约束作用,从而能够使得经理在投资决策前三思而后行(Aivazian,2005;

童盼和陆正飞,2005;陆正飞等,2006)。McConnell 和 Servaes(1995)以 Tobin Q 值作为因变量,首先对上述理论进行了实证检验,研究发现低成长企业负债与企业价值正相关,说明负债约束过度投资;而高成长企业负债与企业价值负相关,说明负债抑制有效投资。此外,不同的债务来源、债务期限结构也都会对企业投资决策产生异质性的影响。银行借款、商业信用、债券融资都会给企业带来还本付息压力,限制企业的投资方向。柳建华等(2015)则实证检验了我国银行负债的治理作用,结果表明总体上我国银行负债抑制了企业投资规模的扩张。但相对于非国有控股上市公司和中央控股公司来说,国有控股上市公司和地方控股公司的银行负债对投资规模扩张的抑制作用较弱。另外,负债对不同性质投资决策的影响也存在差异。张润宇和余明阳(2020)研究发现,在债务来源方面,银行借款、商业信用与企业债券不同程度上均抑制了过度投资并缓解了投资不足;在债务期限结构方面,长期债务占比增加某种程度上会加剧过度投资及投资不足,而短期债务占比增加能很好地抑制过度投资及缓解投资不足。D'Mello 和 Miranda(2010)通过研究发现,企业的长期负债与公司内部的自由现金数量呈负相关关系,进一步推出企业的长期负债与过度投资之间存在负向影响,尤其是对于那些投资机会匮乏的公司,会促进两者之间的负向关系。

2.1.2.2 企业长期投资决策的外部影响因素

由国家宏观经济政策、金融市场、法律体系等所构成的外部治理环境是企业建立生产、交换和分配的基础,对企业经营决策有重要的影响(Julio 和 Yook,2012;张琦等,2021)。中国特色的外部宏观环境为企业的财务实践提供了"肥沃的土壤",是微观企业投资决策的先行指标。

1) 宏观经济政策

政府与市场的关系,历来是经济学核心的问题之一。在中国转型市场经济中,由于法制不健全,市场机制不成熟,政府对资源配置的作用尤其强大(蔡卫星等,2011)。政府可以通过一系列财政政策、货币政策、税收政策、行政指令等对上市公司的投资决策产生影响,实现 GDP 增长目标(Cambini 和 Rondi,2010;黄海杰等,2016)。政府出台相关产业政策后,会进一步影响这些产业中企业的投资行为。这是由于当政府出台一定的政策重点支持和发展某类产业时,对于该产业的各种政策如信贷政策、税收政策及财政补贴都会相应倾斜,从而影响该产业内企业的投资。货币政策也是各国政府宏观调控市场流动性的重要工具,货币政策的实施主要通过金融体系传导对实体经济产生影响,金融机构及市场的发展和完善具有风险分散、资源优化配置等功能,有助于货币政策更好地服务实体经济。就企业投资决策而言,货币政策主要通过信贷渠道和货币渠道来影响企业外部融资约束和融资成本,进而影响企业投资决策(Mojon 等,2002;Bamett 和 Brooks,2007;黄兴孪等,2016)。谢军和黄志忠(2014)运用投资现金流敏感模型证实宽松的货币政策对我国上市公司融资约束具有缓解效应,同时还验证了货币政策传导机制具有投资驱动效应,当货币政策宽松时,企业获取外部融资变得更加容易,这有利于改善企业投资支出。Balakrishnan 等(2014)从资产价格波动的角度研究发现,资产价格下跌会导致资产的可抵押性降低,从而降低企业的投资水平。另外,在政府通过财政政策鼓励企业进行结构调整、自主创新、增加环保投入的同时,企业为了获得税收优惠和政府补贴也会相应调整其投资行为。毛德凤等(2016)利用《企业所得税法》对企业投资的税收激励政策调整的自然实验机会,基于全国工商联 2006—2012 年民营企业抽样调查数据,采用倍差法详细研究了税收激励对民营企业投资行为的影响,研究发现税收激励有效提升了企业新增总体投资水平,相当于在改革前的平均水平上提高了 36.9%。

2) 金融发展

金融发展水平对企业投资决策有重大影响(孙晓华等,2015)。金融发展水平的提高,有利于负债相机治理机制自动发挥作用,促进负债终极控制人更加关注自身财务风险,避免盲目投资(谢德仁和陈运森,2009)。同时,也有利于作为独立的市场参与主体的银行等金融机构自主经营,较少受到政府干预,从而促进国有银行市场改革,硬化国有银行对上市公司的预算约束,进而优化企业的投资决策(Allen 等,2005)。当金融市场欠发达时,地区腐败会导致资金资源错配并影响企业资本配置效率(董斌和张兰兰,2020)。谢军和黄志忠(2014)研究发现,金融市场越发达,企业资本的配置效率越高。金融发展除了可以通过缓解融资约束作用促进企业投资效率,还可以通过减少代理成本提高资源的配置效率,具体地讲,金融发展水平的提高可以避免企业由于融资约束导致的投资不足问题,还可以有效克服企业与投资者等利益相关者之间的信息不对称问题,减少企业委托代理成本,降低企业经理人员的过度投资行为(韩元亮等,2021)。赵卿(2012)也认为在金融发展水平较高的地区,国有银行在事前和事中更有动力和能力对上市公司进行监督和控制,事后对上市公司因经营不善而导致破产的威慑作用也更大,从而能够强化融资性负债对上市公司过度投资的约束。另外,在银行等金融机构的监督和必须定期还款付息的压力下,企业必然更注意贷款资金的使用效率,从而减少过度投资行为。相反,在金融发展水平低的地区,由于法律执行力较弱,且中介结构不健全,因此外部交易成本较高,债务治理作用将会大大削弱。因此,金融发展可以发挥信息优势和降低资金成本,从而达到优化资源配置和提高企业投资效率的作用,对经济增长有显著正向效应(胡静波和刘雅娇,2019)。

3) 法律保护

一国的法律体系在很大程度上决定了公司治理结构和水平,良好的公司治理必定要以有效的投资者法律保护为基础。法律保护对于维持资本市场稳定,促进资金有效配置具有重要作用,法律对投资者的保护能够促进金融市场和金融中介的发展,进而促进企业投资和企业价值增长(La Porta 等,2000)。对法律保护水平而言,由于企业投资尤其是研发创新活动具有时间长、风险高、收益不确定以及较高的外部性等特征(Defond 和 Hung,2004),法律保护水平的提高一方面可通过投资者保护渠道促进企业创新投资,另一方面可以通过代理问题的缓解增强投资者的投资动力。投资者法律保护水平的提高有助于降低投资者的风险,投资者更愿意提供创新资金,公司创新投入增大,专利申请数量也会增加(鲁桐和党印,2015)。张洪辉(2014)研究发现产权保护水平与企业的投资意愿成正比。Cambini 和 Rondi(2010)对欧洲能源行业的研究也表明,法律制度会对管制行业的投资决策产生重要的影响。企业的经理人有追求"经理帝国主义"的倾向,因为经理人可以从控制的资源中谋求私利。根据管制俘虏理论,在法制水平较低的地区管制权利的外溢现象更为普遍,管制者与企业的经理人更容易达成隐性契约,为了个人私利而共谋。由于受到隐性契约的保护,管制行业经理人的投资决策即使失败,管制行业经理人也不必为其行为付出相应的代价,这时管制行业经理人的"帝国建造"倾向更为严重(李延喜等,2013),因此,在法律保护较弱的地区,企业的过度投资行为更为普遍。国有企业高管权力过大会导致企业过度投资,而法律体系的完善能够增强对高管的约束力,有利于抑制国有企业过度投资行为(董红晔和李小荣,2014),特别对于非国有企业来说,法治水平的提高对投资效率的促进作用更加明显(李延喜等,2015)。

对特定法律条款而言,Chemmanur 和 Tian(2013)发现,反收购法案的通过能够促使管理层关注长期价值创造活动,降低资本市场的短期压力,从而在一定程度上起到对创新活动的激励作用;而 Atanassov(2013)则发现,反收购法案通过之后,企业创新投资水平下降,并不支持 Chemmanur 和 Tian(2013)的结论;但 Bena 和 Kai(2014)通过理论模型推导发现,企业创新与收购之间存在 U 型关系,为 Chemmanur 和 Tian(2013)和 Atanassov(2013)结论之间的差异提供了理论解释。高洁等(2015)通过考察法律保护对企业创新的影响发现,知识产权保护、市场组织服务条件显著地促进了企业创新。

2.1.3 家族企业长期投资决策

家族企业是人类历史上发展最悠久、韧性最强的一种企业模式,在商业理念、治理结构、经营绩效等方面与非家族企业存在显著差异性（Stavrou 等，2010）。家族资本、家族涉入、家族控制权和所有权有效地降低了企业的代理成本，以及基于"家文化"的家族资源低成本的汇集，使家族企业成长性、经营业绩、运营能力等都比非家族企业更高（Maury，2006）。家族企业效益与家族福利息息相关，因此家族所有者和管理者更有动力去降低代理成本并最大化企业绩效（Lee，2004）；家族资源能够在家族关系基础上得到充分聚集，为企业发展提供资源支持（Habbershon 和 Williams，1999）；家族能够为企业发展提供财务、物质以及人力资本支持（Dyer 等，2014）。

Anderson 等（2010）认为，家族企业的利益冲突主要来自家族所有者与其他小股东的利益侵占。家族控制人可以根据自身或家族的需要影响公司决策和公司及股东价值（Shleifer 和 Vishny，1986）。长期以来，国内外学者主要从战略管理角度出发，以管家理论和社会情感财富理论为理论基础，探究家族企业独特的竞争优势对其战略决策的影响。早期研究认为，家族企业作为家族与企业的结合体，其身份和目标的二元性与生俱来，传统的"家文化"使得家族控制人都希望"家业长青"，能将家族财富世代传承并泽及子孙。家族企业为了追求长期存续会构建长期发展导向型文化，促使家族企业控制人着眼于能够给企业带来长期收益而不局限于短期收益的投资（Le 等，2010）。家族企业管理者更具有长期投资视野，拥有为追求长期控制而投资的强烈意愿，如此可防止短视行为发生（Stein 和 Jeremy，2003）。Calabrò 等（2018）认为，作为企业的管理者，家族成员能够更加全面地了解 R&D 投入的复杂性以及收益风险，并采取办法来降低这种风险，进而增加 R&D 投入。Tsao 等（2015）认为，R&D 支出能够为家族企业提供超过资本支出的长期利益，这说明家族企业可以通过从事研发活动保护公司的长期福利。关勇军和瞿旻（2012）基于深圳中小板市场的数据也发现，家族长期合约使他们可以为长期投资提供更充足、更强有力的财务资源，家族企业的 R&D 投入强度也高于非家族企业。

然而，近年来更深入的研究发现，家族企业长期投资行为受到控制家族风险态度的影响，更具异质性。Mitchell 等（2003）认为，控制家族认知框架更具复杂性和多样性，导致家族企业投资行为比非家族企业更独特。控制家族的财富主要依赖于所控制公司的业绩水平，家族控制人承担了较大的公司特有风险（Anderson 和 Reeb，2003），而长期投资项目的结果不确定性就会造成控制家族将承担投资失败而带来的风险，从而对其所拥有的财富造成巨大威胁。家族企业具有更强的动机去降低企业风险，企业面临的不确定性越大，投资支出规模越小（Julio 和 Yook，2012）。因此，家族企业大股东尤其是创始家族为降低公司风险，对待长期投资会更加谨慎和稳健，倾向于放弃净现金流为正的高风险项目，将成本转嫁给其他股东

(Shleifer 和 Vishny,1986)。同时,家族企业为了保护社会情感财富和利他行为,与非家族企业相比,有很强的风险规避意愿。为了保护社会情感财富,家族企业会做出损害企业长期利益的决策,却不会为增加企业长期经济利益而损害社会情感财富(Gómez-Mejía 等,2007、2011、2014)。Shleifer 和 Vishny(1986)认为,尽管控制股东可通过多元化或减少负债等方式影响公司风险,但对控制家族而言,通过缩减长期投资规模来控制公司风险更为有力。Chen 和 Hsu(2009)研究表明,为了保护家族企业社会情感财富,与非家族企业相比,家族企业的研发投资水平更低。

目前,在我国经济转型新常态背景下,由于资本市场尚不发达、法律环境尚不完善,我国家族企业有高度的社会嵌入性,在长期的发展过程中受到制度不健全的制约,如投资者保护力度不够、存在严重的融资约束、缺少地方政府支持等,控制人的投资决策面临众多外部风险。因此,我国家族企业在投资决策上会有更强的风险规避动机,往往以保存或增加社会情感财富作为决策参考点。研发活动由于风险高、不确定性大等特点,容易带来家族社会情感财富的损失,为了保存家族情感财富,家族企业往往选择减少研发活动和创新投入(陈凌和吴炳德,2014)。陈德球和钟昀珈(2011)研究发现,家族控制人的风险规避偏好在投资决策中占主导地位,家族企业的长期投资规模小于非家族企业,其偏好于实体资本投资而限制高风险的 R&D 投资活动,进一步验证了 Anderson 等学者的研究观点。

2.2　家族企业代际传承的文献综述

家族企业的产权厘定、结构治理、成长演化、代际传承等问题,一直都是国内外学者研究的经典问题。"靡不有初,鲜克有终",家族企业代际传承事关家族企业生存与可持续发展,是家族企业高层最为关心的战略问题之一。本节首先对家族企业以及家族企业代际传承的概念给予总结,然后又对家族企业代际传承过程和理论模型、传承模式、传承要素及其对长期投资决策的影响四个方面的国内外现有文献进行归纳和梳理,希望能为提出假设及发动内部"头脑风暴"提供理论支撑。

2.2.1　家族企业和家族企业代际传承的基本概念

具有一个明确的定义是任何社会科学研究领域知识积累和理论体系构建的前提和基础。家族企业的发展不仅受市场规则的制约,还受家族文化、社会网络、代际传承等因素的影响,因而在探讨家族企业代际传承期的长期投资决策之前我们很有必要对家族企业以及家族企业代际传承的概念进行系统梳理和总结。

2.2.1.1 家族企业的概念

尽管家族企业是一种世界范围内普遍存在的企业组织形式,关于家族企业的定义,学术界给出了大量见仁见智的说法,但是由于家族与企业的边界比较模糊,时至今日,还没有一个能被广泛接受的定义(Handler,1990)。马洪云和吴晓梅(2010)通过对国内外相关文献的系统梳理,归纳出了30多种家族企业定义,其主要是从家族参与要素和家族行为影响两个方面来界定的。

家族企业的参与要素主要包括所有权、控制权、管理权和代际传承。其中,所有权是指家族企业的现金流权由具有血缘、姻亲关系的特定家族所拥有;控制权关注的是家族实际控制企业的能力;管理权是指企业的主要管理职位由家族成员所占有,包括职位的层级和职位的数量;代际传承是指企业的所有权和管理权的继承在家族成员内部进行。家族行为的影响是一种综合实力的具体表现形式,它的构成既有物质财富方面的因素,也有精神财富层面的无形因素,无形因素主要包括家族意愿、家族文化、家族规则等。为了进一步厘清对家族企业的界定,本书对部分具有代表性的概念作了整理,如表2-1所示。

表2-1 家族企业的部分代表性概念及其界定原则

来源	概念陈述	界定原则
钱德勒(1977)	企业创始者及其最亲密的合伙人和家族一直掌有大部分股权。他们与经理人员维持紧密的私人关系,且保留高阶层管理的主要决策权,特别是在有关财务政策、资源分配和高阶层人员的选拔方面	所有权、控制权
Anderso和Reeb(2003)	家庭对企业的所有权持续;家庭拥有董事会席位;创业企业家在位或其子女继任	所有权、管理权、代际传承
Lerner和Malach-Pines(2011)	家族企业是指由一个核心家庭拥有、控制和运营的企业	所有权、控制权、管理权
Donnelley(1964)	家族企业至少与家族的两代成员有密切关系,并且这种关系对企业政策和家族利益、目标有共同影响	所有权、管理权、代际传承、家族意愿、家族文化、家族规则
Chrisman等(1998)	家族企业是指由一个或几个家族监控或管理的企业,目的在于通过强势主脑去塑造和追求家族的愿望,并在潜意识里希望企业能稳定地代代相传	所有权、控制权、管理权、代际传承、家族意愿、家族文化
孙治本(1995)	家族企业是指由一个家族或数个具有紧密联盟关系的家族直接或间接掌握经营管理权的企业	管理权
潘必胜(1998)	家族企业是指被一个或数个具有联盟关系的家族拥有全部或部分所有权,并被直接或间接掌握了企业的管理权的企业	所有权、控制权、管理权、代际传承

来源	概念陈述	界定原则
叶银华 (1999)	如果在一个企业中家族持股比率超过某一控制持股比率,并且家族的成员或者具二等亲之内的亲属在公司出任重要职务,公司超过一半的董事席位由家族成员或者具三等亲之内的亲属出任,那么这个企业就是家族企业	所有权、控制权、管理权
储小平 (2004)	家族企业是家族性资源占主导的家族关系契约和要素契约的结合体,是家族成员对企业的所有权和控制权保持拥有的一个连续分布的状态,是家族文化规则在不同程度上导致组织行为的经济组织	所有权、控制权、家族文化、家族规则
贾生华等 (2010)	家族企业应是同时满足以下条件的企业:家族的某一成员拥有企业50%以上的所有权(绝对控股);两位及以上的家族成员参与企业的运营管理;家族试图让下一代成员来继承企业的管理权	所有权、控制权、管理权、代际传承
骆回 (2016)	家族企业是指一个家族众成员共同拥有企业全部或大部分所有权,以家族领袖或核心成员为主直接或间接掌握企业经营权,以家族领袖的思想与智慧左右企业发展的大政方针,并形成独特的精神、文化、人格和商誉的企业	所有权、控制权、管理权、家族意愿、家族文化、家族规则

资料来源:笔者根据相关文献整理。

综合国内外学者对家族企业的定义可以发现,目前关于家族企业的定义尚未达成共识,主要是由学者们的研究目标和研究视角不同造成的。其实,它们并无本质分歧。另外,本书的研究重点也不是家族企业的定义界定。基于本书研究的主要问题是代际传承的上市家族企业的长期投资决策,因此,本书对家族企业的界定主要关注上市家族企业的特征。上市家族企业是已经上市、发展比较成熟的家族企业,具备家族企业中家族所有、家族控制、家族管理和代际传承意图等特征。在本书的实证研究中,为了样本选择的可操作性,将"上市家族公司"界定为:由自然人或家族作为第一大股东,掌握企业大部分所有权,直接或间接持有不低于10%的控制权并对企业的重大事项保留其决策权,至少有两位具有亲缘关系的家族成员持股或担任上市公司高管,试图让下一代成员来继承企业的企业组织。

2.2.1.2 家族企业代际传承的概念

家族企业的独特性决定了战略管理领域有关 CEO 变更理论在代际传承中的不适性。代际传承是家族企业研究领域的一个极为重要的课题,但对其内涵学术界一直争论不休,还没有严格清晰的界定。代际传承主要从所有权、领导权、管理权、控制权、领导职位以及整体企业组织六方面由老一代向继承人传递(贾生华等,2010)。

Barnes 和 Hershon(1976)站在管理层变更的视角认为,家族企业代际传承是企业领导人或领导职位的更替；Beckhard 和 Dyer（1983）指出，家族企业代际传承是领导权从创始人兼所有者到继承人（家族成员或非家族职业经理人）的传递；Barry（1975）则从所有权继承和管理权继承两个维度来界定家族企业代际传承；Massis 等（2012）和 Sharma 等（2001）认为，代际传承是在任者放弃管理控制权，同时家族成员接管管理控制权的情形；Pettker 和 Cross（2010）把代际传承定义为企业从一代人向下一代人的传递。

中西方家族企业在演进过程中的影响因素是不同的，我国的家族企业起源于家庭文化，一直在儒家思想的框架内发展，而西方家族企业受工业文明影响较深，影响因素直接导致了我国家族企业独特的传承特点（Yan 和 Sorenson，2010）。我国家族企业兼具现代企业和家族企业的二元特征，其传承不只是各种权利和丰富的物质财富等各种资产的再分配，还是有形资产和社会资本、默会知识、企业文化等无形资产的传递和继承。

2.2.2 家族企业代际传承过程和理论模型

家族企业传承并非简单的权杖交接，而是一个企业通过"终身学习"的长期复杂的社会化过程（Longenecker 和 Schoen，1978），开始于继任者进入企业之前，并随着管理权和所有权的转移逐步展开（Handler，1994）。为了充分了解家族企业代际传承的过程，西方学者从不同层面、不同维度对其进行研究，构建了一系列经典理论模型。

作为提出从动态过程角度研究代际传承问题的先驱，Longenecker 和 Schoen（1978）率先提出以继任者的"行为—学习经历"为线索，以继任者全职进入企业和最终掌握领导权为核心事件，对家族企业的代际传承过程进行了开创性的阶段划分，并提出了家族企业父子传承七阶段模型。与这个模型相似，Churchill 和 Hatten（1987）以"子承父业"的家族企业为研究对象，认为代际传承的本质是被自然属性的血亲关系所驱动的家族企业所有权和控制权的共同传承，并在综合考虑父子两代生命周期基础上，从个体生命周期及其对企业运营、战略、目标的影响两个维度提出了生命周期传递模型。该模型将家族企业的代际传承分为创始人管理、子女选拔与培养、父子合作和权力移交四个阶段。以上两个模型深化了人们对家族企业传承过程的阶段性和复杂性的认识，但不足之处是未对传承过程不同阶段的关键影响因素以及父子在其中的相应地位加以系统识别和深入分析。

Handler（1990）第一次分析了传承过程中父子之间的角色调整过程，他在对32 位家族企业的继任者进行深入访谈的基础上，发现家族企业代际传承过程同时也是创业者和继任者的角色调整过程。其主要表现就是创业者在企业管理中的参与度及其领导权威逐步淡化,继任者的参与度和权威则逐渐加强,并且继任者的角色是由创业者所决定的。虽然 Handler 的研究提出了分析创业者和继任者在交际传承中角色调整的理论框架,但并未深入分析家族企业所有权结构的变动。

为了更好地了解代际传承过程的动态性,美国家族企业研究学者 Gersiek 等(1997)从所有权维度以及整个家族企业系统来研究家族企业代际传承,他们提出了家族企业是由家族、企业和所有权三个相互独立但又相互作用的子系统所构成的三环模型。随后,为了进一步修订三环模型在动态性、互动性、过程性方面的不足,Gersiek 等(1999)综合考虑了家族企业成员在家族企业中的生命周期和家族企业自身的生命周期,并结合家族企业所有权随时间的变迁,又提出了家族企业三环发展模型。该模型把家族传承划分为培养期、进入企业、一起工作和传递领导权四个阶段,清晰地描述了家族企业所有权的转移过程,系统阐述了在不同的传承阶段需要完成的关键任务。与以往学者过度关注管理权不同,该模型把重点放在了所有权的继承上,为我们更系统地了解家族企业所有权的传承过程提供了依据。但 Gersiek 等(1997,1999)的模型成立需要大量经验的支撑,而这些经验来自于家族企业传承中对企业情况的观察和咨询,因此缺乏经验数据的支持。

Murray(2003)的研究则弥补了 Gersiek 研究的不足。他对 5 个代际传承中的家族企业进行了长达 5 年的性质转变过程的研究,认为家族企业的代际传承是从一个形态转变为另一种形态的多阶段过程,整个过程即为一个传承周期,顺利完成需要 3~8 年;他也首次提出在传承过程中会经历休眠期,在休眠期往往不会发生传承行为,因为双方都需要有足够的空间和时间对每个阶段进行探索和总结,而不是急于交接。Murray 的模型从系统的角度对家族企业的传承过程进行了深层剖析,揭示了家族企业整体传承过程中的演化规律,对家族企业有效管理传承过程具有指导意义。

我国对家族企业的研究起步较晚,并且早期主要集中于对国外传承模型的分析。李新春等(2015)全面分析了影响家族企业代际传承的要素、传承者和继承者的特征,丰富了传承理论。窦军生和贾生华(2007)则在介绍国外诸多模型的基础上,结合中国特殊的国情和文化背景,认为中国的家族企业传承会受到行业、企业、家族、个体四大因素的影响,并经历传承决策、继任者培养、继任者甄选、传承实施四个阶段,每个阶段都要完成特殊的任务才能顺利过渡到下一阶段,同时每个阶段都会受到上述四个因素的影响。我国学者通过对国外相关理论的学习,对家族企业代际传承有了初步的认识和了解,并且进一步推动了我国相关理论框架的构建。

2.2.3　家族企业代际传承模式

根据继任者与创始人的关系,家族企业代际传承可分为内部家族成员接班和外部职业经理人管理两种不同模式(Miller 等,2003)。内部家族成员接班是指将家族企业的所有权和管理权传承给具有血缘关系的家族内部成员,而外部职业经理人管理则是指聘请家族成员以外的职业经理人来对家族企业进行管理(王陆庄,2008)。

在中国,受"传内不传外"的传统文化、"家国一体"的儒家思想、尚不健全的职业经理人市场等因素的影响,以血缘为基础的传承,尤其是"子承父业",自古至今都是最主要的企业传承模式(陈凌和应丽芬,2003;章凯等,2009)。Kao 等(1993)发现,儒家思想在亚洲家庭中是非常流行的,它会要求父亲把企业传递给他的儿子,即使儿子的能力不足以承担这一重任。内部传承模式由于是把家族企业传递给创始人的子女或亲属,更易得到创始人的信任,沟通效率会更高,也更有利于创始人价值观的延续,是现阶段成本最小的权力交接方式(Sharma 等,2003;焦康乐等,2019)。即使在美国,"子承父业"也是家族企业传承的主流模式(Miller,2003)。

但并不是所有家族企业的后代都能够扛起企业经营和管理的大旗,对于子女能力不够,实践经验也不丰富,或者子女没有接班意愿,选择管理能力强、职业经验丰富的职业经理人来接管公司也不失为一个好决策。引入专业管理人才在保留企业所有权的同时,不仅能解决内部人才经营管理能力不足问题,还能够缓和紧张的企业内部竞争,提升人员的凝聚力,给企业带来新资源等,为企业将来的专业化、多元化打好基础(Bjuggren 和 Sund,2010)。

2.2.4　家族企业代际传承要素

家族企业传承远远不只是老领导人退出和新领导人进入这么简单,其实质是一些必要的、核心要素的传递(Barach 和 Gantisky,1995)。其中,所有权和经营管理权是家族企业的灵魂,其传承会对家族企业产生实质的影响,因此是家族企业最重要的传承要素(Donnelley,1998)。在家族企业发展的早期阶段,企业被视为私人财产,因此血缘或亲缘的传承等同于所有权的传承(Gersiek 等,1997)。随着现代企业制度的建立和两权的分离,经营管理权一部分开始在家族成员以外转移,家族企业所有权传承的同时还会伴随着经营管理权的传递(庞仙君,2017)。权力的传承是企业代际传承和持续成长的基础保障,同时也是企业能够维持家族利益的必要条件(窦军生和李生校,2010)。除此之外,财产权、职位等的传承也很重要

(Dalpiaz 等,2014)。

权力是强制性的,权威则是以传统的规范、领导力、职位与人格的魅力等方式领导和激励员工。权威的继承是家族企业基业永青的基础(Massis 等,2012;李志刚等,2014;李婵等,2021)。Osnes(2011)通过对非洲家族企业的案例研究将家族企业的传承分为三个层次:最外层是组织层面的转移,包含了企业的组织结构和治理模式;中间层是权威层面的转移,包含了魅力、合法性、程序和背景;内层是个人层面的转移,主要包含职位和角色。同时,他指出权威的传承会受到组织文化的影响。创始人往往会凭借其个人魅力来管理企业,这种魅力型权威对继任者的威胁是显而易见的,并且创始人拥有的权威越有魅力,家族企业的继任者就越难重建其个人权威(Zhai 等,2016)。

权力和权威的传承是家族企业"家业长青"的决定性因素,但企业的隐性知识、社会资本、企业文化等无形资源对传承意义更为重大(杨栩和黄亮华,2008;李健等,2010、2016;孙秀峰等,2017)。家族企业与其他企业相比,在无形资产的传导、信任、创新等方面更具有显著的优势。其中基于经验和教育得来的隐性知识是家族企业获得竞争优势的重要资源(Cabrera-Suárez,2001);源于家族企业背后家族创业精神的传承是家族企业要在跨代之间实现长期可持续发展的基础(李新春等,2016);家族企业社会网络中的社会资本是家族企业生产运营的保障(Bolion 等,2002)。这些无形资产在家族企业传承中的再生是家族企业得以延续的关键。窦军生和贾生华(2008)通过对大量文献的编码统计后发现,企业家默会知识、企业家关系网络和企业家精神是家族企业传承过程中的三大重要因素。而余向前等(2013)则认为,企业家诚信好学、企业家精神和个人的社会资本是家族企业隐性知识转移的主要内容。周鸣阳(2015)调查发现,技术诀窍与经验、传承者价值观、家族企业内部关系网络、处理复杂事务的经验、管理员工的经验、企业外部关系网络以及开拓和冒险精神是浙商家族企业代际传承中最重要的八大要素;同时,他站在"多维观"的角度又构建了家族企业代际传承要素模型,将家族企业代际传承要素分为物资资本所有权、企业管理控制权、家族企业人力资本、家族企业社会资本和家族企业文化资本五大类。

2.2.5 家族企业代际传承的长期投资决策

企业长期投资伴随着高风险,不确定性将影响企业投资决策(Julio 和 Yook,2012;王东清和刘静静,2018)。作为家族企业成长发展的重要战略阶段,代际传承具有极大的不确定性,其对长期投资决策的影响也引起了学者们的注意。代际传承是家族企业控股股东私利的一种行为,其目的是延续家族控制获取社会情感财富。为了维护家族企业社会情感财富,降低传承中的风险,有意传承的家族企业在传承前会加大长期投资规模,为传承做足"过冬"储备(宋丽红和李新春,2013)。而在传承过程中,家族企业又会采取更加稳健的投资政策,缩减投资规模。一方面,在传承过程中企业经营风险加大,营运能力降低,投资者法律保护程度较弱,导致企业资本成本增加,融资难度加大,使可用于长期投资的资金减少(Miller 等,2011;许永斌等,2014);另一方面,继承人建立在学院基础之上的权威也会削弱投资者的信心。韦伯认为权威可分为传统型权威、卡里斯玛型权威和法理型权威。通过血缘关系轻易获取的继承资格并不会增强继承者的卡里斯玛型权威或法理型权威,但他们所具有的"挟血缘以令诸侯"的传统型权威将会降低公司投资者的盈利能力,进一步限制家族企业投资规模(Ellul 等,2010)。另外,继承税也会影响代际传承家族企业的长期投资。Tsoutsoura(2015)研究发现,与传承相关的税负造成家族企业传承后长期投资规模至少缩减 40%。惠男男和许永斌(2016)以处于代际传承时期的家族上市公司为研究对象,发现家族企业在代际传承时期为了降低经营风险,帮助企业顺利实现交接班,进入传承后企业的长期投资规模会显著缩减。

CEO 与控制性股东之间的亲缘关系会影响企业的创新能力(李婧等,2010),而家族企业代际传承可能会造成企业内部资源的消耗,对创新投入、创新活动和创新产出有直接作用(Massis 等,2012)。当家族企业处于权杖交接阶段时,为保持企业管理稳定性,确保交接顺畅,家族企业所有者在 R&D 投入上通常会表现得更加谨慎和保守(Greve,2003;姜涛等,2019)。同时,家族企业的利他主义会导致一系列的代理问题(Lubatkin 等,2005),企业创始人在利他主义的驱使下可能会通过挪用企业资源进行转移支付,使得企业出现较高的消费率和较低的投资率(魏春燕和陈磊,2015)。另外,传承人为增强继承人的卡里斯玛型权威或法理型权威,帮其树立威信,也可能会大规模缩减风险较大、收益见效较慢的 R&D 支出,从而操纵利润,博得利益相关者的眼球,关注企业的短期效益(祝振铎等,2021)。总之,家族企业在代际传承阶段普遍显示出风险规避的倾向,且并不认为该阶段是企业进行创新活动的一个好时机,从而较少投入研发资金,降低了企业的创新性(吴炳德等,2017;Hauck 和 Prügl,2015)。

2.3 企业社会资本的文献综述

20 世纪下半叶以来,世界经济格局以一个新的姿态呈现在世人面前,经济全球化、信息化已成为不可阻挡的大趋势,全社会形成了一个经济共同体,社会资本日益成为企业发展战略的一个很有解释力的参数。为捋顺本书的研究思路，以下将重点梳理企业社会资本的概念和功效、社会资本对企业投资决策的影响以及家族企业社会资本传承的相关文献。

2.3.1 企业社会资本的概念

有关研究认为，社会资本这一概念最早是由美国的 Hanifan(1916)在其《乡村学校社区中心》一文中提出的，此后便消失了几十年。直到 1985 年，法国著名社会学家 Bourdieu 再次提出了社会资本的概念。Bourdieu(1985)对文化进行了一系列研究，从个体层次出发，认为社会资本是通过个体之间相互默认或者承认的持久关系网络发展起来的，是一种通过对共同认知的体制化关系网络的占有而获取的实际或潜在的资源的集合体。Bourdieu 提出的社会资本有两个显著特征：第一，它是以相互认识和认知为基础的；第二，强调网络连接及其持久关系，是一种与群体成员资格和社会网络联系在一起的资源(周红云，2004)。继 Bourdieu 明确社会资本概念之后，人们开始基于组织层面、组织间层面进而延伸至企业层面来深入研究社会资本，并基于不同的理论视角提出了不同的社会资本概念，构建了科学、系统的理论框架。

美国社会学家 James Coleman 被认为是社会资本理论框架的初建者(吴炯，2016)。在其发表的《作为人力资本发展条件的社会资本》一文中，Coleman(1988)在 Bourdieu 观点的基础上进一步提出，社会资本是个人或者集体行动者拥有的社会结构性资源，它不是一个单独的实体，而是由具有两个共同之处的多种实体所构成的，即：它们都包括社会结构的某些方面，并且有利于结构中行为主体(无论是个人还是集体)目标的实现。Coleman 把个体资本和集体资本结合起来，概括了社会资本的特性：与其他形式的资本一样，社会资本是生产性的，拥有社会资本可以帮助行动者实现某个特定行动；社会资本并非完全可被替代；为某种行动提供条件的社会资本，对其他行动可能根本无用，甚至有害；但是，不同于其他形式的资本，社会资本存在于人际关系的结构中，它既不依附于独立的个人，也不存在于物质生产过程中(Coleman，1985、1988)。

Coleman 虽然进一步完善了社会资本理论，但是他基于功能的社会资本定义过于模糊，并没有真正引起社会的广泛关注，之后西方著名政治学家 Putnam 把社会资本的概念带入了主流。Putnam 对社会资本问题进行了 20 多年的调研，先后出版了《独自打保龄球：美国社会资本的衰减》《使民主政治运转起来》《繁荣的社群——社会资本和公共生活》等著作。通过研究，Putnam(1995)明确了社会资本的特性和绩效效果，他指出：与常规资本不同的是，社会资本是一种公共物品，它不是从中获益的那些人的私有财产。与清洁的空气、安全的街道这些公共物品一样，社会资本不是由私人部门提供的，而是其他社会活动的副产品，并且可以在不同的社会背景下转移。一个充满信任、普遍互惠，并且具有广泛、密切人际关系网络的社会比一个没有信任和互惠的社会更有效率，正像货币交换比物物交换更有效率一样，有利于减少经济政治活动的机会主义行为，信任和互惠为经济政治社会增添了润滑剂。

继 Bourdieu、Coleman 和 Putnam 这三位著名学者建立起社会资本理论框架之后，社会资本便从社会学扩展到政治学、经济学、管理学等众多学科领域中，研究层次也从个人层次展开到组织和组织间层次乃至整个国家社会层次（Tsai 和 Ghoshal，1998）。社会资本的概念在不断地发展和完善，但探讨"企业"这一组织体的社会资本的文献并不丰富，尚未形成自己独立的体系。

Nahapiet 和 Ghoshal（1997）从资源视角首次明确，企业社会资本是嵌入企业内外部各种可利用的社会关系网络中，并能够为企业获取的实际或潜在的稀缺资源的总和。Portes（1998）则从能力理论视角将企业社会资本定义为：处于关系网络中的企业获得稀缺资源保证自身经济利益的一种能力。同时，Fukuyama（1995）也认为，社会资本是个体或法人组织在组织或群体内获取所需资源的能力。同时，他还认为社会资本是一种有助于组织和全体之间合作、协调的非正式规范或价值观，它促使信任的产生，并对违规者进行惩罚，从而促进交易与合作，提高经济效益。由于社会资本最初是社会学研究的主要问题，因此许多学者也从关系网络的视角来界定企业社会资本。Burt（1995）以高科技企业作为研究对象，从社会资本应用于企业内外部关系来进行研究，并提出了著名的结构洞理论。该理论认为，社会资本具有社会结构特征，由个体或组织的内外部关系网络节点组成，处于这些节点中的个体通过所处的结构洞和网络节点获取不同资源，这一网络结构所提供资源的丰富程度即为社会资本水平。Gabbay 和 Leenders（1999）将"社会资本"与"关系"相联系，通过对"社会资本"和"关系"的系统分析，正式提出"企业社会资本是指获取有助于企业目标实现的有形或无形资源的社会关系网络"。

与发达国家相比，国内在企业社会资本领域的研究起步较晚。边燕杰和丘海雄（2000）根据企业在经济领域的多种联系，最先提出企业社会资本的概念，即企业通过与经济领域的各个方面发生的纵向、横向和其他各种社会联系而摄取企业所需稀缺资源的能力。他们认为，企业的社会资本理论强调了企业不是孤立的行动个体，而是与经济领域的各个方面发生种种联系的企业网络上的节点。周小虎（2005、2006）从企业家社会资本的角度来界定企业社会资本，将其定义为"通过信任以及规范等非正式契约建立的企业家社会关系网络，能够被企业控制，被企业家所驾驭,有利于企业目标的实现,并镶嵌于企业社会网络中的战略资源集合体。"李敏(2005)则将企业社会资本界定为有助于企业获取资源及社会支持的包括企业内外部的组织与个人所形成的社会信任网络。刘松博(2007、2008)也提出企业社会资本是企业内外部所拥有的非正式关系的综合,这些关系通过获取稀缺资源提升企业价值。

综观国内外学者的研究成果可以发现,大多数学者都以关系网络为切入点来界定企业社会资本,他们的观点已成为理论界的主流。企业的本质是利益相关者的集体选择(王竹泉,2006)。利益相关者是以契约为基础,在组织内外部环境中受组织决策和经营活动直接或间接影响的任何相关者。按照利益相关者的内外部联系,企业的利益相关者可分为对其发展起着至关重要作用的内部利益相关者和对企业战略成功产生重大影响的外部利益相关者两大类。由于利益相关者所拥有的资源不同,对企业有着不同的要求,从而会对企业产生不同程度的影响(Freeman,1984)。内部利益相关者参与企业的集体选择,因而享有企业的所有权;外部利益相关者不能直接参与企业的集体选择,但企业的活动仍会对他们的利益产生直接的影响。内部利益相关者通过对企业资源进行有效配置,直接影响资源承诺的顺利运行;而外部利益相关者通过契约的合理安排,影响企业在关系网络结构中的节点位置,更决定了企业社会资本的不同。社会资本的本质特性是社会性,因此企业的社会资本既可能是由内部利益相关者的专用性资本转化而来的,还可能是企业从外部利益相关者的网络关系中直接获取的。

在借鉴学者们关于社会资本主流研究的基础上,本书将基于利益相关者视角,将企业社会资本的内涵界定为基于信任、规范与合作,企业为了实现其经营目的而与其内外部利益相关者,如企业雇员、股东、客户、供应商等交易伙伴,银行和其他债权人,竞争对手,国家政府部门等,所构建的网络关系结构中的实际或潜在的资源集合。企业社会资本是企业获取竞争优势的一种战略性资源,伴随着企业在关系网络结构中所处节点的相互作用,能够为企业价值创造带来竞争性的战略资源。作为搭建、整合、维护企业社会关系网络的纽带,企业社会资本既可以提高内部资源的战略性,又能够促进企业与其外部利益相关者之间的战略合作,降低企业外部环境的不确定性,提高企业价值创造能力,促进企业价值增值。

2.3.2 企业社会资本的功效

2.3.2.1 企业社会资本的经济效益功效

作为正式制度的有益补充,社会资本能把各种分散的资源黏合起来,降低交易和信息成本,有助于企业经济效益的提高(Nahapiet 等,1999;Fukuyama,2000;

Galunic 和 Charles,2012)。在中国,边燕杰和丘海雄(2000)最早研究社会资本的功效。他们通过对 1998 年广州市 188 家企业的调查分析,实证检验了社会资本对企业的经营能力和经济效益的直接提升作用。陈传明和周小虎(2001)从企业家的视角,指出社会资本在动员和利用企业内外部的稀缺资源、节约交易成本,从而在促进企业经营绩效的改善以及企业生存和发展能力的提高等方面有着广泛的贡献。石军伟等(2007)基于《中国企业竞争力报告》的数据研究表明,企业社会资本对销售收入的提升有着正面的促进作用。在扩大销售收入过程中,组织的网络资本作用最大,特有关系资本次之,与政府的关系排第三位。隋敏和王竹泉(2013)指出,企业社会资本作为资本的一种形态,其通过契约履行、资源获取、交易成本节约等方面来影响企业经济效益。

2.3.2.2 企业社会资本的企业管理功效

Loury(1976)对种族歧视进行研究后发现,依靠法律禁止种族歧视和政策规定雇主要给所有人提供平等机会的措施无法解决种族间的不平等问题,其根本原因正是社会资本的匮乏严重限制了非洲裔青年的发展机会。Coleman(1985)也分析了社会资本对人力资本的作用,同样也发现了社会资本的积极影响。Putman(1997)为了弄清意大利南部和北部制度绩效差异的成因,对意大利南部和北部的部分地区进行了长期调查,最后得出结论:社会资本影响政府的效能,它是解释意大利南北制度绩效差异的重要参数。王革等(2004)通过对第二次世界大战后美国企业发展历程的系统分析,认为企业的产生和发展与一定的企业社会资本及其变迁是紧密相联的,即企业成长的规模越大,越有利于其获取社会资本;企业获取的社会资本越多,越有利于企业的成长。李正彪和文峰(2005)通过对美国、日本、意大利以及中国家族企业的发展史的实证研究,认为信任可以有效降低管理事务的处理成本、防范投机行为,降低对未来的不确定性,合理配置组织内部的资源,维系组织的生存,提高组织的效能。谢洪明等(2007)通过对我国华南地区企业的实证研究,证实了内部社会资本对知识能量有直接的正向影响,并且内部社会资本既可以直接影响组织创新,也可以通过影响知识能量间接影响组织创新,而组织创新的提升则带来了组织绩效的提高。

2.3.2.3 企业社会资本的科技创新功效

伴随着知识经济的快速发展,科技的不断创新已成为企业抓住发展机遇、迎接挑战的必要途径。越来越多的学者开始从企业管理的角度关注社会资本对企业技术创新的作用机理,并认为社会资本就像造血机一样源源不断地为企业输送新鲜的血液,并最终转化为企业创新的动力和支撑。企业获得的社会资本能够更大程度上确保原材料供应,获取融资、政府补贴、团队的信任和知识共享,所有这些都能增强企业的技术创新意愿(陈劲等,2001;Xu 等,2013;Cappiello 等,2020)。

　　企业本质是一种资源配置机制,社会资本通过增强企业利益相关者之间的信任与合作,可以达到优化企业资源配置,降低交易成本的目的,从而为企业科技创新提供重要的战略优势资源,促进企业产品创新(李红艳等,2004)。社会资本对新思想的产生和现有知识的整合尤其是企业资源的有效整合起着非常重要的作用。张方华(2004)的研究证实了社会资本对企业提高技术创新绩效的促进作用,企业可以通过与外部组织的合作和互动来有效整合企业的内外部资源,从而进一步提高技术创新能力。Landry 等(2002)对加拿大 440 家企业调查后发现,社会资本的边际增长,尤其是参与资产和关系资产在很大程度上提高了企业创新的可能性;社会资本同样显著影响了企业创新的突破程度,其中网络资产的作用最为突出。颜琼和成良斌(2006)的研究也表明,社会资本已经成为企业技术合作和科技创新能否成功的一个关键因素,是资源配置的一种重要形式。企业社会资本作为企业获取竞争优势的重要资源,通过与关系网络节点间的互动从而能够提供技术创新所需的新知识、新技能以及产权的保护,促进企业技术创新的提高。谢洪明等(2007)以我国华南地区 458 家企业为研究对象,发现企业外部社会资本对企业技术创新的提升有直接显著的正向影响。陈洪波和潘石(2017)调研发现,由于社会资本可以通过增强经济个体之间的信任,降低合约执行与监督成本,在创新资源获取、创新投资机会识别等方面促进企业创新投入,因此社会资本对企业的创新决策有正向的影响。

2.3.2.4　企业社会资本的竞争优势功效

　　Burt 是最早对社会资本影响企业竞争行为的现象进行研究的学者,他认为社会资本在市场竞争中扮演着最终的胜利决定者角色(Burt,1995)。Nahapiet 和 Ghoshal(1998)对社会资本影响公司竞争优势的内在机理做出了开创性的贡献。Powell 和 Arregle(2007)指出社会资本是家族企业在新经济中得以保持持续竞争优势的一种战略资源。游春和刘芳(2010)认为在信息网络时代,社会资本越来越重要,已成为继亚当·斯密的"看不见的手"与小艾尔弗雷德·D.钱德勒的"看得见的手"之后,影响企业的"第三只手"。企业社会资本的积累不仅有利于企业获得机会利益、摄取稀缺资源、增强技术创新优势,而且能保持企业的持续竞争力。Clercqet 等(2013)研究发现,社会资本可以优化信息流通,调节环境不确定性,降低企业经营风险,并在获得竞争优势的过程中起到重要支撑作用。石军伟等(2009)认为社会资本是一种可以解释企业竞争优势和优化管理有效性的智力资本。从竞争的观点来看,企业社会资本可以是一种阻止竞争对手抢夺市场份额的进入壁垒。蒋天颖等(2010)则通过对浙江省72家中小企业的问卷调查,发现中小企业社会资本不仅直接影响其竞争优势,同时还通过知识共享与创造和智力资本间接影响竞争优势。在全球化和新经济的背景下,模块化组织中企业竞争优势的获得一方面来源于企业的学习;另一方面通过动用所处社会网络中的社会资本的能力,进行知识的吸收和传递,最终建立自己的竞争优势。项秀栋(2015)构建了社会资本和竞争优势的关系模型,将社会资本分为横向社会资本和纵向社会资本两个维度并对其与小微企业竞争优势的关系进行研究,发现社会资本对小微企业竞争优势具有显著的正向影响,且横向社会资本、纵向社会资本对小微企业竞争优势均具有显著的正向影响,因此,小微企业要确立竞争优势,必须重视社会资本的积累。

2.3.3 社会资本对企业投资决策的影响

社会资本是社会群体在进行有价值的社会活动中为了克服"搭便车"行为所共同分享的一种持续性的价值观和关系的统称,是企业潜在资源的总和,包括网络、信任和规则(Putnam 和 Leonardi,1994;Granovetter,1973)。社会资本的增强会统一关系网络中利益相关者的价值观,加强他们之间的信任程度,规范合同的交易规则,减少契约关系双方之间的交易成本,降低信息不对称程度,从而促进企业经济效益水平的提升,促使更多的财力、物力和人力投入到研发和项目开发活动中去,提高投资水平。社会资本可能通过银企关系、社会关系、网络与信任等对企业投资产生影响。

资金是影响投资项目顺利实施的重要因素,我国资本市场还不太成熟,银行是企业主要的融资渠道,保持与银行的良好关系有利于企业的资金筹集。受传统儒家文化的熏陶,人们更重视和谐相处、人际交往,人际交往网络越发达,社会资本对正式融资途径的补充作用越强。这是因为银企之间稳定、成熟的关系网络会促使企业为银行提供更透明、更可信的财务信息,缓解借贷双方的信息不对称,增强银行对企业的信任程度,从而银行就会以较低的成本、宽松的条件对企业的投资项目给予资金支持。Allen 等(2005)研究发现,在中国资本市场不够发达的情况下,民营企业筹资渠道有限,通过非正式融资渠道获得大量现金流是缓解其融资约束的重要方式。杜颖洁和杜兴强(2013)发现,银企高管关系对民营企业获取银行贷款有很大帮助。陈爽英等(2010)则表明,民营企业家拥有的协会关系资本对企业研发投资有显著的促进作用,且协会关系资本越多,研发投资强度越大。因此,企业社会资本越多,投资水平越高(甘田,2020)。

社会关系是企业可持续发展的重要引擎。企业与供应商之间保持良好、持久的合作关系,不仅可以提高企业经营效益,还可以避免由于供应商变化导致的市场萎缩、核心竞争力流失、利润空间变小等不利因素的产生,从而可以保证企业有更多资源用于创新(Dyer 和 Singh,1998;徐可和何桢,2021)并提高企业投资水平。政企网络关系也能够帮助企业获取更多的资源,降低企业运营成本,提升竞争地位,改善经营状况等(王龙伟等,2021)。良好的政企关系不仅有助于企业获取税收优惠和政府补贴,以及来自银行信贷和股权融资的资金等外部资源(焦豪和杨季枫,2019;Sanchez-Ruiz 等,2019),有效减轻企业的融资约束,为企业投资提供丰富的资金资源支持,还有助于企业获得最新政策动态(谢乔昕,2016)、项目技术支持和成果保护,鼓励企业投资创新(王明海等,2017)。董有德和宋芳玉(2017)以我国上市民营企业为研究对象,研究发现银企关系、政企关联都能够有效促进企业对外投资。

网络与信任是现代社会的基础,在当前经济转型的背景下,制度环境发展比较缓慢,正式制度的缺陷依然需要通过各种非正式制度进行弥补(边燕杰和丘海雄,2000)。社会资本作为一种重要的非正式制度,通过促进人与人之间的信任,提高人们的诚信水平,保证债务合约执行,对金融资源的分配产生影响(陆铭和李爽,2008),进而影响企业的投资。张维迎和柯荣住(2002)的研究显示,信任度是影响中国各地区经济发展的重要因素之一。信任可以有效缓解企业的融资约束,促进企业投资项目的顺利实施(顾雷雷和王鸿宇,2021)。社会资本可以通过社会道德对人们的失信行为产生内在约束和社会舆论对人们失信行为进行外部惩罚这两个途径提高社会诚信。当企业处于更高信任程度的地区时,良好透明的信任环境会导致不良后果更加严重,因此企业对信用更为看重,如果出现违约或者欺骗的事件,企业可能会丧失重要的战略资源,甚至破产清算。为了增强利益相关者的信任,降低债务合约的违约概率,企业必然更注意贷款资金的使用效率,因此负债的治理作用将会增强,企业投资效率得以提高(张润宇和余明阳,2020)。

2.3.4 家族企业社会资本传承

家族企业的代际传承不是物质资本和权力资本的简单交接,接班人还需要继承、融合家族、企业以及创始人的社会资本(Bennedsen 等,2015),一代创始人所拥有的社会资本或者关系网络资源常常成为企业代际传承的重要传承要素。窦军生和李生校(2010)发现,企业家默会知识、企业家关系网络和企业家精神是家族企业需要代际传承的三种独特资源。李思飞和裘泱(2018)也提出,具有传承意愿的控制家族会更重视企业的长期生存与发展,会具有更长远的投资视野,会为增强企业的长期竞争能力、保持企业各个利益相关方的关系资源而加大社会资本投资。

但是由于社会资本是社会结构和社会关系的一种特性,具有时效性、社会黏性、不可模仿性等特征,在家族企业的传承中很难转移,因此社会资本的传承并非易事(Fan 等,2012;江曼和吴炯,2018)。Bennedsen 等(2015)的研究发现,东亚地区的上市家族企业在完成代际传承后,其公司价值会大幅度地下降,其主要原因是创始人的专有资产难以传承。创始人的专有资产包括创始人的企业家精神、关系网络、家族权威等。一方面,与一代创始人相比,二代继承人缺乏管理经验,又没有与企业一起成长的经历,对企业的归属感和依附感不像一代创始人那么强烈,很难完全融入创始人的社会关系网络之中(李新春等,2015);另一方面,家族企业的权威往往具有很强的个人依赖性,在家族企业权力棒交接过程中,企业中的权威关系也将发生变化(周燕和葛建华,2011),新生一代往往会因为权威合法性不足而面临"少主难以服众"的尴尬局面,从而阻碍了企业社会资本的传承(李健等,2016),但是当接班人成为企业的"掌舵人"之后,其权威就会逐渐得以形成,从而有利于企业社会资本的顺利交接(陈建林等,2020)。Julien 和 Andr(2006)对家族企业社会资本有效传承的情境进行研究,从继任企业家、前任企业家和利益相关者三方面,提出利益相关者对继任企业家的不信任、前任企业家的情感抵制及继任企业家对现有社会网络的反感等都会影响企业社会资本的有效传承。

2.4 文献评述与现有研究的不足

2.4.1 文献评述

2.4.1.1 家族企业长期投资文献评述

家族企业在公司行为、结构特征、经营绩效、资源配置等方面与其他企业存在显著差别(Morck 等,2005)。关于家族企业长期投资主要有风险规避和长期投资承诺两种假说,现有的研究从管家理论视角认为家族企业更关注企业长期利益而更愿意进行长期投资,支持长期投资承诺假设;而从社会情感财富理论视角则认为家族企业的利他行为导致家族企业更容易因风险规避而缩减投资规模。造成研究结论的不一致可能是由于没有考虑到家族企业发展的生命周期。另外,在已有的文献中,学者们主要研究的是家族企业和非家族企业,以及有无传承意愿家族企业间长期投资异质性问题,鲜有探讨不同传承时期以及不同传承模式家族企业的长期投资问题。从现有文献可以看出,进入代际传承阶段的家族企业,在不同的传承阶段以及不同的传承模式下不仅长期投资规模具有异质性,而且家族企业的投资结构也会有很大的差异。本书在现有文献的基础上,选择社会资本这一视角研究家族企业传承过程和模式对其长期投资决策的影响效果和影响机制,深化了家族企业长期投资决策影响因素和经济后果的研究,也丰富了长期投资决策的研究视角。

2.4.1.2　家族企业代际传承文献评述

本书对家族企业代际传承的过程和理论模型、传承模式、传承要素和企业代际传承对长期投资决策的影响的国内外相关文献进行梳理,发现虽然家族企业传承的理论已经较为丰富,无论是研究的深度和广度,都取得了丰硕的成果,但是学者们仍然重点关注模型构建、传承影响因素以及传承要素的理论研究,缺乏明确的实证支持和理论解释,并且对不同情境下传承的经济后果的研究更为匮乏。情境的不同会导致不同家族企业传承过程大相径庭。即使是同一个企业,传承中的每个阶段的情境不一样,也会使得这些阶段表现出来的行为特征有所不同。例如,研究家族企业社会资本的传承,从传承过程和传承模式两维度探索家族企业社会资本传承机制,目前的研究还较少涉及这么微观的层面。因此,为了打开家族企业"富不过三代"的暗箱,本书利用系统的观点综合考虑利益相关者的因素,从财务视角,资源基础观理论出发来探索决定家族企业可持续发展的关键因素以及家族企业代际传承整个社会化过程的经济后果。

2.4.1.3　企业社会资本文献评述

本书对企业社会资本的概念和功效、其对企业投资决策的影响以及家族企业社会资本传承的文献进行梳理,发现由于企业社会资本的理论框架具有很大的弹性空间,其作为一个分析概念和理论的模型,被学者们广泛采用。但学者们大都将关注焦点放在了企业社会资本的理论探索和经验研究之上,对其他方面的研究还存在一定的不足,主要表现在以下三方面:第一,研究视角较窄,缺乏关于企业社会资本与企业的成长、企业社会资本与企业人力资本的开发与管理、企业社会资本与企业经营战略等问题的研究;第二,研究深度不够,关于企业社会资本与家族企业代际传承之间关系问题的研究,大部分学者停留在一些定性描述与理论的构建上,鲜有定量分析;第三,对社会资本与代际传承的经济后果的具体影响机制也缺乏深入的研究。因此,本书在研究家族企业代际传承对长期投资影响的基础上,将社会资本作为中介变量,深入地探索了代际传承对家族企业长期投资决策的影响路径。

2.4.2　现有研究的不足

针对代际传承家族企业投资决策问题,现有研究的不足总结如下:

第一，现有家族企业投资观对立主要是因为尚未考虑时间因素。事实上，家族企业风险规避和长期投资承诺是一个问题的两个方面，都是家族企业长期导向的外在表现。由于家族财富与公司的合一性，为了家族的发展，家族控制人希望将家族财富不断传承下去，使得每一代家族成员都能从中受益。因此，家族企业控制人的长期导向拓宽了其长期投资视野。但同时，为了获得长期持续发展，家族企业控制人也具有较强的降低风险的动机。在家族企业生命周期的重要阶段，企业为了生存下去，获得长期发展，在做决策时不会只看重眼前的利益，而会考虑时间因素，把目光放长远，关注未来的利益。

第二，现有研究缺乏对家族企业代际传承的综合认识，视角狭窄、理论单一。大多数研究都基于社会情感财富理论，关注家族企业代际传承后，为了追求保护家族社会情感财富，倾向于通过异质性的投资决策来规避传承风险。家族企业代际传承是一个复杂且风险较高的过程，在传承的不同阶段，不同的传承模式和方式、继承人的个人特征、家族化方式等都会显著影响公司的战略决策。因此，不能够仅仅在一二代正式交接后去判断代际传承对家族企业投资决策的影响，还需要综合家族企业代际传承目的和特征，系统地去研究家族企业为了顺利传承而采取的异质性投资决策，为家族企业打破"富不过三代"魔咒提供理论基础和保障。

第三，现有研究局限于家族企业代际传承和投资决策两者关系的研究，缺乏对影响机制的深入分析。国内对家族企业代际传承影响因素以及经济后果的研究起步较晚，所形成的研究结论也有较多不统一。关于代际传承对投资决策的影响，学者们也主要关注两者之间的直接关系，鲜有分析代际传承家族企业投资决策异质性的深层原因以及影响机制。为了解决上述问题，本书以社会资本为视角，对家族企业代际传承这一正式制度与关系治理这一非正式制度进行整合，系统分析了家族企业代际传承对投资决策的影响机制。

3 理论基础

本章对本书研究所依据的理论基础的基本观点及其对本书待研究内容所起到的支持性作用进行分析，从而找到理论上的切入点。本章首先介绍企业投资理论，包括基于资本市场完美假说的 Jorgenson 的新古典投资理论和 Tobin Q 理论、基于资本市场不完美假说的 MM 理论和融资约束理论；其次介绍与家族企业长期投资决策相关的社会情感财富理论和资源基础观理论，并分析它们对代际传承中的家族企业长期投资决策的影响；最后介绍与家族企业社会资本传承相关的利益相关者理论和自组织理论。

3.1 企业投资理论

企业投资理论是对投资实践的科学总结，描述了企业投资活动的产生及其经济后果，通过分析诸因素对投资的影响，为企业做出科学投资决策提供定性描述和定量分析的依据。企业投资一直是经济学、管理学领域中研究的热点，随着经济社会的发展、新经济理论的产生，企业投资理论也在不断地发展和完善。早期的企业投资理论衍生于新古典主义经济学，以企业投资行为均衡和优化分析为逻辑起点，基于边际原则，聚焦于纯粹的企业投资成本-收益分析和机会成本分析，形成了包括 Jorgenson 的新古典投资理论、Tobin Q 理论等一系列早期多样化的动态投资模型，构成了投资理论研究的微观基础，后续研究大多以此为基础进行突破和创新。随着委托代理理论、公司治理理论、信息经济学等一系列理论的发展和成熟，企业投资理论也发生了根本性变革，资本市场、企业资本结构、公司治理等企业内外诸多因素对投资决策的影响被纳入现代企业投资理论体系之中，打开了企业投资决策的"黑箱"，弥补了传统投资理论的缺陷，使现代企业投资理论日臻完善。

3.1.1 基于资本市场完美假说的新古典投资理论

3.1.1.1 Jorgenson 的新古典投资理论

由美国著名经济学家 Dale W. Jorgenson 创立的新古典投资理论通常被认为

是现代企业投资理论的起点。1963年，Jorgenson以市场完美、生产要素自由替代为前提，以新古典的最优资本积累理论为基础，将新古典柯布-道格拉斯(Cobb-Douglas)生产函数引入企业投资问题的深入分析中，运用边际分析法，提出了以厂商长期利润最大化为目标、多期动态的最优化投资模型。根据Jorgenson的新古典投资理论，厂商长期利润最大化所决定的资本水平的预期值和实际值是相等的，投资只是合意资本的变化加上替代投资，因此厂商的投资水平由预期产出和资本成本决定，凡是影响预期产出和资本成本的因素都影响厂商投资。经济周期性和宏观经济形势的变化都会影响企业的收入，在经济状况较好时，企业的预期产出就会增加，企业就应该增加投资；而资本成本又由投资品的市场价格、折旧率、收益率、税收结构等决定，折旧、利率、税收等的增加会抑制企业投资，最终产品价格的增加会刺激企业投资。

　　Jorgenson的新古典投资模型是最先从微观企业角度去研究投资行为的模型，在该模型中，Jorgenson将成本变量加入投资需求效应中，全面地反映了企业投入和产出的过程，使其更具说服力。但是该模型仍然存在一定的缺陷：首先，该模型的一些假设条件在现实经济活动中是无法满足的，如市场环境是完全竞争的；经济人具有完全预见性，要素的实际值和预期值之间没有任何的不确定性；资本成本不受产出的价格影响等。其次，该模型忽视了资本存量的调整费用，实际资本存量需要经过多期才能调整为预期最优的资本存量，并且过程中伴随着多种费用支出。最后，该模型没有考虑企业的融资决策对投资的影响，认为只要项目的净现值为正，企业就可以获得足够的资金进行投资，这在现实经济活动中，特别是在我国资本市场不发达的环境下具有很大的局限性。

3.1.1.2　Tobin Q理论

　　针对Jorgenson的新古典投资理论动态优化过程中忽视资本存量调整费用所造成的不足，James Tobin从一个全新的视角完善了投资理论，提出了著名的Tobin Q理论。Tobin(1969)认为："新古典学派的企业投资理论应建立在企业价值或企业市场价值最大化的基础之上。只要能提高已发行股票的市场价格，提升企业的市场价值，该投资项目就应被实施。资本市场会对投资项目给企业带来的收益和风险作出评价。如果投资家给予投资项目较高的期望，企业的股价将会上升，股东就可以获得收益……投资家们所期望的资本增加速度(即投资)，是同资本的价值与再生产的成本的比(Q)相关联的。"由此可见，Tobin将微观企业的投资决策和资本市场中的股价联系起来，指出企业的投资决策与投资机会 Q 值有关，即新增资本的市场价值与其重置成本之比(Q)决定了企业的投资水平。本质上说，Tobin Q就是企业追加单位资本在股票市场上所预期的、未来边际收益的贴现值。当 $Q=1$ 时,说明市场处于均衡状态,企业应保持原有资本存量;当 $Q>1$ 时,说明资本的市场价值高于其重置成本,市场对企业成长性有更高的评价,追加资本的成本将小于资本收益贴现值的市场评价,因此,企业有利可图,应增加投资,以较低的资产成本实现较高的企业价值增长;当 $Q<1$ 时,说明市场评价的企业价值低于其重置成本,市场对企业的评价是收益水平较低,此时,企业应停止投资或者缩减资本存量,避免以较高的成本实现更低的价值增长。

Tobin Q 理论是一种以"市场"来说话的经典投资理论,其将企业的投资活动与资本资产市场相结合,通过将资本资产市场对企业价值的预期纳入投资理论当中,反映了现代金融与投资的关系,体现了现代经济社会中资产选择的特点和投资活动的价值。此外,Tobin Q 理论弥补了 Jorgenson 新古典投资理论的缺陷——忽视资本存量的调整费用。根据 Tobin Q 理论,当投资的边际效率等于利率时,调整费用为零,此时 $Q=1$。而现实中,实际资本存量需要经过多期才能调整为预期最优的资本存量,调整费用是客观存在的。当投资的边际效率大于利率时,实际经济活动中的 $Q>1$;而当投资的边际效率小于利率时,则 $Q<1$。因此,投资的边际调节成本反映了投资调整的动态过程,使得逐步调节资本存量水平在模型中得以实现。最后,Tobin Q 理论还为制定投资决策提供了新思路。当企业的 $Q>1$,而其他企业的 $Q<1$ 时,企业可以采取积极的投资政策,通过并购让企业快速实现规模扩张,获得高效的成长与发展,这为资本市场的并购提供了新的解释思路。虽然 Tobin Q 理论进一步完善了投资理论研究,使投资理论发展到了一个新水平,但该理论的一个重要假设条件是资本市场是完善有效的,而这是现实经济环境难以实现的。

3.1.2 基于资本市场不完美假说的现代企业投资理论

3.1.2.1 MM 理论

1958 年,美国经济学家 Modigliani 和 Miller 在新古典投资理论的基础上开创性地提出了具有划时代意义的 MM 理论,揭开了基于资本市场不完美假设的现代企业投资理论的发展序幕,首次系统探究了资本市场、融资方式与企业投资之间的逻辑关系,使得公司投资在研究内容和科学体系上实现了质的飞跃。该理论认为,如果资本市场充分发育并有效运行,在不考虑企业所得税、交易成本和企业风险的情况下,对于同一投资项目所需资金,无论采用哪种融资方式,其融资成本是相同的,企业的价值与资本结构无关,仅取决于投资项目的现金流量净现值。也就是说,在资本市场完善的情况下,企业的投资决策与融资决策是相互独立、不相关的,企业投资决策主要依赖于那些决定企业利润和现金流的因素。这就是著名的

"MM 无关性命题"对公司投资和融资领域的诠释。然而该理论的前提过于苛刻，不考虑企业破产风险、企业所得税、资本市场信息不对称等限制条件，与现实也是冲突的。因此，Modigliani 和 Miller（1963）将企业所得税纳入研究并对该理论进行了一定的修正，他们认为，考虑企业所得税后，由于负债利息支出作为费用可以税前扣除，因而负债融资会形成税收屏蔽，降低企业所得税税负，增加企业税后净利润。财务杠杆降低了公司税后的加权平均资金成本，资产负债率越高，企业的价值也就越高，当企业的负债达到 100% 时企业价值最大。

修正后的 MM 理论仍无法解释现实经济社会中企业几乎不存在资产负债率为 100% 的现象，并且忽略了负债带来的风险和额外费用。后来有些学者引入权衡理论、代理理论等对 MM 理论进行了进一步完善。首先是 Baxter（1967）从破产风险的视角对其进行了解释，他认为企业的资产负债率越高，破产的风险就越大，这会增加企业的加权资本成本，从而抵减负债的税收屏蔽效应。因此，企业采取负债融资进行投资决策时，必须权衡负债的税盾效应和破产成本，在两者之间进行权衡。基于此，Diamond 和 Stiglitz（1974）也认为高成本的破产清算对企业的投资行为有重大意义，由于会考虑到高额的破产成本，企业会更慎重地选择兼并对象，从而抑制其投资水平。同时，Jensen（1976）从公司治理角度也表明，在具有摩擦的现实市场中，企业股东或经理人和债权人之间由于信息不对称会产生代理成本。负债融资成功后，债权人对其借出资本的营运状况和风险信息就无法获知，企业股东或经理人往往就有潜在的投资于高风险、高收益项目的动机，加大债权人风险、掠夺债权人财富，也加大了企业破产风险，从而增加代理成本。

面对众多学者的质疑，Miller 等（1977）又把个人所得税和企业所得税相结合进一步分析了负债的税盾效应，对修正的 MM 理论进行了校正。Miller 认为，在个人所得税的累进制下，企业为追求负债的避税效应增发企业债券造成债券资本成本增加，在某种程度上增加的债券资本成本与企业追求负债融资而减少的企业所得税大体相等，因此，企业所得税抵消了其投资收益，融资方式依然与投资决策无关，又回到最初的 MM 理论中去了。

MM 理论的投融资无关论假说尽管建立在一系列严格的前提和假定条件基础之上，与现实存在一定的冲突，但其对于开拓人们的视野，推动投资理论的研究，引导人们从多角度去探索投资决策的影响因素具有十分重大的意义，因此，MM 理论被西方经济学界称为"革命性变革"。

3.1.2.2　融资约束理论

随着投资理论的不断发展，诸多学者逐渐认识到资本市场的不完美，研究证明自由现金流对企业投资存在显著的影响，这与 MM 理论的无关论是不相符的。从此,基于信息经济学的融资约束理论便成为现代投资理论的一个研究热点。融资约束理论是建立在资本市场不完美的基础之上的。Fazzari 等(1988)最先指出,由于资本市场的不完美,公司内外融资之间不能完全替代,外部融资存在融资溢价,限制了企业从外部获得资金,这使企业投资更多地依赖内部资金。他们使用股利支付率作为融资约束的代理变量,对 421 家美国制造业公司进行了实证研究,结果表明,融资约束高的企业,企业投资与内部现金流之间显著相关。1995 年,Calomiris 和 Hubbard 又对资本市场不完美和企业投资进行了全面的研究,认为企业持有现金的主要动机之一是缓冲融资约束。信息不对称引起的资本市场不完美导致了代理问题和逆向选择的产生,使得企业外部资金供给者要求更高的回报。面临融资约束的企业会出于预防性动机,保留较多的流动性资产以备后续投资,因此,企业投资-现金流敏感性将随着企业所受融资约束程度的上升而增加。此后大量实证研究都证明了企业投资与现金流具有很强的正相关性(Carpenter 和 Petersen,2002;Waston 和 Wilson,2002;Chatelain 等,2003;姜秀珍等,2003)。但也有学者得出了矛盾性结论。Kaplan 和 Luigi(1997)研究发现,企业所受融资约束越少,企业投资-现金流敏感性越强。对此,他们的解释是,现金流更多地反映了企业投资机会,随着企业投资机会的增加,企业的投资增加,导致了企业投资-现金流敏感性。这一结论也得到众多学者的支持(Kadapakkam 等,1998;Moyen,2004;连玉君和程建,2007)。Boyle 和 Guthrie(2003)从投资资金的可得性和投资时机的灵活性两方面分析了企业投资与现金流之间的关系,认为企业投资和现金流之间呈现 U 型关系。他们的解释是,充足的现金一方面放松了对投资的约束,增加了投资机会,鼓励了当前投资;另一方面减少了延迟投资风险,从而增加了当前投资的机会成本,抑制了当前投资。Lyandres(2007)也认为企业投资-现金流敏感性是非线性关系,当外部融资成本较低时,企业投资-现金流敏感性是抵减的;而当外部成本较高时,则是递增的。综上所述,不管企业投资-现金流敏感性如何随融资约束的变化而改变,这些文献都遵循着相似的逻辑,即融资约束限制了企业投资。

3.2 社会情感财富理论

3.2.1 社会情感财富理论的内涵

一般认为,家族企业是以非经济目标为导向的家族系统和以经济目标为导向的企业系统相互联系、相互作用的一种组织系统。因此,家族企业的经济行为更具有一定的独特性,往往同时追求"家族利益"和"企业效益"两方面的目标,即在进行战略决策时除了考虑企业经济目标,还关注家族的情感目标,形成经营目标的多元化。Gómez-Mejía 等(2007)指出,家族经营企业的首要目标是保存社会情感财富,社会情感财富常常会影响家族企业财务决策。在 Gómez-Mejía 及其合作者提出社会情感财富理论之后,Berrone 等(2010)又进一步明确了社会情感财富的含义,他指出"社会情感财富是家族控制的企业所提供的、能满足家族情感需求的非经济收益,具体包括家族对企业的控制权和影响力、家族成员对企业的认同、家族成员的情感依恋、紧密的社会关系和家族代际传承意愿五方面内容。"2014 年,Miller 又将社会情感财富划分为受限的社会情感财富和泛化的社会情感财富两个层次,其中,受限的社会情感财富主要关注家族成员的直接利益,而泛化的社会情感财富既关注家族成员利益,还关注家族其他利益相关者的利益。

社会情感财富是家族企业的非经济利益,价值是内在的,重视家族的非经济收益是家族企业战略决策的关键特征,对社会情感财富的保存和维护是每个家族企业的目标。家族企业在进行战略决策和行为选择时,会更倾向于保护和规避社会情感财富的损失(Gómez-Mejía 等,2007;Berrone 等,2012)。这是因为社会情感财富与家族对企业的控制权紧密相关,一旦家族失去对家族企业的控制,家族社会地位就会削弱,影响力就会下降,家族社会资本也将消失,所以保护家族社会情感财富是家族控制企业的重要目的。家族保护社会情感财富的意愿不同,家族企业的风险感知和资源获取等也不同,因此家族企业战略选择可能不同(Chrisman 和 Patel,2012)。家族企业为了保护社会情感财富,更愿意独立经营(Gómez-Mejía 等,2007),进行更多的慈善活动,减少多元化经营,还愿意为职业经理人提供更多关怀等(Stavrou 等,2010),甚至在某些情景下采取一些可能会损害企业长期经营绩效的战略决策(Berrone 等,2012;Gómez-Mejía 等,2007)。

3.2.2　社会情感财富理论与家族企业代际传承

家族对社会情感财富的追求具有持久性,区别家族企业与非家族企业的一个重要因素是家族企业主有强烈的意愿把自己创造的财富世世代代传递下去,代际传承是持久追求社会情感财富意愿的体现和重要条件(辛金国和吴雪婷,2016)。储小平(2011)在对家族企业传承要素进行系统分析的基础上最先指出家族企业传承的不仅仅是所有权、控制权和管理权这些有形的权利要素,更主要的是将企业的文化资本和愿景,企业家的权威、管理经验、知识、能力以及社会资本等非财务方面的无形资产传承延续。李新春(2018)也指出,对于华人家族企业而言,社会情感财富在家族实现代际传承并不断发展壮大的意愿往往超过了对企业经营业绩目标的要求。

代际传承能延续家族社会情感财富,更能够有效解释家族企业为什么偏好内部传承,解释在职业经理人市场较发达的国家,在外部劳动市场有更优秀的高管候选人的情况下,为什么大多数家族企业仍会从家族内部挑选继任者。保持和延续家族的社会情感财富是家族企业行为的主要动机,家族的社会情感财富根植于其所控制的家族企业土壤中,因此,家族内部传承能够保证家族对企业的永续控制。同时,代际传承具有极大的不确定性,面临极高的经营风险。传承失败即意味着控制家族社会情感财富消失,社会情感财富的保持和延续会影响家族企业的风险感知,控制家族有意愿从事更有利于降低代际传承时期企业风险的行为,而家族内部传承有利于控制家族采取有效措施降低代际传承的风险,为家族保全和创造社会情感财富提供有力保障。Zellweger 和 Astrachan(2008)研究发现家族企业内部传承是家族获得的重要的非经济收益,也是家族所有者能追求的主要控制权未来收益。

3.2.3 社会情感财富理论与家族企业长期投资决策

保护家族社会情感财富是家族企业的本质属性,家族企业决策的最大特点是将社会情感财富的保全、延续和创造作为企业决策的首要参考点,将决策问题框架化。为获得收益或规避损失,决策的制定是建立在对现有收益与潜在损失进行评估的基础之上的。如果一项决策要以损害家族现有的社会情感财富为代价,"规避损失"就会比"获得利益"更重要(Chrisman 和 Patel,2012),为规避家族社会情感财富损失,家族企业会摈弃该决策;反之,如果一项决策有利于保全、延续和创造家族社会情感财富,即使该决策会增加企业的经营风险,损害企业的经济利益,家族企业仍可能会采纳该决策。

家族企业长期投资决策也受到控制家族社会情感财富保护的影响,具有较大的异质性。控制家族的收益主要依赖于家族公司的业绩,风险高、结果不确定的长期投资项目会带来控制家族社会情感财富损失的风险,控制家族不会为获得利益而损害社会情感财富,却会为保护社会情感财富而损害企业经济利益(Gómez-Mejía 等,2007、2011、2014)。Shleifer 和 Vishny(1986)发现大股东尤其是创始家族为降低或规避社会情感财富损失,更倾向于放弃净现金流为正的高风险项目,将成本转嫁给其他股东。Gómez-Mejía 等(2011)研究也发现家族企业并不是因为研发活动的不确定性和高风险性降低企业的研发投资,而是因为研发投资活动的开展可能会造成家族社会情感财富的损失。Anderson 等(2012)认为家族控股与公司投资政策有显著的相关性,为了保护社会情感财富,家族企业长期投资中资本支出比例较高,而 R&D 支出比例较低。吴炳德和陈凌(2014)指出,为了保存社会情感财富,家族企业往往选择减少研发活动与创新投入。

3.3　资源基础观理论

3.3.1　资源基础观理论的形成与发展

企业资源理论的原始思想由来已久。早在 1933 年,Chamberlin 已认识到企业专有资源的重要性,他认为企业独特的资源和能力是产生不完全竞争并获取超额利润的源泉。1959 年,Penrose 在其著作《企业增长理论》中研究了企业独特资源与企业成长之间的关系,最先探索了资源对企业战略竞争优势的重要性,她指出:"企业不仅仅是一个管理组织,同时也是人力资源、物质资源、无形资源等生产性资源的集合体。这些具有不同用途,且随着时间推移不断积累的内部资源和能力是促进企业增长而又限制着企业增长速度的重要因素。企业可通过竞争优势的积累——过剩资源——扩大经营、抓住市场机遇——进入新市场、形成新资源这一动态循环不断发展和更新资源,而使用资源的过程也可促进企业成长。"Penrose 的研究开启了资源基础观的研究范式,但她仅仅认识到了内部资源是企业不断扩展生存和发展空间的动力,并未形成一套系统、科学的理论体系。

基于 Penrose 的观点,1984 年,Birger Wernerfelt 在其发表的《企业的资源基础观》一文中正式提出了"资源基础观"。Wernerfelt 认为企业并非单纯的产品市场的活动,而是由一系列有形和无形资源束所组成的集合体。与外部环境相比,企业内部拥有或者控制的异质性资源才是保证企业获取竞争优势和经济收益的关键,企业成长战略的实质就是在现有资源运用和新资源培育之间寻求平衡。Wernerfelt 把 Porter(1980)竞争力五力模型中所强调的"向外看"的思维模式转向为"向内看",使人们对企业成长的研究视角由"产品"转向"资源",并认为内部特定的资源是企业竞争优势的源泉,是企业战略决策的依据。

随后,Barney(1991)进一步从战略管理的角度探究了企业资源、竞争优势和持续竞争优势之间的关系,研究发现企业资源是由企业控制的用于企业制定和实施战略以能提高经营效率和效果的资产、能力、组织流程、企业属性、信息和知识等。但并非企业所有的资源都是创造竞争优势的源泉,资源要能够使企业创造持续竞争优势,就必须具有价值、稀缺、不可模仿以及能被企业有效组织等特征(Barney,1996)。Barney 的研究奠定了资源观理论的基调,从此,资源基础观理论得到了快速发展,并逐渐成为现代战略管理理论的重要组成部分。

3.3.2 资源基础观理论的内涵

资源基础观理论的核心思想是企业是各种资源的集合体。企业产品结构、市场环境等外部因素虽然会影响到企业的发展和经济效益，但不是决定性因素，企业拥有和控制的内部"异质性"资源和能力才是其获取持续竞争优势的动力之源，决定企业的发展战略和经营绩效。拥有独特内部资源的企业具有"资源定位壁垒"，因此能够获得独特的竞争优势。企业的资源和能力包括存货、机器设备、关系网络、管理能力、信息和知识等有形和无形的资产。这些能为企业带来竞争优势的资源和能力具有价值性、稀缺性、无法仿制性和难以替代性的特性。

资源基础观理论建立在三条基本假设之上：不同企业的资源组合并不相同，这些资源组合可以转变成企业独特的能力；由于资源的稀缺、难以获得或模仿，企业的资源具有专用性且不容易被模仿；企业资源的构成有一定持久性，是企业保持持久竞争优势的源泉。因此，可以从以下三方面来理解资源基础理论。

首先，企业竞争优势之源是企业的异质性资源。企业是各种资源的集合体，能够给企业带来竞争优势的资源不仅要具有价值，而且还应是企业的稀缺资源，不被其他企业所拥有，资源的异质性决定了企业竞争力的差异。这是因为企业的经营决策实质上就是对企业所拥有的各种资源进行配置，而企业决策具有的不确定性、复杂性和组织内部存在冲突，这些特征决定了企业任何决策都具有较大范围的自由裁量，从而形成不同的资源组合，这些资源组合的差异是企业获取竞争优势和经济租金的重要原因。只要拥有某些资源的企业数量少于自由竞争条件下的企业数量，那么这些资源就有可能产生竞争优势（Barney，1996）。

其次，资源的不可模仿性决定了企业竞争优势的持续性。异质性的稀缺资源是企业获取核心竞争力和经济租金的源泉，然而不可替代的持续的竞争优势还要求企业独特的、难以模仿的战略资源是不完全流动的，企业进入或退出都存在很大的壁垒，难以被同行竞争对手复制和模仿。这是因为为了获取超额利润，没有获得竞争优势和经济租金的企业肯定会去复制和模仿优势企业的战略资源，但为了防止失去竞争优势，消散经济租金，优势企业会增加战略资源的可占用性准租，设置复制障碍。因此，优势企业为了保持竞争优势、获取经济租金，其战略资源肯定不能被其竞争对手复制和模仿。所以资源的不可模仿性是持续竞争优势的要求，也是企业价值创造的核心。Barney（1991）认为资源的不可模仿性主要有三个来源，即企业的资源及其持续竞争优势之间的因果模糊性、独特的历史条件造成的路径依赖性、社会复杂性。

最后，特殊资源的获取与管理。企业是否具备获取、管理和整合特殊资源的能力是企业能否获得竞争优势和经济租金的关键所在。在当今数字经济时代背景下,企业要在瞬息万变的市场环境中立于不败之地,就必须依托现代化的管理思想和手段,获取能改善企业经营质量,强化企业核心竞争力的特殊资源,并对企业资源进行系统整合,提高资源的发挥效率。企业可通过组织学习、知识管理以及建立外部网络等途径来从获取和整合企业独特的优势资源(王开明和万君康,2001),从而形成独特、持久的竞争优势。

3.3.3 资源基础观理论与家族企业长期投资决策

Habbershon 和 Williams(1999)最早将资源基础观的理论引入家族企业的研究中,并提出"家族性"的概念,即由家族、企业和家族成员之间互动而生成于家族企业内部的独特资源和能力束。这种独特的资源与能力及其作用日益受到家族研究者的关注(谢雅萍和王国林,2016)。其中"家族涉入"是家族企业中一种独特的资源,家族涉入可以控制家族成员与企业之间的相关关系,因此形成独特的家族性资源和能力,为家族企业扩大投资提供支持和保障。然而,家庭资源禀赋的数量和质量可能存在差异,家族企业的所有者会通过嵌入各种社会关系网络获取投资所需资金,这对他们的投资活动是至关重要的(Bird 和 Wennberg,2016)。社会资本形成的关系网络会增加人们之间的信任,促进知识的分享,加强个体之间的交流,提高摄取资源的能力(Wernerfelt,1984;窦军生和贾生华,2008;Galunic Charles,2012)。

资源是企业经营发展的依据前提与条件,家族企业的社会资本、技术知识资源以及金融资本等战略性资源为家族企业的投资行为提供了重要保障和支持,是支撑家族企业发展的基础,是家族企业竞争优势和提升企业绩效的来源。例如,家族企业所拥有的技术知识资源为企业的技术创新提供知识条件和智力支撑,企业利用这种资源进行研发活动,从而发挥竞争优势实现更好的经营绩效;需求信息资源有助于企业获取更多的市场信息,掌握客户对新产品的需求,从而抓住投资机会,降低投资失败风险。由此可见,资源基础观认为家族企业内部独特的、具有竞争优势的资源和能力决定了企业的投资战略。

3.4 利益相关者理论

3.4.1 利益相关者理论的内涵

传统的公司治理理论认为企业由股东单方治理,企业经营的唯一目标是实现股东财富最大化,但随着现代企业理论的不断发展,人们逐渐认识到企业的生存和发展不仅仅和股东相关,更离不开各利益相关者的投入或参与,企业追求的是与其相关者的整体利益。Penrose(1959)最先提出"企业是人力资产和人际关系的集合"的观念,为利益相关者理论构建奠定了基石。在此基础上,1965年,美国学者Ansoff将利益相关者的概念引入管理学界和经济学界,认为"要制定出一个理想的企业目标,必须综合平衡考虑企业的诸多利益相关者之间相互冲突的索取权,他们可能包括管理人员、工人、股东、供应商以及分销商"。虽然他们的研究具有很大的狭隘性和局限性,但是他们已认识到企业中除了股东以外,还有其他众多影响其生存发展的群体,从而驳斥了"股东价值取向模式",使利益相关者在企业公司治理的理论和实践中得到了越来越多的关注,成为一个新的研究热点。1984年,Freeman在其著作《战略管理:一种利益相关者的方法》中明确提出了利益相关者理论,认为利益相关者是能够影响一个组织目标的实现,或者受到一个组织实现其目标过程影响的所有个体和群体。公司利益相关者不仅仅只包括股东,还应包括企业管理层、员工、债权人、供应商、客户等交易伙伴,以及本地居民、政府、媒体,甚至自然环境、人类后代等受到企业经营活动直接或间接影响的客体。Freeman的研究大大丰富了利益相关者理论的内容,使其更加完善和科学并开始成为现代企业治理理论的最新发展趋势。

利益相关者理论的提出使"股东价值取向模式"被"利益相关者价值取向模式"所取代。该理论认为企业处于一个由无数利益群体所组成的多元化社会,其生存和发展越来越多地依赖于与其相互依存、相互作用的个人和组织。每一个利益群体都有各自特殊利益目的,有的参与了企业的管理和决策,有的创造了企业的价值,有的承担了企业的经营风险,有的形成权力制约大网,对企业管理进行监督。企业是其与各种利益相关者结成的一系列契约,所有的利益群体都享有公司利益的索取权,企业的经营管理者必须在综合平衡各个利益相关者的利益要求的基础之上才能做出经营决策,利益相关者在企图实现自身利益目标时也受到越来越多的利益牵制。现代企业处于各种利益关系矛盾之中,是一种智力和管理专业化投资的制度安排,企业通过协调这些矛盾关系,使之服务于企业的健康发展(盛亚和鲁晓玮,2021)。企业的生存和发展与利益相关者利益要求息息相关,所有利益相关者都对企业进行了专用性资本投资。因此,为了促进企业健康可持续发展,企业必须向所有的利益相关者负责,企业追求的应是利益相关者利益最大化,而不是"股东利益至上",企业如果不能实现全体利益相关者的共赢,那么企业的经营将很难获得可持续发展。

3.4.2 家族企业利益相关者界定

企业的本质是内外利益相关者的集体选择,内部利益相关者直接参与企业的经营管理活动,享有企业的所有权、经营权和管理权;外部利益相关者虽不直接参与企业的集体选择,但是经营活动对他们的利益会产生直接的影响(王竹泉,2006)。在家族企业中,内部利益相关者投入了企业联合生产所需的各种资本,为企业持续发展提供保障;外部利益相关者与企业良好合作以及提供丰富的战略资源,也为企业价值的创造做出了一定的共享,因此,内外利益相关者对家族企业的生存和发展都是至关重要的。

家族企业内部利益相关者主要有家族企业创始人、创始人子女(潜在继承人)、企业管理者和职工。改革开放以来,我国诞生了一大批具有影响力的家族企业,它们以蓬勃的生命力根植于各行各业,以非凡的行动力活跃于时代浪潮中。我国的家族企业能够成功经历时代经济的洗礼,渡过金融危机下的蛰伏调整,并取得了迅猛的发展,甚至成为行业的翘楚,要归功于家族企业创始人的卓越领导。对于一代企业家来说,他们大都极具出色的领导气质,有的有着被梦想所激励出的无限的奋斗热情,不畏挫折、勇于向前;有的有着敏锐的商业头脑,能够客观地判断商业趋势,抓住发展契机;有的有着超凡的毅力和不言败的坚韧,在充满风浪与艰险的创业之路上,坚定不移地前行。正是这种不屈不挠、艰苦奋斗的创业精神,造就了一大批在海内外具有一定的影响力和知名度的家族企业家,他们以其独特的人格魅力和敢想敢干的拼搏精神,创造出一个又一个奇迹。随着企业不断发展壮大,这些创业者在积累了企业资产和家族财富的同时,也在企业中树立了崇高的威望,对企业的决策起着支配的决定性作用,并控制着企业的各种资源。中国是一个有着悠久"家文化"历史的国度,家族企业的发展也往往充满了情感因素。家族企业创始人大都认为将他们的希望和梦想永续的最好方式,就是将他们一生所从事和建立的事业传递给他们的子孙,并代代相传。所以将企业传递给自己的子女是家族企业的主要传承模式,为了家族的延续和家族财富的保持,家族企业创始人都愿不断地对子女进行培养,使其有能力继承企业。我国家族企业从改革开放开始经过了40多年的发展,虽然在国民经济中具有一定的地位,但是与西方发展上百年的家族企业相比,规模还较小,管理制度还不规范。同时,深受儒家"家天下"传统伦理的影响,家族本位根深蒂固,在家族企业里,因为不同的家庭和企业内的组织角色,家族成员常常同时戴着多顶"帽子",并且需要不断地更换"帽子",这就造成我国家族企业管理的复杂,家族企业的管理者既有家族成员又有职业经理人。另外,家族企业的经营发展更离不开企业员工的默默付出,员工的工作能力、职业素养、对企业的忠诚度都会直接影响企业的发展,他们也是企业不可或缺的一部分。

家族企业外部利益相关者主要包括银行、供应商、客户、政府等。家族企业虽然在民营经济乃至整个国民经济中发挥着重要的作用,但作为一种非公有制经济,在过去的一段时间内,特别是在我国新兴市场中,与公有制经济相比家族企业处于不平等的地位,还存在一定的融资歧视,在发展过程中往往会遇到资金瓶颈。在我国目前金融市场中,银行借贷仍是我国民营企业的主要融资来源。因此,银行不可避免地对家族企业产生一定的影响。供应商和客户作为与家族企业供应链上下游的延伸,与家族企业存在着相互促进、互惠共赢的战略合作关系。一方面,企业的发展离不开供应链上下游企业的支持,企业经营方针的制定、战略政策的实施都会影响供应链节点企业间的冲突和管理,如企业商业模式的变迁、采购决策的制定、销售政策的实施、产品质量的好坏等方面,都会影响对供应商和客户的关系管理;另一方面,与供应商和客户关系的稳定性也会影响企业的生存与发展,如战略联盟的重新构建,供应商的供货周期,产品质量,客户的财务能力、忠诚度等,都会对家族企业产生重要的影响。在家族企业代际传承过程中,维护良好的供应商、客户关系也尤为重要。同时,构建新常态下"亲清"政商关系,营造风清气正的政治经济生态也有利于提升企业的发展层次。政府虽然不再是对企业进行资源配置的主体,也不是家族企业制度的设计者,但是家族企业利用各种信息传播途径和手段与政府进行双向的信息交流,以取得政府的信任、支持和合作,从而为家族企业建立良好的外部政治环境,有利于家族企业生存和发展所需战略资源的获取,如享受税收优惠政策、获取财政补贴、打破信贷壁垒等。因此,政府也与家族企业息息相关。

3.4.3　利益相关者理论与家族企业社会资本传承

企业的社会资本实质是嵌入在企业与其经营目标实现有关的利益相关者之间,如与企业员工、股东或投资者、银行等债权人,上游合作供应商、下游客户,政府部门以及同行竞争对手等,所构建的网络关系结构中的实际或潜在的资源集合。企业的利益相关者的构成并非一成不变,企业的社会资本也随着企业关系网络节点的互动而处于动态调整状态。

家族企业的传承是一个长期复杂的社会化过程(Longenecker 和 Schoen,1978),是一个涉及家族企业内部和外部众多利益相关者的战略事件(Handler,1994)。在家族企业代际传承过程中会涉及企业所有权再分配、企业管理者和员工职业的发展、社会责任的承担等问题,因此必须重视利益相关者,妥善协调与平衡不同利益相关者的利益冲突。在家族企业代际传承过程中,利益相关者在不同程度上影响着领导权的转移。家族企业的成功传承是以协调和管理利益相关者群体利益冲突为基础的,是不同利益相关者相互作用与合力的结果(张兵,2004)。因此,组织的变革会带来利益相关者网络关系节点的调整,企业社会资本的再生、融合与传承。

家族企业的传承不仅仅是企业新老掌门人权力的转移,更多的是企业社会资本的传承,是企业不同利益相关者关系网络节点调整的复杂过程。在代际传承过程中,家族企业创始人不仅把企业的所有权和控制权、有形资本、默会知识等传给后代,更协助后代解决不同利益者之间的冲突,将附属家族企业的社会资本转移给接班人,让其在企业的发展实践中不断丰富。

3.5 自组织理论

3.5.1 自组织理论的内涵

自 1969 年比利时物理学家普里戈金提出一种新的关于非平衡系统的自组织的理论——耗散结构理论,越来越多的学者开始关注系统内部各子系统之间的非线性相互作用和在这种相互作用下产生的协同现象,及其形成的有序的耗散结构。随着研究的不断深化,学者们将物种起源、生物进化和社会发展等概念融入观察和研究,一些新兴的横断学科从系统论、热力学、统计力学、进化论以及结构论等不同角度对"自组织"进行解说,从而形成了自组织理论。自组织理论不是一个单一的理论,而是由托姆创立的"突变论"(Morphogensis)、艾根等的"超循环理论"(Hypercycle Theory)、曼德布罗特的"分形理论"(Fractal Theory)、普里戈金的"耗散结构理论"(Dissipative Structure Theory)、洛伦兹等的"混沌理论"(Chaotic Theory)以及哈肯(Haken)创立的"协同学"(Synergetics)等若干关于系统演化的理论所组成的理论体系。

"组织"是在一定的环境中,为实现某种共同目标,各子系统按照一定的结构形式、活动规律相互联系起来,形成有序结构,具有特定功能的开放系统。组织能将各子系统进行整合,使其按特定规律进行运动,发挥功能,实现目标。"自组织"的概念最早由普里戈金提出,他论述了系统怎样从混沌无序的状态自发向稳定有序的状态演化并形成高级新结构的过程。Haken(1980)在全面、系统地比较"自组织"和"组织"的两个概念的基础上,把"自组织"定义为"如果系统在获得空间的、时间的或功能的结构过程中,没有外界的特定干预,我们就说系统是自组织的,这里'特定'一词是指那种结构和功能并非外界强加给系统的,而是外界以非特定的方式作用于系统的。"也就是说,如果组成的宏观系统的大量子系统在形成、维持和演化的过程中,在不断变化、难以预测的环境下,能够依靠某种相互默契的规则,通过自身内部运营、管控机制与外界环境进行相互协调,并自发地、主动地获取生存所需的资源、能力和核心竞争力,使其混沌的初态自发地从无序走向有序、从低序走向高序,从而形成某种有序的结果,则该系统就是自组织的。因此,自组织是在内在机制的驱动下,系统按照相互默契的某种规则,各尽其责而又协调地、自动地从简单向复杂、从低级向高级方向发展,最终形成有序结构的过程。自组织理论研究的是复杂自组织系统的形成和发展机制问题,是世界进化机制问题(吴彤,2001)。自组织理论以新的基本概念和理论方法研究自然界和人类社会中复杂现象,并探索复杂现象形成和演化的基本规律,深化了人们对生命系统、社会系统、经济系统等复杂系统的形成和发展问题的认识。

3.5.2 自组织理论与社会资本传承

自组织是在一定条件下通过内部协同作用、自发地形成有序的、规律的结构,从而使一盘无组织的散沙变得有组织有条理起来。自组织的过程是一个自我增强的正反馈循环,需要一定时间才能完成系统从低级向高级、从混乱到有序的转换。自然界无处不存在自组织,生命以负熵为生,生命体是典型的自组织耗散结构,但耗散结构的自组织的范畴更广,还包括无生命体。无生命体自组织是无分工、无意识,通过外界环境的影响而实现的协同,强调自我倾向。而生命体自组织是有分工、有目的、有方向性的协同,强调自发倾向。企业自组织也类似于生命体,既有分工,又有领导合作,是有意识的自发倾向。自组织理论为公司治理的研究打开了新的思路和视角。

在市场经济中,企业是按照一定的组织规律、具有法人资格、有机构成的经济实体,是一个以经济活动为中心,实行全面的经济核算,能够自觉、自治、自律、自立,实行自我约束、自我激励、自我改造、自我积累、自我发展的正式组织,它既是"生产商品的商品",又是一种由各种各样契约关系自由地组合而形成的开放的社会组织,存在着自组织与组织两种机制。企业作为一个非平衡系统,在与外界环境进行资金、信息与价值交换的同时,还能够有目的、有序地实现自我发展和完善。但自组织在发挥积极作用的同时,如果引导方向不对也会造成一定程度的破坏,因此还必须在系统中发挥组织过程的作用来弥补自组织的缺陷。组织和自组织各有利弊,高效的企业管理要融合"组织"的专制和"自组织"的民主,发挥两种管理模式的最优协同效应。

家族企业的代际传承不是仅仅关乎在任者和继承人这两类关键参与者的突发事件,而是一个涉及家族企业内部和外部众多利益相关者的复杂过程(Handler,1994)。在家族企业的代际传承过程中,随着家族企业关系网络节点的变迁,会导致网络节点之上的利益相关者之间产生利益再分配与冲突。王海岳(2008)研究发现家族企业代际传承时期会出现自组织理论所描述的临界慢化现象。针对这一现象,他的解释是,在组织演化的临界点上控制参量变化引起分叉;系统演化过程中经过一系列的分叉而形成逐级分叉序列,不断分叉导致系统的多样性和复杂性不断增加。分叉意味着获取新质的不确定性,这是由系统在自组织过程中系统内部和外部环境因素的不确定性所引起的。当分叉点上存在不止一个新的稳定分支解时,系统有两种选择方式:诱导破缺和自发破缺。家族企业代际演化发展的过程即是一次次分叉和破缺选择的历史。社会资本理论考察的核心内容就是利益相关者之间从无序到有序、从低级到高级合作行为的实现(Grootaert 和 Bastelaer,2001),因此,在家族企业代际传承过程中,随着利益相关者之间一次次分叉和破缺选择,社会资本也在不断地发生变迁、再生与整合。

3.6 本章小结

本章主要介绍家族企业代际传承、社会资本与长期投资决策相关关系的理论基础。企业投资理论,其主要包括基于资本市场完美假说的新古典投资理论和基于资本市场不完美假说的现代企业投资理论。随着经济的发展,新经济理论的产生,对投资研究的不断深化,企业投资理论也在不断地发展和完善,影响企业投资决策的因素也在不断地增多,如资本成本、资本结构等公司财务行为和特征、公司治理、国家宏观经济政策等内外因素都是现代投资理论的研究范畴。家族企业代际传承是家族企业发展史上的重要战略事件,在整个传承过程中,企业的公司战略对其长期投资决策产生异质性影响。因此,为了剖析家族企业代际传承对长期投资决策的影响根源,本章又介绍了与家族企业战略发展相关的社会情感财富理论及其对家族企业投资决策的影响。社会资本作为家族企业重要的战略资源,在代际传承过程中会随着家族企业与利益相关者利益的再分配而变迁,从而影响其长期投资决策。为了梳理家族企业代际传承、社会资本和长期投资决策之间的相互关系,本章最后分别介绍了与其相关的资源基础观理论、利益相关者理论和自组织理论。

4 家族企业代际传承与长期投资决策的实证研究

本章以社会情感财富理论为理论基础,主要研究家族企业代际传承对长期投资决策的影响。首先,对传承过程和传承模式如何影响家族企业长期投资规模和投资结构进行理论上的分析并提出本章的研究假设;其次,以 2008—2019 年我国沪深上市家族企业为研究对象,对家族企业代际传承如何影响长期投资决策,以及家族所有权、家族化方式、家族企业所在地区市场化水平对两者关系的调节作用进行实证检验与分析,并对实证分析结果进行稳健性检验;最后,对本章的研究情况进行整体性概括。

4.1 理论分析与研究假设

管家理论和代理理论都认为家族企业所有权和控制权的高度重合,有助于减少企业代理成本、扩宽长期投资视野(Cassia 等,2011;Bergfeld 和 Weber,2011;Block,2012)。这是因为非家族企业管理者以为资本市场不能有效反映长期投资的市场价值,他们常会努力扩大资金控制权,选择自身利益最大化的短期项目(Poterba 和 Summers,1995),减少投资量,增加在职消费。家族企业所有者却拥有追求长期控制权的强烈愿望,家族长期合约使他们具有长期视野,更青睐长期投资(Memili 等,2018;窦军生和吴赛赛,2019)。

但是深入研究发现,不安全感和防御性特征驱使家族企业控制人除了追求控制权收益的经济目标外,重视非经济收益如保存社会情感财富更是家族企业战略决策的重要特征(Gómez-Mejía 等,2014;马骏等,2020)。社会情感财富理论认为,家族企业所有者在评估某项目时,决策者往往将该项目实施是否会对家族的社会情感财富造成损失作为决策参照点。损失厌恶成为家族企业不确定性决策条件下的主要表现,家族企业控制人不会为增加企业经济利益而损失社会情感财富,却会为保护社会情感财富而做出损害企业经济利益的行为(Gómez-Mejía 等,2007、2011、2014)。因此,在做出投资决策时,家族企业控制人会更关注投资的安全性以及投资项目失败的可能性和这种可能性对企业社会情感财富保存造成的不利影响,而不是项目成功给企业带来的收益。如果一项战略决策会使家族社会情感财富的保存受到威胁,即使这项决策会增强企业的经济利益,控制家族仍会基于非经济因素做出决策,规避这种战略,以保护家族社会情感财富不受损失;相反,如果一项战略决策会损害企业的经济利益,但有助于保存家族社会情感财富,家族企业也会采纳该决策(李艳双等,2016)。这种"情感性禀赋"使控制家族认知更具多样性和复杂性,导致家族企业的长期投资决策更具异质性和独特性。Gómez-Mejía等(2011)就曾指出,家族企业对研发投资所持的保守态度并非源于研发投资活动的不确定性和高风险,而是由于研发活动会造成家族社会情感财富的损失。Anderson等(2012)研究也发现家族企业的投资决策更具有异质性,与R&D支出相比,更偏好资本支出。

4.1.1 家族企业代际传承过程与长期投资决策

保存社会情感财富是家族企业的本质属性,家族企业的风险承受能力是指其承受社会情感财富损失的能力。为了保存社会情感财富,家族企业具有较强的风险规避动机,这导致家族企业做出很多独特的决策行为。企业长期投资伴随高风险、长期、不确定性,项目的实施就会增强控制家族社会情感财富损失的概率(Connelly,2016)。由于家族和企业相互依存,家族的收益通常依赖于公司的业绩,家族控制人为了避免项目失败而造成家族社会情感财富损失,就会采取更加稳健和谨慎的投资决策来降低经营风险,从而表现为减少资本支出特别是风险较高的研发投资(Gómez-Mejía等,2011)。Shleifer和Vishny(1986)就指出家族企业具有较强的风险规避动机,采取稳健的投资决策。

家族企业代际传承是控制家族的重要目标之一,是一条充满挑战和不确定性的道路。在整个传承过程中,家族关系网络、权力结构、企业治理机制、竞争性战略资源等方方面面都会发生重大变革,对家族企业的存续产生影响,使企业面临极大的不确定性,经营风险程度加大(李锐昌,2021)。进入代际传承实施期后家族企业常会出现现金柔性随企业经营业绩下滑而降低的现象,为了保障传承顺利实施,让继承人快速成长,建立权威,形成宏观战略思维能力,家族企业会做好充分的事前财务安排,如缩减外部债务融资的规模来降低财务压力(许永斌等,2014)。虽然继承人通过血缘关系轻易获取了继任资格,但若其能力不足就会降低公司潜在债权人赚取收益的能力,造成社会资本流失,再加上资本市场的不完善,法律保护较弱,家族企业将会面临严重的外部融资约束,导致企业缺乏投资所需资金(刘艳博和耿修林,2021)。因此,投资资金来源受限,财务柔性不足,面临制度不健全的外部风险,家族控制人必然会采取更稳健的投资决策。

另外,为了协助继承人在公司内确立较高的个人权威,顺利度过传承特殊时期,家族企业也会采取保守稳健的投资政策。这是因为,利益相关者常将继承人的职业素养如管理能力、领导风格、决策方式等作为评价其是否"合格"的标准。而继承人在这些资源禀赋方面往往与传承人存在一定差距,故继承人很难树立权威,难以被利益相关者认可与支持。"少主难以服众"会使继承人产生"速胜"动机。继承人接任企业后的一段时间内,经营成果往往被认为是创始人和继承人共同创造的,而长期投资占用资金比较多,风险较大,如果失败则会损害企业社会情感财富,包括继承人威望、权力等,继承人很难同时应对投资失败的冲击,这将加大传承的不可预知性。因此,家族企业传承人为帮继承人创建权威,提升其"合法性",使其更令人信服,会通过减少投资操纵利润,使得企业利益相关者将关注点更多地聚焦在短期利益上(Tsao 等,2015)。同时,为尽量加快继承人的核心团队建设,打造一支优秀高效的高层管理团队,家族企业可能就需要注入外部血液。然而职业经理的引进不仅会剥离企业的经营管理权,加剧企业的代理冲突,还会造成创始人的权威和影响力逐渐下降,伴随代际传承及治理机制演进权威信任体系逐渐被打破,投资项目评估程序更严格,决策过程将向更规范、更科学的方向转变。因此,在启动传承战略最初阶段,由于继承人权威尚未建立,不安全感增强,同时家族企业市场化管理机制不断完善,家族企业会为了保存社会情感财富而尽量避免不确定性行为的发生,提高决策的科学性,缩减投资规模,以规避企业风险。

资本和 R&D 支出是公司为持续发展进行投资的主要部分。资本支出主要是为了获得更大的未来收益,投资于现有的产品或项目中,具有相对稳定的经济利益;而 R&D 支出则是投资于一些新的技术、产品或服务中,回报周期较长(Chan等,2001;Block,2012;黄海杰等,2018)。与资本支出相比,R&D 支出通常具有高度的不确定性和异质性风险(Kothari 等,2002;Hauck 和 Prügl,2015)。不确定性高研发活动对保持家族控制是一种更加明显的威胁,会造成社会情感财富的流失(朱沆等,2016)。R&D 支出一旦失败,就可能威胁家族企业现有的社会情感财富的保有,损害企业的声誉。家族企业会为了保存社会情感财富而放弃能够提升企业核心竞争力、促进企业转型升级的研发活动(严若森等,2021;严若森和吴梦茜,2020)。在代际传承的特殊时期,家族企业社会情感财富的延续尤为关键,更有可能将企业资源配置与投入向期限短、风险小和效益明显的方向倾斜,减少风险高、见效慢、较难快速体现继承人能力的 R&D 支出(李艳双等,2020)。同时,创始人对继承人的情感寄托也会产生代理问题(Lubatkin 等,2005;娄阳和王满,2018)。家族企业内部权力交接时,企业创始人存在明显的利他主义,通过挪用企业资源为继任者制造"秘密储备",使得企业出现较小的投资规模（魏春燕和陈磊，2015）。因此，基于社会情感财富的保护和利他主义的驱动，家族企业进入代际传承实施期后，相对于资本支出而言，R&D支出会更少。

基于上述分析，本书提出以下假设：

H1a：与尚未进入代际传承实施期相比，进入代际传承实施期后，家族企业的长期投资规模缩减。

H1b：与尚未进入代际传承实施期相比，进入代际传承实施期后，家族企业的R&D支出在长期投资中的占比降低。

4.1.2 家族企业代际传承模式与长期投资决策

随着时间的变迁，家族企业中原有的所有者必定会老去，要使家族企业实现可持续健康发展，就必须后继有人。但是为了防止企业所有权和控制权的流失，是将企业权力棒交给家族成员，还是聘用管理经验丰富、能力强的职业经理人，也是困扰许多家族企业的问题。目前我国家族企业的代际传承主要有"子承父业"和职业经理人两种模式。

在我国家族企业发展和传承过程中，其法制环境一直处于缺失状态，而其人文环境则更多地受制于传统的道德文化，带着中国传统文化的痕迹。儒家生命观念是我国家族主义意识形态的核心，其认为子女是父母生命的延续。在这种"传内不传外"的"家文化"基调的影响下，"血缘"关系决定了家族企业传承的走向，家族企业传承人更倾向于将其用毕生心血所创建的事业和积累的财富由子女来接手，使家族的财富和名誉持久不衰。同时，由于我国家族企业发展时间不长，大多还处于创业发展时期，规模相对较小，企业定位仍旧是家族利益最大化而不是保持企业的稳定性市场收益。此外，职业经理人市场不成熟，团队模式不规范，很多职业经理人存在潜在的品行道德问题。在此背景下，"子承父业"仍是我国家族企业目前最主要的传承模式，几乎覆盖了所有的家族企业（章凯等，2009）。2010年《福布斯》（中文版）表明约有2/3的创始人希望由家族第二代继承企业。

现实中，我国家族企业最害怕的就是家族企业的"家本位"属性被破坏，但是由于种种原因，如子女能力较差或者不愿意接班，找不到合适的家族继承人等，以及随着我国经济转型逐步深化，家族企业经过改革开放40余年的不断发展壮大，企业的经营定位和管理模式也发生了根本性的变化，家族企业经营需要面对的市场因素越来越多，对管理者管理能力和管理水平的要求也不断增加。对每个家族企业来讲，要想获得更快、更好、更长远的发展，家族企业继承人就不能仅仅依靠个人的力量，凭自己的智慧、胆量和动力来驱动企业。同时，随着近年来职业经理人市场的不断完善,聘用具有专业知识和丰富管理经验的职业经理人对家族企业进行专业化管理不失为上上策(余向前,2007)。马永卫(2011)通过对我国家族企业发展的现状进行分析,认为从家族企业外部引入职业经理人,对家族企业进行职业化的管理是我国家族企业解决"富不过三代"代际传承问题的重要途径。在国外家族企业研究中就发现,由职业经理人担任 CEO 的家族企业占比在 30%~60%(Isakov 和 Weisskopf,2014),我国也约有 26%的家族企业董事长由非家族成员担任(姜付秀等,2017)。

通过管理涉入是控股股东增强控制力的重要方式(La Porta 等,1999;苏启林和朱文,2003),对公司决策有重要影响。在不同的传承模式下家族企业具有不同的风险偏好和投资动机(邹立凯等,2019)。在子承父业模式下,继承人是在传承人艰苦创业的熏陶下成长起来的,受到了长期的训练和培养,往往更能够有效操控企业整体经营决策,有利于家族经营管理精神的持续和稳定以及家族资源的整合配置。同时,企业的控制权仍为家族所拥有,继承人对家族的忠诚度较高,企业的代理困境得到大大缓解(Jensen,1986)。代际传承中的家族企业更倾向于采用家族逻辑进行战略决策,首先考虑的是控制家族的目标,其次才是基于企业的发展需要做出战略选择,保持家族的财富、声誉、后代成长和创业精神等成为首要任务。投资决策是企业三大决策之一,关乎企业传承的顺利实施和发展。因此,保有和延续社会情感财富的家族目标将影响公司的长期投资决策。为了保护家族社会情感财富,创始人进行长期投资的动力较小,更偏好稳定的、家族优先的增长战略,会通过投资于周期短、不确定性低的项目或缩减长期投资规模来降低经营风险,促进家族企业顺利实施传承。但二代继承人不同于其父辈,他们有更好的教育背景和更开阔的眼界,随其管理参与的深入,往往会给企业带来新的思想与活力,他们更期望通过创新与转型等战略变革来提高企业价值(郭超,2013;Connelly,2016)。

与子承父业模式不同,受"差序格局"的信任结构(胡宁,2016)和防御性的经营策略(陈凌等,2010)的影响,职业经理人以控制经营权介入家族企业组织构架之中,必然会使家族企业所有权和经营权部分或全部分离,这难免会让家族企业创始人心生疑虑,也很难让企业员工产生认同感,从而对职业经理人的管理进行干预和制约,造成一些职业经理人有名无实,不能真正参与企业的决策,导致管理失效,久而久之还会形成抵触心理,加剧企业代理冲突和信息不对称程度。虽然聘用职业经理人是家族企业市场化发展的需要,目的是利用职业经理人专业的管理才能对家族企业推行规范化管理,进行科学决策,保证家族企业可持续发展。聘用职业经理人让渡的仅仅是企业的管理权,不涉及企业所有权的变革,并且职业经理人拥有全面的专业经营知识和丰富的管理经验,有较多渠道获取市场信息,也有能力发起、设计和组织企业进行不断的变革(魏春燕和陈磊,2015),但是,受根深蒂固的儒家思想下的传承文化的影响,职业经理人很难赢得家族企业创始人的信任,双方的契约精神中都带有自利倾向和机会主义行为,他们的行为都在有限的理性范畴之内,双方的交易是不可能通过契约加以保障的,很难建立互信基础,从而导致职业经理人在企业中的境地尴尬,难以施展才华。

当职业经理人和家族企业创始人的利益发生冲突时,非理性的职业经理人可能做出损害家族企业创始人利益的行为。因此,职业经理人在进行投资决策时,会优先考虑自身利益。一方面,职业经理人的能力很难确定,其必须在短期内做出一定成绩以证明自己的能力。短期业绩的增加是家族创始人最期望看到的,职业经理人为了得到家族创始人最初的承诺以及在自己的业绩中能够获得最大收益,往往会通过增加企业资本投资来扩大企业的经营规模,从而实现良好的短期经营业绩,掌握更多资源,获取归属于自身的利益。张维迎(1995)就曾指出:"在自由选择成为企业家的竞争中,具备更高经营能力的资本所有者将会是赢家。因为资本所有者想成为一名企业家时,会更加诚实、可信、尽职尽责;相对而言,一个一无所有的人却更有积极性谎报自己的经营才能并从事过度投资。"另一方面,相对于资本投资而言,企业进行的 R&D 投资活动具有更大的经济效益不确定性和风险性,企业在投入一定的人力、物力、财力用于 R&D 活动之后,若开发成功,设计出了新的产品,形成了新的技术,则构成企业的一项自创无形资产,若开发失败则 R&D 支出成为企业的一项沉没成本。同时,R&D 投资占用资金更多,进行 R&D 投资对企业的经营绩效和经营风险的影响更大(Kothari 等,2002),会给职业经理人带来工作的不安全感。如果职业经理人在经营期间经营业绩达不到约定的目标绩效,就会面临减薪,甚至被劝退离职的风险(陈灿君和许长新,2021;Chen 等,2013),这就导致职业经理人在参与管理的过程中忽视企业长期利益或是不会主动去维护家族企业的无形财富,加大 R&D 投资力度,而是倾向于更加直接地追求眼前的短期收益,通过快速的业绩增长或是市场开拓来证明自己的业绩能力,并以此获得丰厚的薪酬回报。由于企业中存在着信息不对称问题,职业经理人也会采取偷懒和"搭便车"的行为,即使没有做出科学的 R&D 投资决策,在短时间内也很难被发现。为了防止自己的"利益王国"遭到破坏,职业经理人很可能主动选择减少 R&D 投资甚至用自身的权力影响其他管理者选择减少 R&D 投资,采取更加保守的投资政策。因此,面对未来的不确定性,职业经理人在做出投资决策时可能不把家族企业控制人的利益最大化作为主要目标,会为了优化短期的利润指标而大幅度降低研发资金的投入,偏好资本支出,也就是出现"道德风险"和"逆向选择"行为。

基于上述分析,本书提出以下假设:

H2a：在家族企业代际传承实施后，与职业经理人模式相比，子承父业模式下长期投资规模缩减幅度较大。

H2b：在家族企业代际传承实施后，与职业经理人模式相比，子承父业模式下R&D支出在长期投资中的占比下降幅度较小。

4.2 研究设计

4.2.1 样本设计与数据来源

我国上市公司的R&D支出数据是从2007年新的会计准则实施以后才开始公开披露的，因此本书数据时间窗口为2007—2019年，由于投资规模要用到滞后一期数据，因此损失了2007年的数据，故本书以2008—2019年沪深A股上市家族企业为研究样本进行实证研究。到目前为止，关于家族企业的定义尚未统一，按照苏启林和朱文（2003）、Maury（2006）、贺小刚和连燕玲（2009）、许静静和吕长江（2011）、陈德球和钟昀珈（2013）等提出的家族企业的标准，本书将符合以下条件的企业视为家族企业：最终控制人能追踪到自然人或家族；最终控制人直接或间接持有的公司，并且必须是被投资上市公司第一大股东；至少有两位具有亲缘关系的家族成员持股或担任上市公司高管。其中，关于最终控制人的认定标准，本书在借鉴姜付秀等（2017）的研究基础上，将其确定为：当仅有1名实际控制人时，该自然人为最终控制人；当存在多名无血缘关系的自然人股东时，持股比例最高的自然人为最终控制人；当实际控制人为家族且存在持股比其他家族成员至少高10%的实际控制人时，该成员为最终控制人；当实际控制人为家族且家族成员持股均衡时，最终控制人为在上市公司任职且职位级别最高的家族成员[①]。

本书首先从国泰安数据库中获取了上市公司实际控制人的基本信息，结合公司年报、招股说明书等信息，确定家族上市公司初始样本。由于家族企业代际传承信息并非强制披露，本书又根据上市公司年报、深圳证券交易所、上海证券交易所、巨潮资讯网以及新浪财经等网站所披露的年报和高管人员变更信息等，获取家族企业中实际控制人和在家族企业中高管职位任职的亲属信息，以及公司CEO的具体个人信息。如果无法获取相关信息，则借鉴胡旭阳和吴一平（2016）的处理方法，如果控制人大于50岁，并且相关文件中披露了与其年龄相差20岁以上的高管，则

---

① 在判定最终控制人时，我们采用的上市公司职位级别排序的标准为：董事长＞CEO或总经理＞董事＞其他。

在网络上以"相关高管姓名＋新生代姓名＋控制人姓名"为关键词进行搜索,确定家族企业是否实施了传承,并且明确传承模式;如果控制人较年轻,不足50岁,则在网络上搜索其具体信息,确定其是否是企业创始人,如果不是,则明确其进入企业的具体时间。然后,本书借鉴陈建林等(2020)的方法,把传承人的直系亲属(包括儿子、儿媳、女儿和女婿、孙子、孙女等)和职业经理人在公司董事会和高管层中担任董事、总经理、副总经理、财务总监等要职界定为家族企业传承的分水岭。最后,手工整理获得家族企业代际传承信息。

由于传承这一战略事件对公司财务决策的影响具有一定的时效性,随着继二代在企业中的融合深化、权威增长,传承对企业投资决策的影响效力也会逐渐递减。因此在借鉴惠男男和许永斌(2016)研究的基础上,本书拟以实施代际传承前后5年的家族企业为研究样本来研究家族企业代际传承,对其长期投资决策的影响。考虑到2015年及之后上市的家族企业即使已进入代际传承,但传承实施时间也较短,数据会严重缺失,因此,本书剔除了2015年及之后上市的家族企业。鉴于研究惯例,在保证数据准确性和客观性的基础上,本书对初始数据进行了如下处理:①剔除金融、保险类上市家族企业;②剔除在观测年度为ST、*ST的上市家族企业;③剔除最终控制人为非自然人或家族的企业;④剔除在2008—2019年,企业实际控制人发生变更的样本;⑤剔除财务数据缺失或异常的观测值。本书对所有连续变量在上下1%水平上进行Winsorize处理后,最终得到2 861个观测值。

本书在数据处理及实证检验过程中使用了Excel2007和Stata12软件。本书使用的财务和市场数据主要来自国泰安数据库、万德数据库,以及上海证券交易所、深圳证券交易所、新浪财经和巨潮资讯网等网站。

4.2.2 变量定义与模型设计

因变量:在参考杜兴强等(2011)、徐业坤等(2013)相关变量设定的基础上,长期投资规模(INV)指标的衡量采用样本公司t期新增资本支出(CapExp)与R&D支出之和除以期初总资产表示,INV指标越大,说明企业的长期投资规模越大;反之则说明企业的长期投资规模越小。其中,资本支出为当年构建固定资产、无形资产和其他资产支付的现金;R&D支出从上市家族公司公开披露的年报中获取(代吉林等,2012)。长期投资结构($INVSTR$)采用R&D支出占长期投资的比例来衡量(陈德球和钟昀珈,2011)。

自变量:传承过程(SUC)以家族企业是否进入代际传承实施期来度量。Handler(1990)认为,新生代经营者在家族企业中担任高层管理职位,开始对公司进行管理和控制,说明新生代经营者对家族企业已经抱有一种真正的"未来主人翁"或"未来管理者"的意识，代际传承已经开始真正实施。本书借鉴 Chrisman 和 Patel（2012）的研究，以新生代经营者进入高级管理层，担任经理、副经理、财务负责人等作为传承的分水岭，传承开始 5 年内，$SUC = 1$；传承开始前 5 年，$SUC = 0$。传承模式（SUM）的度量也采用虚拟变量，如果继承人是创始人子女则取值为 1，如果是职业经理人则取值为 0。

控制变量：为了控制影响公司投资决策的其他潜在因素，本书借鉴 Richardson（2006）、Anderson 等（2010）和靳庆鲁等（2012、2015）的研究，引入了成长机会（$GROW$）、财务杠杆（LEV）、现金持有水平（$CASH$）、上市年限（AGE）、公司规模（$SIIE$）和资产收益率（ROA）等变量。除此之外，本书还设置了行业虚拟变量（IND）和年份虚拟变量（$YEAR$），以控制行业特征和宏观经济因素对企业投资行为的影响。

模型中对相关变量的定义如表 4-1 所示。

表 4-1   主要变量定义

变量类型	变量名称	变量符号	变量定义
因变量	长期投资规模	INV	（t 期新增资本支出 + t 期 R&D 支出）/t 期期初总资产
	长期投资结构	$INVSTR$	t 期 R&D 支出/（t 期新增资本支出 + t 期 R&D 支出）
自变量	传承过程	SUC	虚拟变量，家族企业进入代际传承实施期后 5 年都取值为 1，尚未进入代际传承实施期的前 5 年都取值为 0
	传承模式	SUM	虚拟变量，继承人是创始人直系亲属则取值为 1，继承人是职业经理人则取值为 0
控制变量	成长机会	$GROW$	t 期期末的 Tobin Q 值
	公司规模	$SIZE$	Ln（t 期期末总资产）
	财务杠杆	LEV	t 期期末总负债/t 期期末总资产
	现金持有水平	$CASH$	（t 期期末货币资金 + t 期期末短期投资）/t 期期末总资产
	销售净利率	NPR	t 期净利润/t 期销售收入
	上市年限	AGE	Ln（t 期的上市年限）
	资产收益率	ROA	t 期净利润/t 期期末总资产
	每股收益	EPS	t 期净利润/普通股股数
	年度虚拟变量	$YEAR$	控制年度因素的影响，以 2008 年为基准，由于本书涉及 2008—2019 年总共 12 个年度，设置 11 个年度虚拟变量
	行业虚拟变量	IND	控制行业因素的影响，按证监会 2012 年对上市公司的行业分类标准，由于本书涉及 17 个行业，设置 16 个虚拟变量

为了检验家族企业代际传承和投资决策之间的关系，本书借鉴陈德球和钟昀

珈(2011)以及惠男男和许永斌(2016)的模型对假设进行检验,建立模型如下:

$$INV_{i,t} = \alpha_0 + cSUC_{i,t} + \beta_n CONTROL_{i,t} + \varepsilon_{i,t} \quad (4-1)$$

$$INVSTR_{i,t} = \alpha_0 + cSUC_{i,t} + \beta_n CONTROL_{i,t} + \varepsilon_{i,t} \quad (4-2)$$

$$INV_{i,t} = \alpha_0 + cSUM_{i,t} + \beta_n CONTROL_{i,t} + \varepsilon_{i,t} \quad (4-3)$$

$$INVSTR_{i,t} = \alpha_0 + cSUM_{i,t} + \beta_n CONTROL_{i,t} + \varepsilon_{i,t} \quad (4-4)$$

4.3 实证结果与分析

4.3.1 描述性统计结果与分析

表4-2统计了模型中涉及的主要变量在研究期间内的总体分布情况。从中可以看出,在投资方面,进入代际传承的家族企业长期投资规模的均值为0.0651,标准差为0.0594,这表明在我国具有代际传承意愿或进入代际传承的家族企业长期投资规模总体并不大,并且虽然各个家族企业的长期投资规模大小不一,但是不存在明显差异。由此可见,进入代际传承的家族企业为了保持家族社会情感财富,具有一定的风险规避意图,更愿意采取保守稳健的投资决策。同时,在投资结构中,R&D支出所占比重并不高,平均值仅仅为0.2282,并且各个企业间投资结构存在较大的差异,其中最大值为0.9997,最小值为0,标准差为0.2445,产生这一结果的主要原因是不同的传承模式对风险的回避程度有一定的差异。

表 4-2　　　　　　　　　　　　描述性统计结果

变量	平均值	标准差	最小值	中位数	最大值	样本量
INV	0.065 1	0.059 4	0.000 1	0.05	0.294	2 861
INVSTR	0.228 2	0.244 5	0	0.152 6	0.999 7	2 861
SUC	0.487 8	0.5	0	0	1	2 861
SUM	0.778 4	0.594	0	1	1	1 039
GROW	2.717 1	1.939 6	0.917 8	2.124 1	12.384 9	2 861
ROA	0.045 8	0.054 2	−0.138	0.039 9	0.218 6	2 861
SIZE	21.787 8	1.079 3	19.27	21.738 9	24.532	2 861
AGE	1.976 4	0.794 7	0	2.079 4	3.135 5	2 861
NPR	0.014 6	0.927	−0.148 5	0.074	0.575 5	2 861
CASH	0.190 7	0.134 7	0.008 5	0.155 6	0.607 5	2 861
LEV	0.419 8	0.201 2	0.050 2	0.412 8	0.875 7	2 861
EPS	0.310 5	0.380 3	−0.701 4	0.233 7	1.742 8	2 861

对于反映传承过程和传承模式的两个变量而言,由于都使用哑变量定义,因此标准差都较大,但是从两个变量的均值来看,SUC 的平均值是0.4878,这说明在所选样本中有 48.78%处于代际传承实施期后的一段时期;SUM 的平均值是0.7784,可见在我国家族企业代际传承模式中,传承人将企业交由子女继承的情况颇为常见,只有 22.16%的家族企业是由职业经理人来经营的。虽然这一结果和预期基本一致,但是对于我国这些发展历程还较短的家族企业而言,在职业经理人市场还较不完善的环境下,与国外家族企业发展演变过程中预期的职业经理人参与率相比这一比例还是较高的,造成这一结果的主要原因可能是家族企业的实际控制人在职业经理人经营过程中存在"垂帘听政"现象。

控制变量中,企业的平均 Tobin Q 值是 2.7171,说明代际传承中的家族企业在我国经济转型、快速发展的浪潮中都保持较好的发展态势,具有较大的投资机会。但是 Q 值标准差为 1.9396,可见代际传承的家族企业的投资机会差异较大。从公司规模来看,企业总资产对数的最大值和最小值分别为 24.532 和19.27,这说明进入代际传承的家族企业整体上规模都较大,并且差距不大。从资本结构情况看,公司资产负债率 LEV 的平均值和中位数分别为 0.4198 和0.4128,说明进入代际传承的家族企业资金来源中,债务融资占到了40%左右,整体资本结构较合理,但是 LEV 的最大值和最小值分别为 0.8757 和0.0502,可见相差较大,说明不同公司对不同资金来源的依赖程度存在较大的差异。

在现金持有上,代际传承中的家族企业的平均现金持有水平为 0.1907,可见传承中的家族企业为了降低企业财务风险,都储存了一定量的现金财务柔性,这为企业投资提供了资金条件。

从经营绩效情况看,代际传承的家族企业在样本区间内平均的 ROA 和 EPS分别为 0.0458 和 0.3105,这与其他学者的研究结果基本一致(Liu 等,2015;姜付秀等,2017)。此外,其他控制变量的统计结果都不具有重大差异,和现实情况大致相符。

为了进一步说明家族企业代际传承过程和传承模式对长期投资决策的影响,我们进一步比较了传承前后以及传承后不同的传承模式下家族企业在财务决策上的异同。

4.3.2 相关性分析

为了初步检验家族企业代际传承对长期投资决策的影响方向和程度,判断研究假设是否合理,本书将代际传承分为传承过程组和传承模式组,并分别进行Pearson 相关性检验,其结果如表 4-3 所示。

社会资本视角下我国家族企业代际传承与投资决策研究

表4-3　代际传承家族企业长期投资决策相关性分析

传承过程组

变量	INV	INVSTR	SUC	GROW	ROA	SIZE	AGE	NPR	CASH	LEV	EPS
INV	1										
INVSTR	-0.082***	1									
SUC	-0.230***	-0.020 0*	1								
GROW	0.012 0	0.095***	0.043**	1							
ROA	0.238***	0.019 0	-0.124***	0.206***	1						
SIZE	-0.109***	-0.105***	0.254***	-0.265***	-0.011 0	1					
AGE	-0.375***	-0.092***	0.323***	0.037*	-0.086***	0.224***	1				
NPR	0.098***	0.166***	-0.151***	0.139***	0.288***	-0.207***	-0.213***	1			
CASH	0.098***	0.167***	-0.150***	0.138***	0.288***	-0.206***	-0.212***	0.219***	1		
LEV	-0.220***	-0.177***	0.060 0	-0.248***	-0.326***	0.331***	0.328***	-0.368***	-0.368***	1	
EPS	0.205***	-0.035 0	-0.064***	-0.023 0	0.246***	0.257***	-0.098***	0.197***	0.197***	-0.096***	1

传承模式组

变量	INV	INVSTR	SUM	GROW	ROA	SIZE	AGE	NPR	CASH	LEV	EPS
INV	1										
INVSTR	-0.092***	1									
SUM	-0.068*	0.055*	1								
GROW	0.010 0	0.125***	-0.056*	1							
ROA	0.250***	0.023 0	0.100***	0.091***	1						
SIZE	-0.023 0	-0.144***	0.022 0	-0.265***	0.082***	1					
AGE	-0.248***	-0.145***	-0.100***	0.011 0	-0.053*	0.133***	1				
NPR	0.016 0	0.198***	0.018 0	0.146***	0.218***	-0.147***	-0.086***	1			
CASH	0.016 0	0.199***	0.015 0	0.144***	0.218***	-0.145***	-0.084***	0.179***	1		
LEV	-0.168***	-0.190***	-0.021 0	-0.253***	-0.306***	0.334***	0.261***	-0.247***	-0.246***	1	
EPS	0.216***	-0.033 0	0.102***	-0.089***	0.249***	0.237***	-0.053*	0.097***	0.097***	-0.053*	1

注：*、**和***分别表示在10%、5%和1%水平上显著。

从表 4-3 报告的主要变量间的 Pearson 相关系数可以看出，SUC 和 INV 之间的相关系数为 -0.230，且在 1% 水平上显著，初步说明与尚未进入代际传承实施期相比，进入代际传承实施期后家族企业的长期投资规模将缩减；SUC 与 $INVSTR$ 在 10% 的显著性水平上负相关，也初步验证了家族企业进入代际传承实施期后，更偏好于资本支出。SUM 和 INV 与 $INVSTR$ 之间也均为显著相关，说明即使在子承父业传承模式下，家族企业代际传承仍然会导致家族企业长期投资的下降，但 R&D 支出下降幅度不大，初步验证了 H2a 和 H2b。无论是传承过程组还是传承模式组，各变量的相关系数绝对值都没有超过 0.4，可以初步确定变量间的相关性较弱，不存在严重的多重共线性问题。相关性分析只是对模型中各变量之间的相关关系进行初步分析，若要验证自变量对应变量的影响关系，还需要进一步进行回归分析才能得到较为可靠的研究结论。

4.3.3　多元回归分析

在进行了描述性统计分析和相关性分析之后，为了进一步检验家族企业代际传承过程和传承模式对长期投资规模和投资结构的相关关系，下面将通过多元回归的方法对本章所提出的关于代际传承如何影响家族企业长期投资决策的假设进行检验。回归结果如表 4-4 所示。其中，列（1）、列（2）为利用模型（4-1）和模型（4-2）检验传承过程影响家族企业长期投资规模和投资结构的多元回归结果；列（3）、列（4）为利用模型（4-3）和模型（4-4）检验传承模式影响家族企业长期投资决策的多元回归结果。

表 4-4　　　　　家族企业代际传承与长期投资决策的回归结果

变量	(1) INV	(2) $INVSTR$	(3) INV	(4) $INVSTR$
SUC	-0.011^{***}	-0.087^{***}		
	(-3.63)	(-7.02)		
SUM			-0.002^{*}	0.024^{**}
			(-1.75)	(2.11)
$GROW$	0.004^{***}	0.004^{**}	0.004^{**}	-0.003
	(4.15)	(2.49)	(2.02)	(-0.67)
$SIZE$	0.134^{***}	0.084^{*}	0.009^{**}	-0.030^{***}
	(3.47)	(1.85)	(2.24)	(-3.07)
LEV	-0.001	-0.016^{***}	-0.025^{*}	-0.013
	(-0.73)	(-2.61)	(-1.69)	(-0.29)
$CASH$	-0.020^{***}	0.223^{*}	0.053	0.034
	(-11.26)	(1.86)	(0.35)	(0.05)

变量	(1) INV	(2) INVSTR	(3) INV	(4) INVSTR
NPR	0.106*	0.278**	−0.075	0.329
	(1.75)	(2.37)	(−0.50)	(0.44)
AGE	0.064	0.023	−0.015***	−0.036***
	(0.33)	(0.03)	(−6.01)	(−3.03)
ROA	−0.011*	−0.019***	0.111**	0.063
	(−1.84)	(−2.69)	(2.47)	(0.28)
EPS	0.028***	0.008*	0.012**	0.014
	(4.16)	(1.76)	(2.01)	(0.49)
Constant	0.062*	0.346**	−0.052*	−0.718***
	(1.83)	(2.39)	(−1.76)	(−3.24)
YEAR	Yes	Yes	Yes	Yes
IND	Yes	Yes	Yes	Yes
N	2 861	2 861	1 397	1 397
adj. R^2	0.231	0.246	0.186	0.233

注：*、* *和* * *分别表示在10%、5%和1%水平上显著；括号内为 t 值。

在表4-4所报告的结果中，列(1)检验了家族企业代际传承过程和长期投资规模之间的关系，SUC 和 INV 系数为 −0.011，且在1%水平上显著，说明家族企业进入代际传承实施期后，由于继承人权威尚未建立，不安全感增强，同时家族企业市场化管理机制不断完善，家族企业为了保存社会情感财富会尽量避免不确定性行为的发生，提高决策的科学性，缩减长期投资规模，以规避企业风险，验证了 H1a。列(2)检验了家族企业代际传承过程对长期投资结构的影响，SUC 和 INVSTR 的回归系数也为负，且在1%水平上显著，说明家族企业实施代际传承后，不仅长期投资规模下降，并且与资本资产相比，R&D 支出通常具有高度的不确定性和异质性风险，家族企业出于社会情感财富的保护和利他主义的驱动，大幅度缩减 R&D 支出，一定程度上会更偏重资本支出，即 H1b 成立。

表4-4的列(3)中 SUM 和 INV 的系数为 −0.002，且在10%的水平上显著，这说明与家族企业主把企业交付职业经理人经营管理相比，子承父业模式下企业的长期投资水平下降幅度更大，即 H2a 成立。列(4)检验了传承模式和长期投资结构之间的关系，SUM 和 INVSTR 之间的系数为在5%的水平上显著为正，在职业经理人传承模式下，企业的 R&D 支出在长期投资规模中所占比重下降了71.8%，但是在子承父业模式下，企业的 R&D 支出在长期投资规模中所占比重下降了69.4%（−0.718+0.024=−0.694），表明在家族企业代际传承实施后，与职业经理人模式相比，子承父业模式下 R&D 投入占比下降幅度较小，验证了 H2b。

4.4 进一步分析与稳健性检验

4.4.1 进一步分析

4.4.1.1 调节效应分析

作为现代企业理论的重要组成部分,公司治理结构通过一套制度和机制安排来协调企业和各方利益相关者之间的利益关系,以保证企业的长远发展,是影响企业财务行为的重要因素之一。公司的投资决策必将受公司治理结构的影响和约束,Miozzo 和 Dewick(2002)通过对德国、瑞典、丹麦、法国和英国 5 个国家的对比研究发现,公司治理结构对企业创新投资呈现出不同影响的原因是各个国家公司治理结构和治理机制存在一定的差异。家族企业的公司治理结构比一般企业更复杂,因此,复杂的家族企业治理结构对家族企业投资决策具有更为重要的影响。

同时,不同的制度安排还会导致不同的市场交易成本(North 和 Thomas,1973)。我国经济转型经历了较为剧烈的体制变迁及经济结构的调整,区域间制度水平的差异和制度供给的不确定性使企业的发展面临了更大的政策风险,制度变迁对企业经济行为的影响更容易被观测。

因此,在检验了传承过程和传承模式对家族企业长期投资规模和投资结构的影响之后,本部分将从家族企业治理结构和制度环境两方面来探究家族所有权、家族化方式以及家族企业所在地区的市场化水平对传承家族企业的投资决策产生的影响。

1) 家族所有权的调节效应

家族所有权关注家族作为企业所有者的职责,影响企业所有者的风险偏好程度与长期目标导向(严若森和叶云龙,2014)。家族所有者亦有追求非经济目标的动机,常以社会情感财富的潜在损失与收益作为企业财务决策的衡量标准。在代际传承过程中,企业的投资决策会对社会情感财富产生即期风险(Chrisman 和 Patel,2012),这种风险意味着社会情感财富会对企业的投资决策产生重要的影响。因此,家族所有权会基于影响社会情感财富而影响企业的投资规模和结构。家族在控制企业中所占股份越大,家族的财富、声誉、就业等与家族企业越息息相关,家族所有者就具有更强的社会情感财富保存愿望,具有更大的动机进行风险规避。特别是当家族企业处于风险增加的战略传承时期时,为保持企业管理的稳定性,确保交接顺畅,家族企业在投资决策上通常会表现得更加谨慎和保守(Chen 和Hsu,2009)。为了对家族所有权的调节效应进行检验,本书选取家族所有权(*F-*

share)变量(定义为家族或自然人直接或间接持有上市公司的终极所有权或终极股权比例),并建立以下模型进行检验分析。

$$INV_{i,t} = \alpha_0 + \alpha_1 SUC_{i,t} + \alpha_2 F\text{-}share_{i,t} + \alpha_3 SUC_{i,t} \times F\text{-}share_{i,t} +$$
$$\beta_n CONTROL_{i,t} + \varepsilon_{i,t} \tag{4-1-a}$$

$$R\&D_{i,t} = \alpha_0 + \alpha_1 SUC_{i,t} + \alpha_2 F\text{-}share_{i,t} + \alpha_3 SUC_{i,t} \times F\text{-}share_{i,t} +$$
$$\beta_n CONTROL_{i,t} + \varepsilon_{i,t} \tag{4-2-a}$$

$$INV_{i,t} = \alpha_0 + \alpha_1 SUM_{i,t} + \alpha_2 F\text{-}share_{i,t} + \alpha_3 SUM_{i,t} \times F\text{-}share_{i,t} +$$
$$\beta_n CONTROL_{i,t} + \varepsilon_{i,t} \tag{4-3-a}$$

$$R\&D_{i,t} = \alpha_0 + \alpha_1 SUM_{i,t} + \alpha_2 F\text{-}share_{i,t} + \alpha_3 SUM_{i,t} \times F\text{-}share_{i,t} +$$
$$\beta_n CONTROL_{i,t} + \varepsilon_{i,t} \tag{4-4-a}$$

检验结果如表4-5所示。其中,在传承过程组,列(1)、列(2)和列(3)为模型(4-1-a)的回归结果,列(4)、列(5)和列(6)为模型(4-2-a)的回归结果。在传承模式组,列(1)、列(2)和列(3)为模型(4-3-a)的回归结果,列(4)、列(5)和列(6)为模型(4-4-a)的回归结果。

表 4-5　　　　　家族所有权、代际传承与长期投资决策的回归结果

变量	传承过程组					
	(1) INV	(2) INV	(3) INV	(4) INVSTR	(5) INVSTR	(6) INVSTR
SUC	−0.011***	−0.111***	−0.009*	−0.087***	−0.087***	−0.120***
	(−3.63)	(−3.71)	(−1.93)	(−7.02)	(−7.11)	(−5.63)
F-share		0.001	0.001		−0.001***	−0.002***
		(1.04)	(1.14)		(−3.30)	(−3.95)
SUC × F-share			−0.001*			−0.001*
			(−1.72)			(−1.89)
GROW	0.004***	0.003***	0.003***	0.004**	0.003**	0.004**
	(4.15)	(3.32)	(3.33)	(2.49)	(2.02)	(2.03)
SIZE	0.001	0.001	0.001	−0.016***	−0.013**	−0.014**
	(0.73)	(0.91)	(0.92)	(−2.61)	(−2.05)	(−2.15)
LEV	−0.011*	−0.014*	−0.014*	−0.019***	−0.008**	−0.008**
	(−1.84)	(−1.94)	(−1.95)	(−2.69)	(−2.26)	(−2.26)
CASH	0.064	0.065	0.065	−0.023	0.007	−0.006
	(0.33)	(0.36)	(0.36)	(−0.03)	(0.01)	(−0.00)
NPR	−0.106*	−0.104*	−0.104*	0.278**	0.260**	0.269**
	(−1.75)	(−1.78)	(−1.78)	(2.37)	(2.35)	(2.36)

	传承过程组					
变量	(1) INV	(2) INV	(3) INV	(4) INVSTR	(5) INVSTR	(6) INVSTR
AGE	−0.020***	−0.020***	−0.020***	0.223*	0.003	0.003
	(−11.26)	(−10.98)	(−10.97)	(1.86)	(0.34)	(0.37)
ROA	0.134***	0.128***	0.128***	0.084*	0.162*	0.160*
	(3.47)	(3.59)	(3.59)	(1.85)	(1.88)	(1.87)
EPS	0.028***	0.013***	0.013***	−0.008*	−0.014*	−0.012
	(4.16)	(2.69)	(2.68)	(−1.76)	(−1.68)	(−1.59)
Constant	0.062*	0.050*	0.049*	0.346**	0.342**	0.370**
	(1.83)	(1.87)	(1.85)	(2.39)	(2.41)	(2.60)
YEAR	Yes	Yes	Yes	Yes	Yes	Yes
IND	Yes	Yes	Yes	Yes	Yes	Yes
N	2 861	2 861	2 861	2 861	2 861	2 861
adj. R^2	0.231	0.254	0.253	0.246	0.211	0.212

	传承模式组					
变量	(1) INV	(2) INV	(3) INV	(4) INVSTR	(5) INVSTR	(6) INVSTR
SUM	−0.003*	−0.007**	−0.004**	0.027**	0.022**	0.029*
	(−1.71)	(−2.06)	(−2.01)	(2.03)	(1.98)	(1.93)
F-share		0.001	0.001		−0.001*	0.001
		(0.55)	(0.55)		(−1.94)	(1.34)
SUM ×F-share			−0.001			0.002*
			(−0.05)			(1.88)
GROW	0.004**	0.001*	0.001*	−0.003	−0.002	−0.002
	(2.02)	(1.65)	(1.65)	(−0.67)	(−0.36)	(−0.36)
SIZE	0.009**	0.003**	0.003**	−0.030***	−0.027***	−0.027***
	(2.24)	(1.98)	(1.98)	(−3.07)	(−2.78)	(−2.82)
LEV	−0.025*	−0.014**	−0.014**	−0.013	−0.017	−0.009
	(−1.69)	(−2.54)	(−2.52)	(−0.29)	(−0.38)	(−0.21)
CASH	0.053	0.051	0.051	0.034	0.073	0.040
	(0.35)	(0.34)	(0.34)	(0.05)	(0.10)	(0.05)
NPR	−0.075	−0.073**	−0.073**	0.329	0.297	0.332
	(−0.50)	(−2.48)	(−2.48)	(0.44)	(0.40)	(0.45)
AGE	−0.015***	−0.014***	−0.014***	−0.036***	−0.045***	−0.047***
	(−6.01)	(−5.46)	(−5.44)	(−3.03)	(−3.53)	(−3.65)
ROA	0.111**	0.099**	0.099**	0.063	0.097	0.066
	(2.47)	(2.18)	(2.18)	(0.28)	(0.44)	(0.30)

变量	传承模式组					
	(1) *INV*	(2) *INV*	(3) *INV*	(4) *INVSTR*	(5) *INVSTR*	(6) *INVSTR*
EPS	0.012**	0.012**	0.012**	0.014	0.008	0.006
	(2.01)	(2.01)	(2.01)	(0.49)	(0.29)	(0.21)
Constant	−0.052*	−0.031**	−0.031**	−0.718***	−0.725***	−0.699**
	(−1.76)	(−2.50)	(−2.50)	(−3.24)	(−3.30)	(−3.18)
YEAR	Yes	Yes	Yes	Yes	Yes	Yes
IND	Yes	Yes	Yes	Yes	Yes	Yes
N	1397	1397	1397	1397	1397	1397
adj. R^2	0.198	0.189	0.189	0.225	0.228	0.230

注：*、* *和* * *分别表示在 10%、5%和 1%水平上显著；括号内为 *t* 值。

实证结果表明，当家族企业进入代际传承期后，在投资规模和投资结构样本中，传承过程和家族所有权的交乘项 *SUC × F-share* 系数都在 10%的水平上显著为负，即家族所有权在代际传承对长期投资规模和投资结构的影响中都存在显著负向调节效应，促进了长期投资规模的缩减和 R&D 投入占比的下降。与职业经理模式相比，在子女继承的家族企业中，虽然家族所有权对传承模式和长期投资规模的影响存在并不显著的负向调节效应，但是在投资结构样本中，传承模式和家族所有权的交乘项 *SUM × F-share* 系数在 10%的水平上显著为正，即在子承父业的家族企业中，家族所有权抑制了 R&D 投入占比的下降。由此可见，家族所有者持股比例越大，就具有越强的社会情感财富持有动机，在代际传承过程中，就越倾向选择更加保守、稳健的投资战略决策。

2）家族化方式的调节效应

我国家族企业主要有两种上市方式：一种是由创始人个人或家族创办的企业、不断发展壮大并上市，本书将其定义为直接创办型家族企业；另一种是公司上市时是国家控股或非自然人、非家族控股，后来由于股权转让、改制等由家族企业控股，本书将其定义为间接创办型家族企业。社会情感财富是家族企业做出经营决策时所要考虑的首要因素（朱沆等，2012）。由于家族企业家族化方式不同，家族企业的治理结构也会不同，家族实际控制人对待家族社会情感财富的保有和延续以及企业经营决策方式等都存在很大的差异。因此，家族企业家族化方式对理解家族企业代际传承对长期投资决策的影响有重要意义。

在直接创办型的家族企业中，家族企业的核心业务是由实际控制人或家族创立的，实际控制人或家族经历了从企业艰难初创到发展壮大的全过程，对企业有深厚的感情，一般将企业发展作为自己毕生事业去追求。这类企业往往面临发展的资金瓶颈，上市的主要目的是获取企业发展所需要的资金，并且控制家族的社会情感财富与企业息息相关，具有更强烈的规避企业特有风险的动机。代际传承这一战略事件将家族企业推向风险旋涡，但社会情感财富的延续是控制家族在这一时期关心的首要问题，因而为了维护家族社会情感财富，实际控制人会更关注企业的长远发展，采取系列措施降低这一阶段的企业风险。当家族企业选择子承父业传承模式时，一方面，实际控制人为了维护社会情感财富更愿意用长远的投资眼光来经营企业，为了保证传承顺畅交接，维护企业外部声誉，确保企业稳定性管理以及长期生存，家族企业的实际控制人不愿意在这一特殊时期通过扩大投资规模来获取快速发展，而是会采取更加谨慎和保守的投资政策（陈德球和钟昀珈，2011）。另一方面，二代管理者的非专业性甚至低能力也会导致企业投资规模的缩减，因为他们往往缺乏丰富的管理经验和专业素养，无法科学预知投资收益而失去投资机会。但是二代管理者对新事物、新思想的接收能力较强，会对 R&D 投入更感兴趣。如果把家族企业的经营权交给职业经理人，企业就会存在复杂的代理和信息不对称问题，职业经理人更关心的是薪酬和升迁，就会为了获取私利而做出损害家族社会情感财富的决策，忽视企业长远发展，如通过扩大投资建立商业帝国或者获取在职消费等。

对于间接创办型家族企业而言，控制家族通过借壳上市、重组并购等获取企业控制权的主要目的是把上市公司的壳资源打造成为融资平台，把上市公司作为取款机，操纵股价，掏空上市公司等。由于控制家族的社会情感财富没有根植于企业的土壤之中，控制人更加关注家族的短期利益而不是企业资产的安全性，会为了获取私人收益而扩大投资规模，而不会为了延续社会情感财富而失去投资机会。

因此，相对于间接创办型家族企业，直接创办型家族企业在代际传承阶段，会更加倾向控制公司经营风险，通过缩减公司的总投资规模和 R&D 支出来确保资产的安全性。为了对家族化方式的调节效应进行检验，本书选取家族化方式（Style）虚拟变量（对于直接创办的家族企业，Style 取值为 1；对于间接创办的家族企业，Style 取值为 0），并建立以下模型进行检验分析。

$$INV_{i,t} = \alpha_0 + \alpha_1 SUC_{i,t} + \alpha_2 Style_{i,t} + \alpha_3 SUC_{i,t} \times FamStyle_{i,t} + \beta_n CONTROL_{i,t} + \varepsilon_{i,t} \tag{4-1-b}$$

$$R\&D_{i,t} = \alpha_0 + \alpha_1 SUC_{i,t} + \alpha_2 Style_{i,t} + \alpha_3 SUC_{i,t} \times FamStyle_{i,t} + \beta_n CONTROL_{i,t} + \varepsilon_{i,t} \tag{4-2-b}$$

$$INV_{i,t} = \alpha_0 + \alpha_1 SUM_{i,t} + \alpha_2 Style_{i,t} + \alpha_3 SUM_{i,t} \times FamStyle_{i,t} + \beta_n CONTROL_{i,t} + \varepsilon_{i,t} \tag{4-3-b}$$

$$R\&D_{i,t} = \alpha_0 + \alpha_1 SUM_{i,t} + \alpha_2 Style_{i,t} + \alpha_3 SUM_{i,t} \times FamStyle_{i,t} +$$
$$\beta_n CONTROL_{i,t} + \varepsilon_{i,t} \tag{4-4-b}$$

检验结果如表 4-6 所示。其中,在传承过程组,列(1)、列(2)和列(3)为模型(4-1-b)的回归结果,列(4)、列(5)和列(6)为模型(4-2-b)的回归结果。在传承模式组,列(1)、列(2)和列(3)为模型(4-3-b)的回归结果,列(4)、列(5)和列(6)为模型(4-4-b)的回归结果。

表 4-6　　　　家族化方式、代际传承与长期投资决策的回归结果

	传承过程组					
变量	(1) INV	(2) INV	(3) INV	(4) INVSTR	(5) INVSTR	(6) INVSTR
SUC	−0.011***	−0.011***	−0.028***	−0.087***	−0.087***	−0.023***
	(−3.63)	(−3.79)	(−3.88)	(−7.02)	(−7.09)	(−6.77)
Style		−0.003**	−0.010***		−0.025*	−0.002*
		(−2.03)	(−2.68)		(−1.87)	(−1.91)
SUC × Style			−0.011**			−0.046**
			(−2.54)			(−2.33)
GROW	0.004***	0.003***	0.003***	0.004**	0.001*	0.001*
	(4.15)	(4.45)	(4.45)	(2.49)	(1.71)	(1.71)
SIZE	0.001	0.001	0.001	−0.016***	−0.017**	−0.017**
	(0.73)	(0.87)	(0.88)	(−2.61)	(−2.55)	(−2.56)
LEV	−0.011*	−0.013*	−0.013*	−0.019***	−0.007**	−0.008**
	(−1.84)	(−1.74)	(−1.71)	(−2.69)	(−2.22)	(−2.25)
CASH	0.064	0.074	0.061	−0.023	−0.022	−0.074
	(0.33)	(0.41)	(0.34)	(−0.03)	(−0.03)	(−0.10)
NPR	−0.106*	−0.111*	−0.101	0.278**	0.239**	0.195**
	(−1.75)	(−1.69)	(−0.56)	(2.37)	(2.32)	(2.26)
AGE	−0.020***	−0.019***	−0.018***	0.223*	0.015*	0.012
	(−11.26)	(−9.54)	(−9.15)	(1.86)	(1.79)	(1.47)
ROA	0.134***	0.131***	0.132***	0.084	0.124*	0.118*
	(3.47)	(3.68)	(3.72)	(1.85)	(1.82)	(1.78)
EPS	0.028***	0.012**	0.012**	−0.008*	−0.013*	−0.012
	(4.16)	(2.49)	(2.44)	(−1.76)	(−1.67)	(−1.57)
Constant	0.062*	0.056*	0.064*	0.346**	0.385***	0.351**
	(1.83)	(1.74)	(1.96)	(2.39)	(2.67)	(2.43)
YEAR	Yes	Yes	Yes	Yes	Yes	Yes
IND	Yes	Yes	Yes	Yes	Yes	Yes
N	2861	2861	2861	2861	2861	2861
adj. R^2	0.231	0.254	0.256	0.246	0.209	0.210

变量	传承模式组					
	(1) INV	(2) INV	(3) INV	(4) INVSTR	(5) INVSTR	(6) INVSTR
SUM	−0.003*	−0.003*	−0.003*	0.027**	0.030**	0.154***
	(−1.71)	(−1.73)	(−1.67)	(2.03)	(2.09)	(3.68)
Style		0.006	0.006		0.031*	0.084***
		(1.51)	(1.13)		(1.64)	(3.50)
SUM×Style			0.001			−0.089***
			(0.15)			(−3.15)
GROW	0.004**	0.001*	0.001*	−0.003	−0.003	−0.004
	(2.02)	(1.80)	(1.80)	(−0.67)	(−0.70)	(−0.86)
SIZE	0.009**	0.003	0.003	−0.030***	−0.032***	−0.033***
	(2.24)	(1.47)	(1.47)	(−3.07)	(−3.34)	(−3.39)
LEV	−0.025*	−0.011*	−0.011*	−0.013	−0.022	−0.021
	(−1.69)	(−1.78)	(−1.78)	(−0.29)	(−0.51)	(−0.50)
CASH	0.053	0.065	0.064	0.034	0.082	0.167
	(0.35)	(0.43)	(0.43)	(0.05)	(0.11)	(0.23)
NPR	−0.075	−0.084	−0.083	0.329	0.291	0.214
	(−0.50)	(−0.55)	(−0.55)	(0.44)	(0.39)	(0.29)
AGE	−0.015***	−0.013***	−0.013***	−0.036***	−0.022*	−0.026*
	(−6.01)	(−4.25)	(−4.23)	(−3.03)	(−1.74)	(−1.81)
ROA	0.111**	0.102**	0.102**	0.063	0.062	0.059
	(2.47)	(2.27)	(2.27)	(0.28)	(0.28)	(0.27)
EPS	0.012**	0.011*	0.011*	0.014	0.013	0.010
	(2.01)	(1.89)	(1.89)	(0.49)	(0.46)	(0.34)
Constant	−0.052*	−0.032*	−0.032*	−0.718***	−0.755***	−0.742***
	(−1.76)	(−1.72)	(−1.72)	(−3.24)	(−3.44)	(−3.39)
YEAR	Yes	Yes	Yes	Yes	Yes	Yes
IND	Yes	Yes	Yes	Yes	Yes	Yes
N	1 397	1 397	1 397	1 397	1 397	1 397
adj. R^2	0.198	0.190	0.190	0.225	0.227	0.235

注：*、**和***分别表示在10%、5%和1%水平上显著；括号内为 t 值。

  实证结果表明，在传承过程组，列(3)和列(6)分别检验了家族化方式对传承过程与投资规模和投资结构相关关系的调节作用，并且传承过程和家族化方式的交乘项 SUC×Style 与投资规模的系数为负，都在5%的水平上显著。其中，当传承的企业是直接创办型家族企业时，传承过程和投资规模的相关系数为−0.039

（−0.028 − 0.011），与投资结构的相关系数为 −0.069（−0.023 − 0.046），而当传承的企业是间接创办型家族企业时，传承过程与投资规模和投资结构的相关系数分别为 −0.028 和 −0.023。因此，与间接创办型家族企业相比，直接创办型家族企业不仅促进了传承实施后投资规模的缩减，还促进了传承实施后 R&D 投入占比的下降。

在传承模式组，列（3）和列（6）分别检验了家族化方式对传承模式与投资规模和投资结构相关关系的调节作用。其中，传承模式和家族化方式的交乘项 $SUM \times Style$ 与投资规模的系数为正，但不显著，与投资结构的系数在 1% 水平上显著为负。当传承的企业是直接创办型家族企业时，传承模式和投资结构的相关系数为 0.065（0.154 − 0.089），而当传承的企业是间接创办型家族企业时，传承模式与投资结构的相关系数为 0.154。因此，与间接创办型家族企业相比，直接创办型家族企业一定程度上抑制了 R&D 投入占比的下降。

由此可见，相对于间接创办型家族企业，直接创办型家族企业在代际传承阶段会更加倾向控制公司经营风险，通过缩减公司的总投资规模和 R&D 支出来确保资产的安全性，并且子承父业的家族企业也更具有长期发展战略目标，在传承实施期主要通过缩减资本支出来降低传承风险。

3）家族企业所在地区市场化水平的影响

不同的制度安排还会导致不同的市场交易成本，企业是社会的产物，其财务决策还会受到制度环境的制约（Chung 和 Luo，2013）。家族控制对企业行为的影响也是情境依赖的，会随着制度环境的完善而变化（严若森和肖莎，2019）。中国渐进式的改革路径导致各地区之间制度环境的差异化程度日益提高，市场化水平存在显著的差异（樊纲等，2011），这种差异影响了家族企业的投资决策。市场化水平的提高会弱化二代涉入对家族企业财务决策的影响力（单蒙蒙和宋运泽，2019）。在规范科学、民主公正、竞争择优的地区，企业成长环境较好，会拥有更多的投资机会、产权保护和政策支持缓解资源配置壁垒，减少发展过程中的摩擦和不必要消耗。同时，完善的经济环境有助于提高企业市场竞争力，在激烈的市场竞争压力下，家族企业要想持续健康发展，就会积极地去寻求资源进行创新投资，以维持自身战略竞争力，而非致力于社会情感财富的保护。

受社会情感财富的框定效应和损失厌恶的影响，代际传承家族企业的投资决策对制度环境的依赖程度可能会更大。家族企业所在地区市场化水平的提高会进一步促进要素市场发展、为企业提供更优越的成长环境，从而降低家族企业所有者对外部不确定性环境的敏感性，更有利于保护投资回报，减少公司的风险规避动机，并在家族企业投资决策的优化上产生更为直接的作用。同时，完善的经济社会环境还会提供更完备的法律保障,优化职业经理人市场,从而减少传承家族企业的代理冲突。市场机制的不断完善拓宽了选择接班人的空间,传承人也会更理智地去选择更有能力的接班人,而非仅仅局限于家族成员。继承人竞争压力的增强,减少了其偷懒、搭便车等机会主义行为的发生,促使其不断自我成长,开阔投资视野,优化投资结构,深化转型升级,从而提高公司可持续发展能力。因此,家族企业所在地区市场化水平的提高会削弱家族企业代际传承对投资水平提高的抑制作用,同时还会削弱对 R&D 支出所占比重下降的促进作用。

为了进一步深入理解在经济转型不断深化的背景下,市场化水平在代际传承家族企业的长期投资决策中的调节作用,本书以王小鲁等(2017)的中国市场化指数作为市场化水平(MAR)变量的度量指标(如果公司所在省份市场化指数高于中位数,MAR 取值为 1;反之,MAR 取值为 0),并建立以下模型进行检验分析。

$$INV_{i,t} = \alpha_0 + \alpha_1 SUC_{i,t} + \alpha_2 MAR_{i,t} + \alpha_3 SUC_{i,t} \times MAR_{i,t} + \beta_n CONTROL_{i,t} + \varepsilon_{i,t} \tag{4-1-c}$$

$$R\&D_{i,t} = \alpha_0 + \alpha_1 SUC_{i,t} + \alpha_2 MAR_{i,t} + \alpha_3 SUC_{i,t} \times MAR_{i,t} + \beta_n CONTROL_{i,t} + \varepsilon_{i,t} \tag{4-2-c}$$

$$INV_{i,t} = \alpha_0 + \alpha_1 SUM_{i,t} + \alpha_2 MAR_{i,t} + \alpha_3 SUM_{i,t} \times MAR_{i,t} + \beta_n CONTROL_{i,t} + \varepsilon_{i,t} \tag{4-3-c}$$

$$R\&D_{i,t} = \alpha_0 + \alpha_1 SUM_{i,t} + \alpha_2 MAR_{i,t} + \alpha_3 SUM_{i,t} \times MAR_{i,t} + \beta_n CONTROL_{i,t} + \varepsilon_{i,t} \tag{4-4-c}$$

检验结果如表 4-7 所示。其中,在传承过程组,列(1)、列(2)和列(3)为模型(4-1-c)的回归结果,列(4)、列(5)和列(6)为模型(4-2-c)的回归结果。在传承模式组,列(1)、列(2)和列(3)为模型(4-3-c)的回归结果,列(4)、列(5)和列(6)为模型(4-4-c)的回归结果。

表 4-7　　市场化水平、代际传承与长期投资决策的回归结果

变量	传承过程组					
	(1) INV	(2) INV	(3) INV	(4) INVSTR	(5) INVSTR	(6) INVSTR
SUC	-0.011***	-0.011***	-0.009**	-0.087***	-0.085***	-0.095***
	(-3.63)	(-3.75)	(-2.36)	(-7.02)	(-6.98)	(-5.91)
MAR		0.001	0.001		0.004***	0.003**
		(0.74)	(0.37)		(3.51)	(2.09)

		传承过程组				
变量	(1) INV	(2) INV	(3) INV	(4) INVSTR	(5) INVSTR	(6) INVSTR
SUC × MAR			0.003* (1.77)			0.012*** (2.70)
GROW	0.004*** (4.15)	0.003** (2.45)	0.003** (2.45)	0.004** (2.49)	0.001** (2.41)	0.001** (2.40)
SIZE	0.001 (0.73)	0.131*** (3.68)	0.131*** (3.68)	−0.016*** (−2.61)	0.122* (1.82)	0.122* (1.81)
LEV	−0.011* (−1.84)	−0.002 (−1.02)	−0.002 (−1.00)	−0.019*** (−2.69)	−0.016** (−2.42)	−0.015** (−2.38)
CASH	0.064 (0.33)	−0.020*** (−12.14)	−0.020*** (−12.14)	−0.023 (−0.03)	0.010 (1.40)	0.010 (1.40)
NPR	−0.106* (−1.75)	0.109* (1.69)	0.110* (1.75)	0.278** (2.37)	0.354** (2.47)	0.366** (2.49)
AGE	−0.020*** (−11.26)	0.071 (0.40)	0.073 (0.41)	0.223* (1.86)	0.100 (0.13)	0.113 (0.15)
ROA	0.134*** (3.47)	−0.014* (−1.89)	−0.014* (−1.88)	0.084* (1.85)	−0.013** (−2.41)	−0.013** (−2.42)
EPS	0.028*** (4.16)	0.013** (2.58)	0.013*** (2.59)	−0.008* (−1.76)	0.015* (1.71)	0.015* (1.72)
Constant	0.062* (1.83)	0.051* (1.81)	0.050* (1.80)	0.346** (2.39)	0.322** (2.27)	0.324** (2.29)
YEAR	Yes	Yes	Yes	Yes	Yes	Yes
IND	Yes	Yes	Yes	Yes	Yes	Yes
N	2 861	2 861	2 861	2 861	2 861	2 861
adj. R^2	0.231	0.253	0.253	0.246	0.249	0.250
		传承模式组				
变量	(1) INV	(2) INV	(3) INV	(4) INVSTR	(5) INVSTR	(6) INVSTR
SUM	−0.003* (−1.71)	−0.003* (−1.67)	−0.003* (−1.69)	0.027** (2.03)	0.029** (2.03)	0.019*** (2.65)
MAR		0.000 (0.73)	0.001 (1.25)		0.005*** (3.00)	0.006** (2.23)
SUM × MAR			0.002** (2.30)			0.027 (0.96)

	\(1\) *INV*	\(2\) *INV*	\(3\) *INV*	\(4\) *INVSTR*	\(5\) *INVSTR*	\(6\) *INVSTR*
	传承模式组					
变量						
GROW	0.004**	0.001*	0.001*	−0.003	−0.003	−0.003
	(2.02)	(1.81)	(1.81)	(−0.67)	(−0.65)	(−0.65)
SIZE	0.009**	0.003*	0.003*	−0.030***	−0.029***	−0.029***
	(2.24)	(1.73)	(1.64)	(−3.07)	(−3.03)	(−3.04)
LEV	−0.025*	−0.013*	−0.014*	−0.013	0.012	0.012
	(−1.69)	(−1.79)	(−1.77)	(−0.29)	(0.29)	(0.28)
CASH	0.053	0.060	0.045	0.034	−0.067	−0.079
	(0.35)	(0.40)	(0.30)	(0.05)	(−0.09)	(−0.11)
NPR	−0.075	−0.081	−0.062	0.329	0.422	0.435
	(−0.50)	(−0.53)	(−0.41)	(0.44)	(0.57)	(0.59)
AGE	−0.015***	−0.015***	−0.015***	−0.036***	−0.030**	−0.029**
	(−6.01)	(−6.27)	(−6.03)	(−3.03)	(−2.46)	(−2.41)
ROA	0.111**	0.103**	0.107**	0.063	0.058	0.061
	(2.47)	(2.28)	(2.38)	(0.28)	(0.26)	(0.28)
EPS	0.012**	0.012**	0.011*	0.014	0.010	0.010
	(2.01)	(1.99)	(1.92)	(0.49)	(0.34)	(0.34)
Constant	−0.052*	−0.032*	−0.025*	−0.718***	−0.704***	−0.700***
	(−1.76)	(1.70)	(1.66)	(−3.24)	(−3.22)	(−3.19)
YEAR	Yes	Yes	Yes	Yes	Yes	Yes
IND	Yes	Yes	Yes	Yes	Yes	Yes
N	1 397	1 397	1 397	1 397	1 397	1 397
adj. R^2	0.198	0.189	0.192	0.225	0.232	0.231

注：*、**和***分别表示在10%、5%和1%水平上显著；括号内为 t 值。

实证结果表明，在传承过程组，列(2)、列(3)以及列(5)、列(6)分别检验了市场化水平对传承过程与投资规模和投资结构相关关系的调节作用。其中，列(2)和列(3)检验了市场化水平对家族企业传承过程与投资规模两者关系的调节作用。在列(2)中，加入了市场化水平这一变量，传承过程和家族企业的投资规模仍然显著负相关；在列(3)中，传承过程和市场化水平的交乘项 $SUC \times MAR$ 与投资规模在10%的水平上显著为正，就所在地区的市场化水平较高的家族企业而言，家族企业传承过程与投资规模的相关系数为 −0.006(−0.009 + 0.003)，就所在地区的市场化水平不高的家族企业而言，传承过程与投资规模的相关系数为 −0.009。因此，市场化水平会影响传承过程与投资规模两者之间的关系，市场化水平提高，营商环境优越,会为企业的发展提供发达的资本市场、高质量的人力资源、公平的竞争制度等,进而降低企业传承风险,促进企业顺利传承,抑制代际传承家族企业投资规模的缩减。

列(5)和列(6)检验了市场化水平对传承过程与投资结构两者关系的调节作用。在列(5)中,加入了市场化水平变量后,传承过程和投资结构仍然在1%的水平上显著负相关;在列(6)中,传承过程和市场化水平的交乘项 $SUC \times MAR$ 与投资结构的系数为正,并且在1%水平上显著,在市场化水平较高地区,家族企业传承过程与投资结构的相关系数为 $-0.083(-0.095+0.012)$,但在市场化水平不高时,传承过程与投资结构的相关系数下降为 -0.095,因此,完善的经济社会环境削弱了传承家族企业 R&D 投入在长期投资规模中占比的下降。

在传承模式组,列(2)、列(3)以及列(5)、列(6)分别检验了市场化水平对传承模式与投资规模和投资结构相关关系的调节作用。其中,与列(1)的检验结果相比,在列(2)中,加入了市场化水平变量后,传承模式和投资规模的相关系数并没有发生变化;在列(3)中,传承模式和市场化水平的交乘项 $SUM \times MAR$ 与投资规模的系数为正,且在5%水平上显著,就所在地区的市场化水平较高的家族企业而言,传承模式与长期投资规模的相关系数为 $-0.001(-0.003+0.002)$,但如果家族企业所在地区市场化水平不高,两者的相关系数为 -0.003,因此,市场化水平抑制了子承父业传承模式下投资规模的缩减。

列(5)和列(6)检验了市场化水平对传承模式与投资结构两者关系的调节作用。在列(5)中,加入市场化水平这一变量后,传承模式与投资结构的相关系数是 0.029,并且在5%的水平上显著相关;但是在列(6)中,虽然传承模式和市场化水平的交乘项 $SUM \times MAR$ 与投资结构的系数也为正,但是却不显著。因此没有办法明确市场化水平能否影响传承模式和投资结构两者之间的关系。

由此可知,市场化水平会直接影响代际传承家族企业的战略决策。市场化水平的高低是评价一个地区经济市场发育程度、金融实力、法制水平的关键指标。在市场化水平较高的地区,市场经济体制、金融市场、法治体系就会较完善,治理效能也较高,从而就会增强企业的发展动力和活力。家族企业所在地区完善的市场化环境会为家族企业的健康可持续发展提供良好的平台,降低家族企业所有者对外部不确定性环境的敏感性,进一步抑制传承中家族企业投资水平以及 R&D 支出的下降。

4.4.1.2　子承父业传承模式的细分

家族企业代际传承是一个长期、复杂的社会化过程。在子女传承的不同阶段,家族企业为了促进传承成功会采取不同的投资策略(李卫宁等,2021)。在参与管理阶段,继承人加入家族企业的经营管理,造成传承人心理契约遭到破坏,企业风险增加。基于风险规避,同时考虑到继承人权威不足,难以发挥异质性优势,传承人经营时期积极扩张的投资行为将会有所收敛,但对资本投资的影响不会太大(王飞飞等,2021)。在共同管理阶段,企业内外环境、供应链关系、家族成员之间都非常敏感,意见矛盾尤为突出,并且企业的元老经历了和传承人的艰苦创业过程,更愿意听从他的指挥,从而引发新老班子的矛盾,新一代接班人无法实施新的管理理念(郑登攀,2020)。为了延续家族企业社会情感财富,帮助继承人树立权威,使其令人信服,家族企业规避公司特有风险的动机更为强烈,将更加关注这一阶段的短期利益,会采取更加保守和谨慎战略决策(王明琳和何秋琴,2020),放弃净现值为正的高风险项目,降低长期投资规模。此外,传承人为了能将权力棒顺利地递交给继承人,也更倾向于缩减投资特别是 R&D 支出来操纵财务利润,使投资变得更稳健。而在接收管理阶段,继承人已成功转变角色,已带领企业度过不稳定阶段,此时企业应转变发展战略,将关注点转移到企业长期效益,扩大投资,推动研发创新(Kellermanns 等,2012;关勇军和瞿旻,2012)。随着继承人在企业中不断融入,继承者与企业各个利益相关者所建立的契约关系就会越稳定,共同价值观也会越强烈,从而促进家族企业做出有利于企业可持续发展的长期投资决策(Birley,1986)。R&D 支出能够提供长期利益且这些利益能够超过资本支出(Monte 和 Papagni,2003),因此,继承人完全进入家族企业往往会推动企业的研发和创新。

综上,为了更详细地分析传承过程对长期投资决策的影响,本部分又参考 Handler(1990)、汪祥耀和金一禾(2015)提出的传承三阶段模型,将传承过程(SUC)分为参与管理(INVO)、共同管理(COMA)和接收管理(TAKE)三个阶段,分别赋值 1、2、3,将未传承(NSUC)的样本作为控制组,赋值为 0,对传承具体过程进行分组研究。

表 4-8 列示了子承父业模式下的不同传承阶段与企业投资规模和投资结构的多元回归分析结果。在投资规模组,传承过程与投资规模的回归系数是 -0.005,在 1% 的水平上显著负相关,即子承父业后一段时间内,家族企业的投资规模将缩减,代际传承会导致家族企业长期投资减少;参与管理与投资规模的回归系数为 -0.007,负相关但不显著,虽然并不能检验子女参与家族企业的管理会导致企业长期投资规模的缩减,但是两者系数为负,在一定程度上也说明了子女参与企业管理与投资规模可能存在负向关系;共同管理和投资规模的回归系数为 -0.01,在 1% 水平上显著负相关,说明共同管理会导致家族企业投资规模的缩减;接收管理与投资规模的回归系数为 0.002,在 1% 的水平上显著正相关,说明子女正式接收管理后家族企业会扩大投资规模,企业会重新走上发展壮大的道路。

表 4-8　　　　　　　　　　　　子承父业传承模式细分的回归结果

	投资规模组			
变量	传承前与传承后	传承前与参与管理	传承前与共同管理	传承前与接收管理
SUC	− 0.005 ***	− 0.007	− 0.010 ***	0.002 ***
	(− 3.21)	(− 0.77)	(− 2.97)	(2.61)
GROW	0.001 ***	0.001 **	0.002 ***	0.002 **
	(2.71)	(2.38)	(2.81)	(2.35)
SIZE	0.003	0.001	0.012 ***	0.003
	(1.37)	(0.39)	(3.03)	(0.90)
LEV	− 0.014 *	− 0.007 *	− 0.020 *	− 0.011 *
	(− 1.91)	(− 1.78)	(− 1.89)	(− 1.81)
CASH	0.678	0.043 *	0.021	0.057 *
	(0.39)	(1.66)	(0.96)	(1.75)
NPR	− 0.007 *	− 0.003 *	− 0.004 *	− 0.072 *
	(− 1.75)	(− 1.69.)	(− 1.75.)	(− 1.76)
AGE	− 0.018 ***	− 0.023 ***	− 0.018 ***	− 0.019 ***
	(− 8.03)	(− 4.03)	(− 4.85)	(− 6.43)
ROA	0.155 ***	0.111 *	0.307 ***	0.082 ***
	(3.05)	(1.68)	(3.69)	(2.94)
EPS	0.011 *	0.020	0.014	0.028 ***
	(1.73)	(1.58)	(1.26)	(3.10)
Constant	0.017 **	0.060 ***	0.128 **	0.118 ***
	(2.37)	(2.71)	(2.52)	(2.92)
YEAR	Yes	Yes	Yes	Yes
IND	Yes	Yes	Yes	Yes
N	1 386	325	618	677
adj. R^2	0.269	0.236	0.224	0.342

	投资结构组			
变量	传承前与传承后	传承前与参与管理	传承前与共同管理	传承前与接收管理
SUC	− 0.031 ***	− 0.017 ***	− 0.061 ***	0.027 ***
	(− 4.74)	(− 3.80)	(− 4.76)	(3.12)
GROW	0.004 ***	0.010 **	0.002 **	0.012 ***
	(2.86)	(2.17)	(2.19)	(2.65)
SIZE	− 0.029 ***	− 0.034 **	− 0.055 ***	− 0.002 **
	(− 3.39)	(− 2.40)	(− 3.94)	(2.11)

	投资结构组			
变量	传承前与传承后	传承前与参与管理	传承前与共同管理	传承前与接收管理
LEV	− 0.056*	− 0.050	− 0.059*	− 0.099**
	（− 1.71）	（− 0.54）	（− 1.88）	（− 1.97）
CASH	0.678	0.286**	0.337***	0.826
	（0.44）	（2.40）	（4.22）	（0.24）
NPR	0.398	0.422	0.483	0.419
	（0.46）	（0.57）	（0.59）	（0.22）
AGE	− 0.008**	− 0.002**	− 0.024***	− 0.002**
	（− 2.58）	（− 2.50）	（− 2.74）	（− 2.17）
ROA	− 0.275	0.447	− 0.546*	0.421
	（− 1.33）	（1.15）	（− 1.80）	（1.27）
EPS	0.013	0.041	0.064*	0.068
	（0.50）	（0.87）	（1.64）	（1.61）
Constant	0.506***	0.657**	1.095***	0.193
	（2.73）	（2.05）	（3.58）	（0.68）
YEAR	Yes	Yes	Yes	Yes
IND	Yes	Yes	Yes	Yes
N	1 386	325	618	677
adj. R^2	0.224	0.285	0.250	0.220

注：*、**和***分别表示在10%、5%和1%水平上显著；括号内为 t 值。

在投资结构组，传承过程与投资结构的回归系数是 − 0.031，在 1% 的水平上显著负相关，说明代际传承会降低 R&D 支出在长期投资中的占比，家族企业更偏好于资本支出而不是风险较大的 R&D 支出；参与管理与投资结构的回归系数为 − 0.017，在 1% 的水平上显著负相关，说明子女参与管理后，家族企业就会更偏向于减少 R&D 资金的投入；共同管理和投资结构的回归系数为 − 0.061，在 1% 水平上显著负相关，说明共同管理同样降低了 R&D 支出在长期投资中的占比；接收管理和投资结构的回归系数为 0.027，在 1% 水平上显著正相关，说明接收管理后家族企业会加大 R&D 投资力度，R&D 支出在长期投资中的占比会不断提高。

综上所述，回归结果表明，家族企业代际传承会导致企业投资规模的缩减，投资结构的变化，会更偏好于资本支出。具体来讲，子女参与管理降低了 R&D 支出占比，共同管理不仅减少了长期投资，更大幅降低了 R&D 支出。子女接收管理后，基于长期导向和社会情感财富的延续，会加大企业投资规模，推进企业创新投入。

4.4.2　内生性检验

作为公司重要的战略事件,高管更替在一定程度上会严重影响公司的经济决策,但是反过来,公司为了更顺利地做出战略转型的决策,也会对目前的高管进行更替,所以,高管变更和经济决策之间会相互影响(姜付秀等,2017)。同样,家族企业代际传承与企业的经济决策也存在相互影响作用,当家族企业实际控制人预测未来经济不稳定或者效益不佳时,为了保护家族社会情感财富,家族企业会延缓或者改变传承战略。为了消除家族企业代际传承过程与投资水平和投资结构之间的内生性问题,下面分别使用双重差分法(DID)和倾向得分匹配法(PSM)对研究假设再次进行回归分析。

4.4.2.1　双重差分法

由于家族企业代际传承存在一定的非随机性,最小二乘线性回归结果会受变量间内生性问题的影响存在偏差,本书将利用双重差分法进行模型变换,重新进行 *OLS* 回归检验。

对于代际传承对投资决策的影响的研究,本书将尚未实施代际传承的家族企业作为"参照组",而将已经实施代际传承的家族企业作为"实验组",通过对已实施传承的家族企业在代际传承前、尚未实施传承的家族企业与已实施传承的家族企业在代际传承过程中的投资决策进行对比研究,从而探索家族企业代际传承这一战略事件对其投资决策的具体影响。本章设定代际传承过程(SUC)和传承开始($Start$)两个变量。其中,在研究时间窗口内,如果家族企业实施了传承,则 $SUC=1$,反之 $SUC=0$;针对实施了传承战略的家族企业,在开始传承后的年份内,$Start=1$,反之 $Start=0$。

依据 DID 原理,为了达到研究目的,首先需要构建方程式(A)和(B),然后再据此建立多元回归模型(4-1-d)和(4-2-d)来检验代际传承过程对企业投资规模和投资结构的影响。

$$
\lambda_1 = E[INV_{i,t}(Start_{i,t}=1) - INV_{i,t}(Start_{i,t}=0 \mid SUC_{i,t}=1)] - \\
E[INV_{i,t}(Start_{i,t}=1) - INV_{i,t}(Start_{i,t}=0 \mid SUC_{i,t}=0)] \quad (A)
$$

$$
\lambda_2 = E[R\&D_{i,t}(Start_{i,t}=1) - R\&D_{i,t}(Start_{i,t}=0 \mid SUC_{i,t}=1)] - \\
E[R\&D_{i,t}(Start_{i,t}=1) - R\&D_{i,t}(Start_{i,t}=0 \mid SUC_{i,t}=0)] \quad (B)
$$

$$
INV_{i,t} = \alpha_1 + \alpha_2 SUC_{i,t} + \alpha_3 SUC_{i,t} \times Start_{i,t} + \alpha_n CONTROL_{i,t} + \varepsilon_{i,t}
$$

$$
(4\text{-}1\text{-}d)
$$

$$INVST_{i,t} = \alpha_1 + \alpha_2 SUC_{i,t} + \alpha_3 SUC_{i,t} \times Start_{i,t} + \alpha_n CONTROL_{i,t} + \varepsilon_{i,t}$$

$$(4-2-d)$$

DID 模型的回归结果如表 4-9 所示。列(1)、列(2)分别是模型(4-1-d)和 (4-2-d)的回归结果,其中交乘项 $SUC \times Start$ 是检验的关键变量,用以检验代际传承家族企业实施传承后与传承前、非传承家族企业之间的差异。由列(1)可知,交乘项 $SUC \times Start$ 与投资规模的回归系数是 -0.009,在 1% 水平上显著负相关,说明代际传承显著促进了家族企业投资规模的缩减。交乘项 $SUC \times Start$ 与投资结构的回归系数是 -0.091,在 1% 水平上显著负相关,说明家族企业进入代际传承以后,R&D 支出下降的幅度更大,企业会更有意规避风险较大的 R&D 支出,一定程度上相对较偏好于资本支出。

表 4-9   DID 模型的回归结果

变量	(1) INV	(2) INVSTR
SUC	$-0.015***$	$-0.025***$
	(-5.62)	(-2.72)
$SUC \times Start$	$-0.009***$	$-0.091***$
	(-3.56)	(-9.18)
GROW	$0.003***$	$0.003*$
	(5.64)	(1.74)
SIZE	$0.005***$	$-0.020***$
	(5.11)	(-5.84)
LEV	-0.004	$-0.035*$
	(-1.02)	(-1.92)
CASH	$-0.076***$	$0.195***$
	(-15.49)	(8.91)
NPR	$0.076***$	-0.009
	(9.75)	(-0.27)
AGE	$-0.020***$	0.006
	(-20.28)	(1.57)
ROA	$0.080***$	$0.214**$
	(3.64)	(2.32)
EPS	0.003	-0.000
	(0.95)	(-0.04)
Constant	$0.005*$	$0.379***$
	(1.74)	(4.85)

变量	(1) *INV*	(2) *INVSTR*
YEAR	Yes	Yes
IND	Yes	Yes
N	8 735	8 735
adj. R^2	0.239	0.283

注：＊、＊＊和＊＊＊分别表示在 10%、5% 和 1% 水平上显著；括号内为 *t* 值。

采用 DID 模型进一步消除了家族企业代际传承中高管变更与公司财务决策之间的内生性问题之后，实证结果没有发生实质性变化，这再次证明，在我国目前的经济环境下，社会情感财富的保持和延续仍然是家族企业，特别是代际传承的家族企业财务决策的参照点，为平稳度过代际传承期，家族企业会为保存社会情感财富而采取更加保守稳健的投资决策，大幅降低投资水平，尤其是风险较大的 R&D 支出。

4.4.2.2 倾向得分匹配法

遗漏重要解释变量可能会影响代际传承与投资决策之间关系的稳定性，为此，本书采用倾向得分匹配法再次检验两者的关系。首先，对代际传承家族企业性质和可能影响家族企业代际传承的相关因素进行 Probit 回归，计算样本企业的倾向得分；然后，以模型（4-1）和（4-2）中的控制变量为配对变量，采用 1∶2 的匹配方法构建与代际传承家族企业具有相似特征的非代际传承家族企业控制组样本。通过比较试验组和控制组样本在长期投资决策上的差异，我们就可以直观地看出家族企业代际传承对投资决策的影响。

PSM 模型的回归结果如表 4-10 所示。从中可以看出，实施代际传承的家族企业投资水平和投资结构的回归系数分别是 0.078、0.109，未实施代际传承的家族企业投资水平和投资结构的回归系数分别是 0.105 和 0.252，两者分别相差 0.027 和 0.143，并且他们之间的差异都在 1% 的水平上显著负相关。这些实证结论均与前文回归结果一致。

表 4-10　　　　　　　　　　　　PSM 模型的回归结果

	INV	*INVSTR*
对照组	0.105	0.252
处理组	0.078	0.109
ATT	− 0.027＊＊＊	− 0.143＊＊＊
标准误	0.004	0.002
t 值	− 3.62	− 6.77

4.4.3 稳健性检验

为了确保本书的实证结果稳定、可靠,本书进行了以下稳健性检验。

首先,为了排除度量方法差异对研究的影响,保证实证结果的稳定性,本书通过改变变量的衡量方法对假设重新进行检验。借鉴李青原和王红建(2013)、黄宏斌和刘志远(2014)等学者的研究,采用资产负债表法来度量投资规模,即长期投资=固定资产、无形资产和其他长期资产的净值/平均总资产;采用 R&D 支出的相对值来度量投资结构,即投资结构=(本期 R&D 支出-上期 R&D 支出)/(本期长期投资-上期长期投资),其他变量的设定与前文一致,然后再进行稳健性检验,回归结果如表 4-11 所示。

表 4-11 变量替换后的回归结果

变量	(1) INV	(2) INVSTR	(3) INV	(4) INVSTR
SUC	-0.032*	-0.029***		
	(-1.79)	(-6.64)		
SUM			-0.015*	0.018***
			(-1.74)	(4.71)
GROW	0.013	0.002	0.002	-0.001
	(0.62)	(0.86)	(0.66)	(-0.46)
SIZE	0.011	-0.002	0.025***	-0.004*
	(1.16)	(-0.86)	(3.79)	(-1.78)
LEV	-0.202***	-0.011	-0.136***	-0.004
	(-4.39)	(-0.99)	(-4.65)	(-0.31)
CASH	0.402	-0.010	0.476	0.024
	(0.36)	(-0.04)	(0.96)	(0.12)
NPR	-0.531	0.127	-0.809*	0.122
	(-0.48)	(0.48)	(-1.64)	(0.60)
AGE	0.022**	-0.010***	-0.027***	-0.013***
	(2.11)	(-4.21)	(-3.34)	(-4.00)
ROA	0.183***	0.085*	0.312**	0.079
	(2.83)	(1.67)	(2.10)	(1.30)
EPS	0.002	-0.008	0.064***	0.019**
	(0.51)	(-1.13)	(3.28)	(2.35)

变量	(1) *INV*	(2) *INVSTR*	(3) *INV*	(4) *INVSTR*
Constant	0.051**	0.053***	−0.072**	−0.045***
	(2.54)	(2.76)	(−2.48)	(−2.68)
YEAR	Yes	Yes	Yes	Yes
IND	Yes	Yes	Yes	Yes
N	2 861	2 861	1 397	1 397
adj. R^2	0.317	0.325	0.336	0.329

注：*、**和***分别表示在10%、5%和1%水平上显著；括号内为 *t* 值。

根据表4-11可知，传承过程和传承模式都与投资规模在10%的显著性水平上负相关，传承过程与投资结构在1%的显著性水平上显著为负，传承模式与投资结构在1%的显著性水平上显著为正，这些实证结论均与前文回归结果一致，因此，本书的实证结论是稳定可靠的。

其次，参照姜付秀等（2017）的研究，本书又将最终控制人可追溯到自然人或家族且其控股比例不少于20%的企业定义为家族企业，重新进行实证检验，检验结果如表4-12所示，结论仍然支持主检验。

表 4-12　　　　　重新定义家族企业的稳健性检验结果

变量	(1) *INV*	(2) *INVSTR*	(3) *INV*	(4) *INVSTR*
SUC	−0.047***	−0.022***		
	(−3.79)	(−7.15)		
SUM			−0.021**	0.025***
			(−2.16)	(4.82)
GROW	0.011***	0.007***	0.001	−0.002
	(3.20)	(2.74)	(1.41)	(−0.47)
SIZE	0.008*	0.013**	0.023***	−0.037*
	(1.78)	(2.16)	(3.58)	(−1.78)
LEV	−0.170***	0.008	−0.107***	−0.017
	(−2.96)	(0.99)	(−3.72)	(−0.46)
CASH	−0.301	0.014	0.285	0.071
	(−0.92)	(0.72)	(1.04)	(0.32)
NPR	0.337	0.082	0.051*	0.152
	(0.81)	(1.47)	(1.73)	(0.59)

变量	(1) INV	(2) INVSTR	(3) INV	(4) INVSTR
AGE	0.016**	0.013***	−0.021***	−0.021***
	(2.44)	(3.07)	(−3.69)	(−4.00)
ROA	−0.152***	−0.068**	0.259**	0.073
	(−2.91)	(−2.05)	(2.14)	(1.42)
EPS	0.006	0.002	0.051***	0.017**
	(1.15)	(1.33)	(3.63)	(2.41)
Constant	0.064**	0.251***	−0.069**	−0.357***
	(2.39)	(3.07)	(−2.45)	(−3.16)
YEAR	Yes	Yes	Yes	Yes
IND	Yes	Yes	Yes	Yes
N	1 636	1 636	1 032	1 032
adj. R^2	0.305	0.321	0.329	0.305

注：*、**和***分别表示在10%、5%和1%水平上显著；括号内为 t 值。

4.5 本章小结

本章以2008—2019年我国沪深非金融类上市家族企业为研究样本,检验了家族企业代际传承对长期投资决策的影响。首先,根据理论分析提出四个研究假设,然后借鉴已有研究文献进行变量设定和模型设计,最后通过实证方法对假设进行检验。研究结论如下：①家族企业实施代际传承后,为了降低经营风险、保护社会情感财富,会采取较为保守和稳健的投资政策,缩减投资规模,尤其是 R&D 支出,一定程度上偏好于资本支出。②不同的传承模式会直接影响家族企业长期投资决策,与职业经理人模式相比,在子承父业模式下,长期投资规模缩减幅度更大,但主要是资本支出降低,R&D 支出下降较少。③进一步从家族所有权、家族化方式以及家族企业所在地区的市场化水平三方面研究公司内外治理结构对代际传承家族企业的长期投资决策产生的影响,研究发现家族所有权能够促进代际传承家族企业长期投资规模和 R&D 支出在长期投资中所占比例的下降。与职业经理人模式相比,在子女继承的家族企业中,家族所有权抑制了 R&D 支出在长期投资中占比的下降；与间接创办型家族企业相比,直接创办型家族企业不仅促进了传承实施后投资规模的缩减,还促进了传承实施后 R&D 支出占比的下降,并且直接创办型家族企业更有利于促进子女继承家族企业的长期投资规模的缩减,但却抑制了该类家族企业 R&D 支出占比的下降;同时,市场化水平不仅抑制了传承过程中家族企业 R&D 支出在长期投资规模中占比的下降,还抑制了子承父业传承模式下投资规模的缩减。

5 家族企业社会资本与长期投资决策的实证研究

本章重点检验家族企业社会资本对长期投资决策的影响。首先,通过理论分析提出家族企业社会资本如何影响长期投资决策的研究假设;其次,通过实证分析检验所提出的研究假设,以及家族所有权、家族化方式以及家族企业所在地区市场化水平对家族企业社会资本与长期投资决策之间关系的调节作用,并对实证分析结果进行稳健性检验;最后,对本章的研究情况进行整体性概括。

5.1 理论分析与研究假设

企业社会资本是嵌入在企业与其经营目标实现有关的利益相关者之间,如与企业员工、股东或投资者、银行等债权人,上游合作供应商与下游客户,政府部门以及同行竞争对手等,所构建的网络关系结构中的实际或潜在的资源集合。企业社会资本作为企业的一种战略性资源,伴随着网络节点间的互动,能够为企业不断地创造价值增值(Richler,2019)。

企业与利益相关者之间的重复博弈过程中产生的企业社会资本,是维系企业与其内外部利益相关者关系的纽带。资源基础观认为,社会资本形成的利益相关者之间的关系网络会增加人们之间的信任,促进知识的分享,加强个体之间的交流,提高摄取资源的能力(Lin,2001;Wernerfelt,1984;窦军生和贾生华,2008;Galunic Charles,2012)。进行社会资本投资,不仅可以提高企业的凝聚力,调动人才的主动性和创造性,而且能够加强企业与其战略联盟之间的合作力度,促进对资金、知识、信息、技术等战略资源的整合与协同,提升资源配置效率,进而给企业带来帕累托改进,实现企业价值和社会价值的良性互动,产生超额的价值增值,达到帕累托最优。比如,企业与政府所建立的稳定政企关系能够给企业带来更多的财政补贴、更宽松的行政审批、更高的税收优惠等资源;与银行等金融机构建立的良好的银企关系有助于较好克服企业融资难问题,还能够降低由于不对称信息和道德风险而增加的借款成本,缓解企业的融资约束;稳定的供应商关系资本则可以使企业获取核心竞争力,提高资本利用率,降低供应链中的潜在风险和不确定性;在市场变化风云莫测的当下,将企业价值链环节延伸到客户,与客户建立战略联盟关系,不仅可以提高客户的满意度和忠诚度,还可以有效抵御市场变化带来的风险,帮助企业有效实现产品定位、拓展销售渠道、缩短销售周期、降低销售成本,全面增强企业的竞争力。互补性资源是利益相关者所具有的异质性战略资源,以社会资本为路径实现了互补性资源的共享、整合和协同,能促进资源的优化和利用。

在中国经济转型的重要时期,正式制度与非正式制度相互补充、相互影响,共同制约、规范着个体、公司的经济行为。正如 North 和 Thomas(1981)所指出的,非正式制度本身就很重要,而并不只是简单地作为正式制度的附庸,正式和非正式制度约束都能起到降低人类互动成本的作用。在正式制度效率不高的环境中,企业常会通过建立关系网络寻求非正式制度的支持,以降低企业的交易成本和运行风险(沈满洪和张兵兵,2013;Scott,2016)。社会资本作为一种非正式制度,就是企业寻求的一种对社会制度缺位、市场失灵、法律管制失效的积极替代性保护机制(边燕杰和丘海雄,2000;楚有为,2018),它通过信任、声誉、关系来约束人们的行为。由于契约的不完全性以及我国社会信用严重缺失,交易双方所获得信息不同,从而产生机会主义行为,增加交易成本,影响企业竞争力的提升。信任是企业社会资本的核心构成要素,基于社会信用的普遍信任关系网络和基于人际关系的特殊信任关系网络则在加强人们诚信、促进隐性契约的达成方面发挥着重要作用,实现交易双方在资源、能力和流程上的整合与协同,从而降低了交易成本,提高了经济效率。同时,社会资本中嵌入了丰富的信息流,企业可以充分利用社会资本来促进交易双方之间信息交流与沟通,约束利益相关者的"道德风险"和"逆向选择",形成一种和谐、稳定的利益关系结构,从而弥补和润滑不完全契约的缺失,节约交易成本。周小虎(2005)就曾指出:"企业社会资本不仅仅是企业重要的战略资源,同时也是企业组织的有效治理机制,企业比市场更能有效地创造社会资本,进而降低机会主义行为的发生,最终实现交易费用节约的功效。"降低交易成本是社会资本的经济功能之一(Fukuyama,2001)。

在经济转型的动态环境下,企业还需要不断获取、整合和重构组织内外的信息、知识和能力等以适应环境变化,获得持续竞争优势。基于信任、互惠合作的企业社会资本嵌入广泛、稳定的网络结构之中,每一网络节点都需要平衡利益共同体利益和自身价值的增值,从而建立一种互动式密切联盟,不但能解决彼此存在的经营瓶颈,而且能解决融资、技术研发、市场开拓中的制度壁垒,为企业成功应对急剧变化的环境打下坚实基础。同时,在相互联系、相互作用的世界里,企业社会资本在帮助企业赢得客户、社会公众信任的过程中,客户、供应商、政府等利益相关者与企业之间分担风险，共享利益，为企业带来难以替代的竞争优势、综合效益和价值。这将进一步提升企业自我履约能力，加强防范利益相关者之间的不协调和机会主义行为的产生，减少不确定性。因此，持续、稳定的社会关系网络使得原本不相关的个体或企业成为利益共同体，目标的趋同有助于增强企业风险承受程度、减少环境的不确定性，为企业应对环境变迁的动态能力的形成和发展提供有力的支持和保障。

资源基础观认为企业资源禀赋决定其经营绩效，当企业拥有一定的有价值的、稀缺的、难以模仿的和不可替代的资源时，便能获得超额绩效水平。一个企业的生存与发展和内外环境是密不可分的，它需要与其他组织和个人建立长期互惠合作关系，从中获取与整合自身所需的有价值的、稀缺的、难以模仿的和不可替代的资源，降低交易成本和减少环境不确定性，因此，没有企业能够脱离内外环境而独立存在。在制度环境不完善的我国，家族企业在发展中受到更多因素的阻碍，面临着较大的内部资源约束和外部经营环境压力。但家族企业能够在夹缝中生存和发展，很大程度上是由于依靠其深厚的社会资本。家族企业的社会资本是其对资本市场、政府法律失效的一种积极反应，是家族企业竞争优势之源。家族企业倾向于利用社会资本来获取企业成长中所需的重要资源和政策支持，解决利益冲突，提升向心力与抵御风险的能力，家族企业公司治理结构必然体现出鲜明的社会资本特征。

作为企业重要财务决策之一，长期投资是在从外部获取资源、信息和产权保护的基础上由企业内部决策而形成的。长期投资决策的实施不仅需要资金、技术支持，产权保障，更需要消费者的认可、风险的应对。嵌入在利益相关者网络之间的社会资本，通过网络联结可以为企业获取各类战略资源、识别投资机会、降低交易成本以及减少环境不确定性。可见，家族企业竞争优势之源的社会资本是其长期投资决策的重要影响因素。

家族企业社会资本的积累具有一定的经济效益，有利于投资规模的扩大。在家族企业内部建立一个具有尊重、关爱和合作意识的团队，更有利于企业员工从长远合作的角度去考虑他人的重要性，从而产生更多的信任和互动，缓解企业内部的信息不对称程度；在部门之间建立可信、高效的沟通渠道，会促进战略决策的制定和实施；家族企业与供应商和客户建立好稳定且集中的关系，能够更大程度上确保原材料供应，便于获取投资信息，发现投资机会，探索协调投资之路（孙兰兰等，2017）。王丹等（2020）研究发现，客户集中度加剧了企业的过度投资，但未导致投资不足；与银行等金融机构建立良好的关系，更容易获取投资所需资金，解决融资约束进展的困扰，为长期投资提供及时且充足的资金保障（李曦明，2017；Lu 等，2012）。黄飞鸣和童婵（2021）认为银企关系会显著抑制投资不足现象。银企关系越紧密,银企之间信息不对称程度就越弱,企业贷款的可获得性将会增大,从而提高企业的投资效率;与竞争者结成战略联盟,促进公司之间宽松合作并成为联盟的一部分,有利于获得相关知识来促进技术研发(罗党论和刘晓龙,2009);而良好的政治关系不仅会降低家族企业进入垄断行业的门槛,获取补贴,更会为创新技术和产品研发提供产权保障(潘越等,2009;余明桂等,2010)。Xu 等(2013)的研究发现,家族企业普遍存在的投资效率低是由于信息不对称和现金流不足造成的。企业的政治关系能够帮助缓解投资不足的问题,这种作用在融资约束的企业中更为显著。由此可见,家族企业的社会资本能够通过资源获取与整合、降低交易成本和减少环境不确定性的功能有效促进组织的长期投资规模。

另外,与资本支出相比,企业的 R&D 活动是一个动态、复杂的不断发展演化的过程。由于 R&D 支出的难以预测性和结果的不确定性,其对知识、信息、资金和人才等资源需求更高,这就要求企业在获取创新资源的基础上进行更有效的决策。资源基础观认为,企业的社会资本是嵌入在企业社会网络中的有价值的、独特的、无形的资源(Bourdieu,1986),这些资源难以被复制,因而给予了掌握这些资源的企业以重要的竞争优势(Barney,1991)。企业的社会关系网络越多、越稳定,获取稀缺性资源的能力也就越强(高展军和江旭,2011),这能为企业开展研发活动提供重要物质保障,使得企业能够更有效地运转,更有效地做出 R&D 支出决策(王楠等,2019)。

同时,R&D 活动本质还是一项超越了单个主体的范围、知识含量较高的创造性活动,不仅需要有效整合企业内外资源,还较依赖于利益相关者之间的知识交流。R&D 成果的获取有赖于创新性的思想,而创新性的思想则来自从供应商、战略联盟、行业协会等处获得的创新信息以及蕴含在科研人员头脑之中知识的碰撞和融合(陈爽英等,2012)。从合作中获取信息和知识的能力与社会资本中的信任正相关,社会关系的信任程度越高,联系各方就更愿意共享和交换知识和信息,各种知识碰撞、融合的可能性才会越高,从而激发创新灵感。从企业内部看,组织内部网络成员的频繁互动有助于形成共同认知和信任关系,改善组织各部门间信息、知识交换状态并有效促进企业创新(Tsai 和 Ghoshal,1998)。从企业外部看,合作双方的信任关系可以促进彼此之间的沟通与学习,促进企业在一个"开放的系统"中交换和共享各种知识,而企业之间共享的知识对其从关系网络中获得创新知识与创新灵感具有一定的影响(Cohen 和 Leivinthal,1990)。Murphy(2002)就把社会网络视为创新的制度禀赋,它使得学习和企业间的知识共享变得更加容易。Tsai 和 Ghoshal(1998)通过对多国大型电子公司的研究发现,企业的外部联系是信息、资源流通的管道,通过社会互动能使其中一方获得另一方的信息和知识。

基于上述分析,本书提出以下假设:

H3a:在投资规模上,家族企业社会资本有利于扩大长期投资规模。

H3b:在投资结构上,家族企业社会资本更有利于提高 R&D 支出在长期投资中的占比。

5.2 研究设计

5.2.1 样本设计与数据来源

我国上市公司的 R&D 支出数据是从 2007 年新的会计准则实施以后才开始公开披露的,因此本书数据时间窗口为 2007—2019 年,投资规模要用到滞后一期数据,因此损失了 2007 年的数据,故本书以 2008—2019 年沪深 A 股上市家族企业作为研究样本进行实证研究。按照苏启林和朱文(2003)、Maury(2006)、贺小刚和连燕玲(2009)、许静静和吕长江(2011)等提出的家族企业的标准,本书将符合以下条件的企业视为家族企业:最终控制人能追踪到自然人或家族;最终控制人直接或间接持有的公司,并且必须是被投资上市公司第一大股东;至少有两位具有亲缘关系的家族成员持股或担任上市公司高管。其中,关于最终控制人的认定标准,本书在借鉴姜付秀等(2017)的研究基础上,将其确定为:当仅有 1 名实际控制人时,该自然人为最终控制人;当存在多名无血缘关系的自然人股东时,持股比例最高的自然人为最终控制人;当实际控制人为家族且存在持股比其他家族成员至少高 10%的实际控制人时,该成员为最终控制人;当实际控制人为家族且家族成员持股均衡时,最终控制人为在上市公司任职且职位级别最高的家族成员[①]。

本书首先从国泰安数据库中获取了上市公司实际控制人的基本信息,结合年报、招股说明书等信息,确定家族上市公司初始样本。由于社会资本度量中的管理层是否有政治背景、管理层是否在跨行业中任职、董事会有政治背景的人数等信息并非强制披露,本书又根据上市公司年报、深圳证券交易所、上海证券交易所、新浪财经和巨潮资讯网等网站中的历届董事会成员及高管人员信息披露、前十名股东名称等信息,手工整理得到相关的社会资本数据。本书使用的财务和市场数据主要来自国泰安数据库、万德数据库。鉴于研究惯例,在保证数据准确性和客观性的基础上,本书对初始数据进行了如下处理:①剔除金融、保险类上市家族企业;

②剔除在观测年度为 ST、*ST 的上市家族企业；③剔除最终控制人为非自然人或家族的企业；④剔除连续 3 年内财务数据缺失或异常的观测值。本书对所有连续变量在上下 1%水平上进行 Winsorize 处理后，最终得到个 9584 观测值。本书在数据处理及实证检验过程中使用了 Excel2007 和 Stata12 软件。

5.2.2 变量定义与模型设计

因变量：在参考杜兴强等（2011）、徐业坤等（2013）相关变量设定的基础上，长期投资规模（INV）指标的衡量采用样本公司 t 期新增资本支出（$CapExp$）与 R&D 支出之和除以期初总资产表示，INV 指标越大，说明企业的长期投资规模越大；反之则说明企业的长期投资规模越小。其中，新增资本支出为当年构建固定资产、无形资产和其他资产支付的现金与处置固定资产、无形资产和其他资产而收回的现金之差；R&D 支出从上市家族公司公开披露的年报中获取（代吉林等，2012）。长期投资结构（$INVSTR$）采用 R&D 支出占长期投资的比例来衡量（陈德球和钟昀珈，2011）。

自变量：本书延续 Adler 和 Kwon（2002）、Andrew（2009）的分类方式，将企业社会资本（SC）分为外部企业社会资本（ESC）和内部企业社会资本（ISC）。其中，外部企业社会资本主要是由企业以及企业中关键人员与其外部利益相关者的关系网络中所产生的资源或能力；内部企业社会资本主要是组织内的对员工之间的信任、制定的内部控制制度及内部关系网络所形成的资源或能力。在借鉴赵瑞（2013）、林民书和岳媛媛（2015）研究的基础上，本书用政府关系、社会关系、银行关系、供应商关系、客户关系、合作关系、信任关系和网络关系 8 方面的 16 个指标来描述社会资本（SC），所选指标如表 5-1 所示。与传统的问卷调查方式相比，本书所选指标是基于财务报表和公开数据加以量化的，因此可以大幅度提高数据的可信性、客观性和可操作性。

表 5-1　　　　　　　企业社会资本指标体系、指标说明及指标定义

一级	二级	三级	指标说明	指标定义
企业社会资本 SC	外部企业社会资本 ESC	政府关系	管理层是否有政治背景（$x1$）	是 = 1，否则 = 0
			董事会有政治背景的比例（$x2$）	董事会有政治背景人数/董事会总人数
			政府补贴收入（$x3$）	政府补贴收入的自然对数
		社会关系	管理层是否在跨行业中任职（$x4$）	是 = 1，否则 = 0
			捐款支出（$x5$）	捐款支出的自然对数
		银行关系	银行短期借款占流动资产比例（$x6$）	短期借款/流动资产
			公司十大股东中是否有银行（$x7$）	是 = 1，否则 = 0

一级	二级	三级	指标说明	指标定义
企业社会资本 SC	外部企业社会资本 ESC	供应商关系	向前5名供应商的采购量占总采购量比例（x8）	向前5名供应商的采购量/总采购金额
			应付账款周转率（x9）	应付账款周转率
		客户关系	前5名客户销售金额占销售总比例（x10）	前5名客户销售金额/总销售金额
			应收账款周转率（x11）	应收账款周转率
		合作关系	关联方交易金额占主营业务收入比例（x12）	关联方交易金额/主营业务收入
			长期股权投资占资产比例（x13）	长期股权投资/总资产
	内部企业社会资本 ISC	信任关系	职工工资占主营业务收入比例（x14）	职工工资/主营业务收入
			应付职工福利费占主营业务收入比例（x15）	应付职工福利费/主营业务收入
		网络关系	内部控制是否健全（x16）	虚拟变量，若内部控制指数大于中位数取值为1，否则取值为0

在本书的研究中，由于采用了16个指标来度量企业社会资本，有些指标之间存在严重的信息重叠和自相关性问题，本书将采用因子分析法来提取企业社会资本的主成分，并以此对企业社会资本进行全面的衡量。

在分析数据之前，首先运用spass20.0统计软件将各个指标数据进行标准化和同方向性处理，消除指标之间不同性质的刚量；然后通过KMO检验模型和Bartlett球度检验模型对变量数据进行检验，从而判断所选指标是否适合采用因子分析来提取公因子。检验结果如表5-2所示。从中可知，KMO值为0.643，在0.5至1之间，说明各个变量之间存在较强的线性关系；Bartlett球度检验的统计量为37 513.224，且该统计量的概率值为0.000，小于显著性水平0.05，说明指标之间具有相关性，也适合做因子分析。

表5-2　　　　　　　　　　KMO和Bartlett的检验结果

取样足够度的Kaiser-Meyer-Olkin	度量	0.643
Bartlett的球形度检验	近似卡方	37 513.224
	自由度	120
	显著性概率	0.000

为了使每个指标能够最大化限度地解释企业社会资本，首先对所选的16个指标进行主成分分析，得到相关系数矩阵的特征值和各因子的方差贡献率，即因子解

释总方差,如表5-3所示,并据此提取出对应的对社会资本影响较大的指标,避免指标之间由于多重共线性对模型产生影响。

表5-3 社会资本解释的总方差

成分	初始特征值			提取平方和载入			旋转平方和载入		
	合计	方差的百分比	累积百分比	合计	方差的百分比	累积百分比	合计	方差的百分比	累积百分比
1	4.264	57.147%	57.147%	4.264	57.147%	57.147%	3.852	51.793%	20.847%
2	2.723	22.768%	79.933%	2.723	2.723%	79.933%	2.943	28.14%	79.933%

从表5-3可看出,前两个主成分的特征根分别解释了原指标变量57.147%和22.768%的信息,累计贡献率达到了79.915%,表明这两个主成分能够反映原来16个指标的绝大部分信息,因此,本书使用这两个主成分来衡量企业社会资本。

表5-4是采用方差最大法对指标因子进行正交旋转后的成分矩阵和各公因子得分系数矩阵。对主成分进行旋转,可实现变量在较少的因子上有较高的载荷,便于明确各个因子所代表的实际意义。由表5-4的A组可知,$x1$、$x3$、$x4$、$x14$、$x15$在FAC-1上的载荷值都高于70%,因此FAC-1主要反映了个人资本对企业影响,可称$y1$为个人社会资本因子;$x2$、$x5$、$x6$、$x7$、$x8$、$x9$、$x10$、$x11$、$x12$、$x13$和$x16$在FAC-2上也都具有较高载荷值,这11个指标主要衡量的是企业与各方之间的社会关系,因此可称$y2$为集体社会资本。由表5-4可以得出因子方程及社会资本(social capital)变量总方程,其中,xi^*为xi标准后的值。

$$y1 = 0.061x1^* + 0.384x2^* + 0.106x3^* + 0.029x4^* + 0.023x5^* + 0.103x6^* + 0.051x7^* + 0.041x8^* + 0.116x9^* + 0.019x10^* + 0.127x11^* + 0.005x12^* - 0.022x13^* + 0.415x14^* + 0.416x15^* - 0.041x16^*$$

$$y2 = 0.381x1^* + 0.05x2^* + 0.295x3^* + 0.324x4^* + 0.189x5^* + 0.053x6^* + 0.1x7^* + 0.385x8^* + 0.1x9^* + 0.233x10^* + 0.063x11^* + 0.136x12^* - 0.096x13^* + 0.023x14^* + 0.017x15^* + 0.012x16^*$$

$$Social = 0.714y1 + 0.285y2$$

表5-4 旋转成分矩阵

指标	旋转成分矩阵(A组)		因子得分系数矩阵(B组)	
	FAC-1	FAC-2	FAC-1	FAC-2
$x1$	0.865	0.151	0.061	0.381
$x2$	0.376	0.893	0.384	0.05

指标	旋转成分矩阵（A组）		因子得分系数矩阵（B组）	
	FAC-1	FAC-2	FAC-1	FAC-2
$x3$	0.794	0.053	0.106	0.295
$x4$	0.721	0.25	0.029	0.324
$x5$	0.025	0.728	0.023	0.189
$x6$	0.207	0.797	0.103	0.053
$x7$	0.142	0.742	0.051	0.1
$x8$	0.019	0.654	0.041	0.385
$x9$	0.085	0.797	0.116	0.1
$x10$	0.001	0.758	0.019	0.233
$x11$	0.119	0.875	0.127	0.063
$x12$	0.058	0.882	0.005	0.136
$x13$	0.046	0.739	−0.022	0.096
$x14$	0.968	−0.009	0.415	0.023
$x15$	0.971	−0.004	0.416	0.017
$x16$	0.172	0.918	−0.041	0.12

控制变量：为了控制影响公司投资决策的其他潜在因素，本书借鉴 Richardson（2006）、Anderson 等（2010）和靳庆鲁等（2012、2015）的研究引入了成长机会、财务杠杆、现金持有水平、上市年限、公司规模和净资产收益率等变量。此外，我们还设置了行业虚拟变量和年份虚拟变量，以控制行业特征和宏观经济因素对企业投资行为的影响。

模型中对相关变量的定义如表 5-5 所示。

表 5-5　　　　　　　　　　主要变量定义

变量类型	变量名称	变量符号	变量定义
因变量	长期投资规模	INV	（t 期资本支出 ＋ t 期 R&D 支出）/t 期期初总资产
	长期投资结构	$INVSTR$	t 期 R&D 支出/（t 期资本支出 ＋ t 期 R&D 支出）
自变量	社会资本	SC	由政府关系、社会关系、银行关系、供应商关系、客户关系、合作关系、信任关系和网络关系 8 个方面的 16 个指标做主成分分析
控制变量	成长机会	$GROW$	t 期期末的 Tobin Q 值
	公司规模	$SIZE$	Ln（t 期期末总资产）
	财务杠杆	LEV	t 期期末总负债/t 期期末总资产
	现金持有水平	$CASH$	（t 期期末货币资金 ＋ t 期期末短期投资）/t 期期末总资产
	销售净利率	NPR	t 期净利润/t 销售收入
	上市年限	AGE	Ln（t 期的上市年限）

变量类型	变量名称	变量符号	变量定义
控制变量	资产收益率	*ROA*	t 期净利润/t 期期末总资产
	每股收益	*EPS*	t 期净利润/普通股股数
	年度虚拟变量	*YEAR*	控制年度因素的影响,以 2008 为基准,由于本书涉及 2008—2019 年总共 12 个年度,设置 11 个年度虚拟变量
	行业虚拟变量	*IND*	控制行业因素的影响,按证监会 2012 年对上市公司的行业分类标准,由于本书涉及 17 个行业,设置 16 个虚拟变量

本书借鉴潘越等(2009)、岳媛媛和龚驹(2017)、楚有为(2018)的模型对家族企业社会资本和长期投资决策的关系进行检验,建立模型如下:

$$INV_{i,t} = \alpha_0 + \alpha_1 SC_{i,t} + \beta_n CONTROL_{i,t} + \varepsilon_{i,t} \tag{5-1}$$

$$INVSTR_{i,t} = \alpha_0 + \alpha_1 SC_{i,t} + \beta_n CONTROL_{i,t} + \varepsilon_{i,t} \tag{5-2}$$

5.3 实证结果与分析

5.3.1 描述性统计结果与分析

表 5-6 统计了模型中涉及的各变量在研究期间的描述性统计结果。从中可以看出,在投资方面,上市家族企业的长期投资支出与年初总资产之比的平均值为 0.076 4,说明上市家族企业长期投资率平均为 7.64%,*INV* 的最大值为 0.294,最小值为 0.000 1,标准差为 0.058 7,这说明我国家族企业整体的投资规模并不大,并且虽然各个企业间长期投资规模存在一定的差异,但是差异程度不大;投资结构的平均值为 0.273 6,说明 R&D 支出占上市家族企业长期投资支出的比例平均为 27.36%,最大值为 0.912 5,最小值为 0,标准差为 0.24,可见我国家族企业整体上 R&D 支出在长期投资中的比例并不高,并且各个企业之间投资结构存在较大的差异,这可能是由企业行业性质所决定的,如果企业是高新技术企业,这类企业就比较注重研发。社会资本变量的平均值为 13.627,最大值为 23.592 4,最小值为 2.115 5,说明社会资本对我国家族企业的成长与发展都较重要,但是各个企业之间的社会资本差距较大。

表 5-6 也报告了本书主要控制变量的描述性统计情况。结果显示,从代表企业的投资机会(*GROW*)的 Tobin Q 值来看,Q 值的最大值是 12.384 9,最小值为 0.917 8,差距较为悬殊,这表明上市家族企业在投资机会上也存在着较大差异。

从公司规模（SIZE）来看，企业总资产对数的平均值和中位数分别为21.7137和21.6231，最大值和最小值分别为24.814和19.27，这说明我国上市家族企业的规模相差不大，分别较为集中。LEV的平均值和中位数分别为0.3772和0.3651，说明我国上市家族企业的资金来源中，债务融资占到了1/3左右，整体资本结构较合理，但是LEV的最大值和最小值分别是0.8757和0.0334，这说明不同公司对于不同资金来源的依赖程度存在着较大的差距。CASH的平均值和中位数分别为0.2135和0.1681，可见家族企业都储存了一定量的现金财务柔性，这为企业投资提供了资金条件。从公司上市年限（AGE）来看，公司上市年限的自然对数平均值为1.659，最大值为3.1355，最小值为0，这说明家族企业整体上上市时间并不长，发展历程还较短。从反映公司绩效的资产收益率（ROA）和每股收益（EPS）来看，两者的平均值分别为0.051和0.3508，中位数分别为0.0459和0.281，这说明整体上家族企业经营状况良好。

表 5-6　　　　　　　　　　　　描述性统计结果

变量	平均值	标准差	最小值	中位数	最大值	样本量
INV	0.076 4	0.058 7	0.000 1	0.064	0.294	9 584
INVSTR	0.273 6	0.24	0	0.227 9	0.912 5	9 584
SC	13.627	5.101	2.115 5	9.381	23.592 4	9 584
GROW	2.890 5	1.881 8	0.917 8	2.297 9	12.384 9	9 584
SIZE	21.713 7	1.022 2	19.27	21.623 1	24.814	9 584
LEV	0.377 2	0.199 8	0.033 4	0.365 1	0.875 7	9 584
CASH	0.213 5	0.153 2	0.008 5	0.168 1	0.751 7	9 584
NPR	0.019	0.847	−18.61	0.089	5.939	9 584
AGE	1.659	0.840 9	0	1.791 8	3.135 5	9 584
ROA	0.051	0.050 5	−0.138	0.045 9	0.218 6	9 584
EPS	0.350 8	0.372 6	−0.701 4	0.281	1.802 3	9 584

5.3.2　相关性分析

为了更直观地观察自变量与因变量之间的关系，判断上市家族企业投资规模与投资结构与企业社会资本之间的相关性方向和程度，对研究假设是否合理进行初步判断,本书又对主要变量之间的关系进行了 Pearson 相关系数检验,具体结果如表 5-7 所示。

从表 5-7 可以看出,社会资本与投资规模、投资结构之间的相关系数分别是 0.162 和 0.184,且在 1% 的水平上显著正相关,这说明企业与利益相关者之间在重复博弈过程中产生的企业社会资本是家族企业竞争优势之源。家族企业的社会资本能够通过资源获取与整合为企业获取各类战略资源、识别投资机会、降低交易成本以及减少环境不确定性,从而有效促进家族企业的长期投资规模,尤其是 R&D 支出,初步验证了 H3a 和 H3b。

表 5-7 也报告了其他控制变量与企业投资规模、投资结构以及社会资本的相关关系。其中,代表企业成长机会的 *GROW* 与 *INV*、*INVSTR* 和 *SC* 之间都具有显著的正向关系,说明家族企业的投资机会较大时,其会更倾向获取社会资本从而促进企业投资,尤其是 R&D 投资。公司规模(*SIZE*)、财务杠杆(*LEV*)、上市年限(*AGE*)与 *INV* 和 *INVSTR* 之间都具有显著的负向关系,初步说明随着公司的不断发展,公司规模的不断变大,家族企业会逐渐减少新增投资,特别是风险较大的 R&D 投资。同时,当公司的财务杠杆增加,经营风险加大时,公司也会随之消减投资。*SIZE* 与 *SC* 显著正相关,这说明公司规模越大,越容易和利益相关者之间保持战略网络关系,但 *LEV* 和 *AGE* 与公司的 *SC* 显著负相关,经营风险不利于家族企业社会资本的获取与再生。*CASH* 和 *CF* 与 *INV* 和 *INVSTR* 之间都具有显著的正向关系,但和 *SC* 之间显著负相关,这说明现金的持有水平和自由现金流的增加在一定程度上也会促进家族企业的投资,却抑制了社会资本的持有。最后,在代表着上市家族企业经营绩效的变量中,*ROA* 和 *EPS* 与 *INV* 之间存在显著正向关系,但和 *SC* 之间却显著负相关,这说明公司经营状况越好越有利于扩大投资,但却往往会表现出一定的"傲慢"姿态。

此外,在表 5-7 各个控制变量中,各变量的相关系数绝对值都没有超过 0.4,可以初步确定变量间的相关性较弱,不存在严重的多重共线性问题。相关性分析只是对模型中各变量之间的相关关系进行初步分析,若要验证自变量对应变量的影响关系,还需要进一步进行回归分析才能得到较为可靠的研究结论。

5.3.3 多元回归分析

在进行了描述性统计分析和相关性分析之后,为了进一步检验家族企业社会资本对长期投资规模和投资结构的相关关系,下面将通过多元回归的方法对本章

表 5-7　家族企业社会资本与长期投资决策的相关性分析

变量	INV	INVSTR	SC	GROW	SIZE	LEV	CASH	NPR	AGE	ROA	EPS
INV	1										
INVSTR	-0.131***	1									
SC	0.162***	0.184***	1								
GROW	0.047***	0.192***	0.103***	1							
SIZE	-0.126***	-0.113***	0.068***	-0.391***	1						
LEV	-0.176***	-0.235***	-0.055***	-0.298***	0.295***	1					
CASH	0.058***	0.156***	-0.066***	0.161***	-0.278***	-0.452***	1				
NPR	0.033***	0.011	-0.266***	0.081***	-0.039***	-0.104***	0.291***	1			
AGE	-0.35***	-0.074***	-0.041***	-0.015	0.343***	0.390***	-0.342***	0.088***	1		
ROA	0.186***	0.077***	-0.016	0.254***	0.01	-0.317***	0.258***	0.229***	-0.132***	1	
EPS	0.15***	-0.003	-0.018	0.016	0.248***	-0.095***	0.181***	0.149***	-0.125***	0.363***	1

注：*、**和***分别表示在10%、5%和1%水平上显著。

所提出的关于家族企业社会资本如何影响长期投资决策的假设进行检验。回归结果如表 5-8 所示。

表 5-8　　　　　　　家族企业社会资本与长期投资决策的回归结果

变量	(1) INV	(2) INV	(3) INVSTR	(4) INVSTR
SC	0.019*** (14.63)	0.018*** (13.68)	0.086*** (16.65)	0.034*** (6.66)
GROW		0.002*** (4.81)		0.002 (1.16)
SIZE		0.003*** (3.05)		− 0.025*** (− 6.99)
LEV		− 0.001 (− 0.25)		− 0.030* (− 1.76)
CASH		− 0.063*** (− 13.28)		0.200*** (10.45)
NPR		0.049*** (8.60)		− 0.001 (− 0.04)
AGE		− 0.021*** (− 23.93)		0.002 (0.54)
ROA		0.109*** (5.29)		0.276*** (3.36)
EPS		0.003 (1.21)		− 0.003 (− 0.31)
Constant	0.076*** (117.71)	0.038* (1.93)	0.274*** (103.42)	0.504*** (6.34)
YEAR	Yes	Yes	Yes	Yes
IND	Yes	Yes	Yes	Yes
N	9 584	9 584	9 584	9 584
adj. R^2	0.026	0.245	0.034	0.277

注：*、**和***分别表示在 10%、5% 和 1% 水平上显著；括号内为 t 值。

从表 5-8 可看出，在列（1）和列（3）中，仅考虑了年份和行业控制效应后，无论是家族企业长期投资规模还是投资结构，SC 的估计系数均在 1% 统计水平显著为正，这表明家族企业社会资本储备越多，长期投资规模越大，家族企业越偏好于R&D 投资。在加入其他控制变量后，在列（2）中，家族企业的社会资本和投资规模在 1% 的显著水平下显著为正，说明上市家族企业的社会资本有利于企业投资规模的扩大,这与 H3a 一致。企业长期投资是企业生存和发展的关键,要进行有效的投资需要各种资源的支持。社会资本作为家族企业的一种竞争性战略资源,通过平衡关系网络节点之间的利益和自身价值的增值,建立一种互动式密切联盟,帮助企业赢得客户、社会公众的信任,获取与整合自身所需的有价值的、稀缺的、难以模仿的和不可替代的资源,从而解决了融资、技术研发、市场开拓中的制度壁垒,进一步促进了企业投资。这一研究结论更深入地诠释了为什么在我国当前的经济制度背景下,家族企业愿意耗费大量的财力和精力到社会资本的投资中。在列(4)中,家族企业的社会资本和投资规模系数为 0.034,且在 1% 的显著水平下显著为正,这意味着上市家族企业的社会资本越高,家族企业越偏好于 R&D 投资,这与社会资本的本质特征相一致。企业 R&D 投资由于结果的不确定性和投资风险水平更高,决定其对知识、信息、资金和人才资源需求更高。社会资本的独特性决定其难以被复制,而给予掌握这些资源的企业以重要的竞争优势。企业的社会资本越多,获取稀缺性资源的能力也就越强,从而为企业开展研发活动提供重要物质保障。

5.4　进一步分析与稳健性检验

5.4.1　进一步分析

5.4.1.1　调节效应分析

根据制度学理论,公司治理机制和市场化水平是企业生存和发展的重要正式制度安排,可以通过资源配置来影响企业的经济行为。社会资本则是企业的一项非正式制度,可以弥补经济转型背景中的正式制度的不足。在一定程度上它们对家族企业投资决策的影响存在着交叉和重叠。因此,在检验了家族企业社会资本对长期投资决策影响的基础上,本部分将探索家族所有权、家族化方式以及家族企业所在地区的市场化水平和社会资本对长期投资决策的交互影响。

1) 家族所有权的调节效应

家族企业绩效优于非家族企业得到了众多文献的支持。究其原因在于家族所有权和控制权下的低代理成本以及基于家族信任文化的资源低成本汇集(代吉林等,2012)。Lee(2003)认为,由于企业效益直接关系到家族福利,家族所有者持股比例越大,越有动力去获取竞争性战略资源,并最大化企业价值。为了检验家族所有权在社会资本和长期投资决策关系中的作用,本书选取家族所有权(*F-share*)变量(家族或自然人直接或间接持有上市公司的终极所有权或终极股权比例),并建立以下模型进行检验分析。

$$INV_{i,t} = \alpha_0 + \alpha_1 SC_{i,t} + \alpha_2 \, F\text{-}share_{i,t} + \alpha_3 SC_{i,t} \times F\text{-}share_{i,t} +$$
$$\beta_n CONTROL_{i,t} + \varepsilon_{i,t} \tag{5-1-a}$$

$$INVSTR_{i,t} = \alpha_0 + \alpha_1 SC_{i,t} + \alpha_2 \, F\text{-}share_{i,t} + \alpha_3 SC_{i,t} \times F\text{-}share_{i,t} +$$
$$\beta_n CONTROL_{i,t} + \varepsilon_{i,t} \tag{5-2-a}$$

检验结果如表5-9所示。其中,列(1)、列(2)和列(3)为模型(5-1-a)的回归结果,列(4)、列(5)和列(6)为模型(5-2-a)的回归结果。实证结果表明,社会资本和家族所有权的交乘项 $SC \times F\text{-}share$ 与投资规模的系数都为负,但不显著。这说明家族所有权可能会抑制社会资本对投资规模的促进作用。$SC \times F\text{-}share$ 与投资结构的系数在1%的水平上显著为负,这表明家族所有权抑制了社会资本对 R&D 投资的偏好。由此可见,家族企业在成长发展过程中,具有较强的社会情感财富持有动机,在企业的投资决策中表现得更加保守和稳健,往往偏好于资本支出而不是风险较高的 R&D 投资。

表5-9　　　　　家族所有权、社会资本与长期投资决策的回归结果

变量	(1) INV	(2) INV	(3) INV	(4) INVSTR	(5) INVSTR	(6) INVSTR
SC	0.018***	0.018***	0.018***	0.034***	0.034***	0.027***
	(13.68)	(13.64)	(13.48)	(6.66)	(6.52)	(5.24)
F-share		−0.001	−0.001		−0.001***	0.002***
		(−0.88)	(−0.33)		(−3.85)	(5.70)
SC×F-share			−0.001			−0.002***
			(−0.10)			(−8.61)
GROW	0.002***	0.002***	0.002***	0.002	0.003	0.003*
	(4.81)	(4.87)	(4.87)	(1.16)	(1.53)	(1.68)
SIZE	0.003***	0.003***	0.003***	−0.025***	−0.024***	−0.024***
	(3.05)	(3.11)	(3.10)	(−6.99)	(−6.67)	(−6.96)
LEV	−0.001	−0.001	−0.001	−0.030*	−0.029*	−0.015
	(−0.25)	(−0.24)	(−0.23)	(−1.76)	(−1.73)	(−0.87)
CASH	−0.063***	−0.063***	−0.063***	0.200***	0.203***	0.207***
	(−13.28)	(−13.23)	(−13.22)	(10.45)	(10.61)	(10.87)
NPR	0.049***	0.049***	0.049***	−0.001	−0.003	−0.009
	(8.60)	(8.58)	(8.57)	(−0.04)	(−0.13)	(−0.41)

变量	(1) INV	(2) INV	(3) INV	(4) INVSTR	(5) INVSTR	(6) INVSTR
AGE	−0.021***	−0.021***	−0.021***	0.002	0.003	0.014***
	(−23.93)	(−22.58)	(−19.77)	(0.54)	(0.92)	(3.31)
ROA	0.109***	0.110***	0.110***	0.276***	0.293***	0.310***
	(5.29)	(5.33)	(5.33)	(3.36)	(3.56)	(3.79)
EPS	0.003	0.003	0.003	−0.003	−0.004	−0.005
	(1.21)	(1.18)	(1.18)	(−0.31)	(−0.40)	(−0.43)
Constant	0.038*	0.038*	0.038*	0.504***	0.504***	0.498***
	(1.93)	(1.93)	(1.93)	(6.34)	(6.35)	(6.31)
YEAR	Yes	Yes	Yes	Yes	Yes	Yes
IND	Yes	Yes	Yes	Yes	Yes	Yes
N	9 584	9 584	9 584	9 584	9 584	9 584
adj. R^2	0.245	0.245	0.245	0.277	0.279	0.285

注：*、**和***分别表示在 10%、5%和 1%水平上显著；括号内为 t 值。

2）家族化方式的调节效应

家族化方式也会影响社会资本和长期投资的关系。对于直接创办型家族企业而言，家族实际控制人更多地将企业看作自己的生命和终身成就，更有动机获取利益相关者的支持和信任。而对于间接创办型家族企业而言，企业是通过并购重组、MBO 等方式实现家族控制的，和利益相关者的关系网络较脆弱，不利于社会资本的价值发挥。因此，为了检验家族化途径的调节作用，本书选取家族化方式（Style）变量，建立以下模型进行分析。

$$INV_{i,t} = \alpha_0 + \alpha_1 SC_{i,t} + \alpha_2 Style_{i,t} + \alpha_3 SC_{i,t} \times Style_{i,t} +$$
$$\beta_n CONTROL_{i,t} + \varepsilon_{i,t} \tag{5-1-b}$$

$$INVSTR_{i,t} = \alpha_0 + \alpha_1 SC_{i,t} + \alpha_2 Style_{i,t} + \alpha_3 SC_{i,t} \times Style_{i,t} +$$
$$\beta_n CONTROL_{i,t} + \varepsilon_{i,t} \tag{5-2-b}$$

检验结果如表 5-10 所示。其中，列（1）、列（2）和列（3）为模型（5-1-b）的回归结果，检验了家族化方式对社会资本和投资规模相关关系的调节作用；列（4）、列（5）和列（6）为模型（5-2-b）的回归结果，检验了家族化方式对社会资本与投资结构两者关系的影响。实证结果表明，企业社会资本与家族化方式的交乘项 SC×Style 与投资规模的系数为正，但是不显著，这说明相对于间接创办型家族企业而言，直接创办型的家族企业有可能会增强社会资本对投资规模的促进作用。社会资本与家族化方式的交乘项 $SC \times Style$ 与投资结构的系数为负，并且在1%的显著性水平下显著。当家族企业是直接创办型时，社会资本与投资结构的相关系数为0.032（0.060 - 0.028），表明对于直接创办型家族企业而言，社会资本每增加1%，企业的研发投资在长期投资中的占比将会增加3.2%；当家族企业是间接创办型时，社会资本与投资结构的相关系数为 0.060，表明对于间接创办型家族企业而言，社会资本每增加1%，企业的研发投资在长期投资中的占比就会增加6%。由此可见，相对于间接创办型家族企业而言，直接创办型的家族企业抑制了社会资本对 R&D 投资在长期投资中占比的促进作用。

表 5-10　　　　　　家族化方式、社会资本与长期投资决策的回归结果

变量	(1) INV	(2) INV	(3) INV	(4) INVSTR	(5) INVSTR	(6) INVSTR
SC	0.018***	0.017***	0.015***	0.034***	0.025***	0.060***
	(13.68)	(13.33)	(4.02)	(6.66)	(4.79)	(4.13)
Style		-0.002	-0.002		-0.087***	-0.090***
		(-0.97)	(-0.85)		(-10.97)	(-11.25)
SC×Style			0.002			-0.028***
			(0.69)			(-2.60)
GROW	0.002***	0.002***	0.002***	0.002	0.003*	0.003*
	(4.81)	(4.85)	(4.86)	(1.16)	(1.70)	(1.65)
SIZE	0.003***	0.003***	0.003***	-0.025***	-0.028***	-0.027***
	(3.05)	(2.96)	(2.91)	(-6.99)	(-7.90)	(-7.73)
LEV	-0.001	-0.001	-0.001	-0.030*	-0.014	-0.016
	(-0.25)	(-0.17)	(-0.13)	(-1.76)	(-0.83)	(-0.97)
CASH	-0.063***	-0.063***	-0.063***	0.200***	0.210***	0.210***
	(-13.28)	(-13.22)	(-13.22)	(10.45)	(11.05)	(11.06)
NPR	0.049***	0.049***	0.049***	-0.001	-0.009	-0.009
	(8.60)	(8.56)	(8.57)	(-0.04)	(-0.38)	(-0.40)
AGE	-0.021***	-0.020***	-0.020***	0.002	0.027***	0.027***
	(-23.93)	(-19.38)	(-19.34)	(0.54)	(6.53)	(6.42)
ROA	0.109***	0.108***	0.109***	0.276***	0.248***	0.238***
	(5.29)	(5.26)	(5.29)	(3.36)	(3.04)	(2.92)
EPS	0.003	0.003	0.003	-0.003	-0.001	-0.000
	(1.21)	(1.22)	(1.20)	(-0.31)	(-0.11)	(-0.02)

变量	(1) *INV*	(2) *INV*	(3) *INV*	(4) *INVSTR*	(5) *INVSTR*	(6) *INVSTR*
Constant	0.038*	0.041**	0.042**	0.504***	0.644***	0.638***
	(1.93)	(2.06)	(2.08)	(6.34)	(8.06)	(7.98)
YEAR	Yes	Yes	Yes	Yes	Yes	Yes
IND	Yes	Yes	Yes	Yes	Yes	Yes
N	9 584	9 584	9 584	9 584	9 584	9 584
adj. R^2	0.245	0.245	0.245	0.277	0.288	0.289

注：＊、＊＊和＊＊＊分别表示在10%、5%和1%水平上显著；括号内为 *t* 值。

3）家族企业所在地区市场化水平的影响

作为社会单元,企业是在一定社会环境中的经济组织,其经营与存续和外部环境息息相关。家族企业社会资本主要是为了应对外部环境,为企业生存和发展谋求的非正式制度。在制度环境较差的地区,尤其在新兴经济体中,家族企业往往面临一定的融资歧视,融资成本也较高,因而企业为了弥补自身资金的不足,更愿意利用企业社会关系网络等资本;而随着经济制度的不断完善,市场化水平的提高,家族企业可能更多地寻求市场性力量,按市场规则谋求更多的发展机会。因此,为了检验市场化水平在家族企业社会资本和长期投资决策关系中的调节作用,本书选取市场化水平（*MAR*）变量,并建立以下模型进行检验分析。

$$INV_{i,t} = \alpha_0 + \alpha_1 SC_{i,t} + \alpha_2 MAR_{i,t} + \alpha_3 SC_{i,t} \times MAR_{i,t} +$$
$$\beta_n CONTROL_{i,t} + \varepsilon_{i,t} \tag{5-1-c}$$

$$INVSTR_{i,t} = \alpha_0 + \alpha_1 SC_{i,t} + \alpha_2 MAR_{i,t} + \alpha_3 SC_{i,t} \times MAR_{i,t} +$$
$$\beta_n CONTROL_{i,t} + \varepsilon_{i,t} \tag{5-2-c}$$

检验结果如表5-11所示。其中,列(1)、列(2)和列(3)为模型(5-1-c)的回归结果,检验了市场化水平对社会资本和投资规模相关关系的调节作用,列(4)、列(5)和列(6)为模型(5-2-c)的回归结果,检验了市场化水平对社会资本与投资结构影响的调节作用。实证结果表明,社会资本和市场化水平的交乘项 *SC* × *MAR* 与投资规模的相关系数为正,且在1%的显著性水平下相关。当市场化水平较高时,家族企业社会资本与投资规模的相关系数为0.021（0.018＋0.003）,表明在市场化水平较高地区,家族企业的社会资本每增加1%,其投资规模就将会增加2.1%;当市场化水平不高时,家族企业社会资本与投资规模的相关系数为0.018,表明在市场化水平不高的地区,家族企业的社会资本每增加1%,其投资规模才增加1.8%,

由此可见,市场化水平增强了社会资本对投资规模的促进作用。社会资本与市场化水平的交乘项 $SC \times MAR$ 与投资结构的相关系数也为正,并且在 1% 的显著性水平下显著相关。当市场化水平较高时,家族企业社会资本与投资结构的相关系数为 0.052(0.030+0.022),表明在市场化水平较高地区,家族企业社会资本每增加 1%,其研发投资在企业长期投资中的占比就会增加 5.2%;当市场化水平不高时,家族企业社会资本与投资结构的相关系数为 0.030,表明在市场化水平不高的地区,家族企业的社会资本每增加 1%,其投研发投资在企业长期投资中的占比才增加 3%,因此,市场化水平也增强了社会资本对 R&D 支出在长期投资中占比的促进作用。

表 5-11　　　市场化水平、社会资本与长期投资决策的回归结果

变量	(1) INV	(2) INV	(3) INV	(4) INVSTR	(5) INVSTR	(6) INVSTR
SC	0.018***	0.018***	0.018***	0.034***	0.034***	0.030***
	(13.68)	(13.66)	(13.53)	(6.66)	(6.61)	(6.87)
MAR		0.005***	0.006**		0.044***	0.117***
		(3.91)	(1.97)		(9.07)	(9.57)
SC×MAR			0.003***			0.022***
			(3.42)			(5.76)
GROW	0.002***	0.002***	0.002***	0.002	0.002	0.002
	(4.81)	(4.79)	(4.80)	(1.16)	(1.11)	(1.39)
SIZE	0.003***	0.003***	0.003***	−0.025***	−0.025***	−0.026***
	(3.05)	(3.01)	(2.99)	(−6.99)	(−7.12)	(−7.37)
LEV	−0.001	−0.001	−0.001	−0.030*	−0.028*	−0.026
	(−0.25)	(−0.21)	(−0.20)	(−1.76)	(−1.67)	(−1.53)
CASH	−0.063***	−0.064***	−0.064***	0.200***	0.195***	0.198***
	(−13.28)	(−13.39)	(−13.37)	(10.45)	(10.27)	(10.44)
NPR	0.049***	0.049***	0.049***	−0.001	−0.002	−0.005
	(8.60)	(8.58)	(8.57)	(−0.04)	(−0.10)	(−0.22)
AGE	−0.021***	−0.020***	−0.020***	0.002	0.005	0.013***
	(−23.93)	(−23.53)	(−21.91)	(0.54)	(1.31)	(3.50)
ROA	0.109***	0.106***	0.106***	0.276***	0.255***	0.230***
	(5.29)	(5.19)	(5.16)	(3.36)	(3.12)	(2.82)
EPS	0.003	0.003	0.003	−0.003	−0.003	−0.000
	(1.21)	(1.24)	(1.25)	(−0.31)	(−0.24)	(−0.03)

变量	(1) INV	(2) INV	(3) INV	(4) INVSTR	(5) INVSTR	(6) INVSTR
Constant	0.038*	0.038*	0.038*	0.504***	0.505***	0.511***
	(1.93)	(1.93)	(1.94)	(6.34)	(6.38)	(6.47)
YEAR	Yes	Yes	Yes	Yes	Yes	Yes
IND	Yes	Yes	Yes	Yes	Yes	Yes
N	9 584	9 584	9 584	9 584	9 584	9 584
adj. R^2	0.245	0.247	0.247	0.277	0.285	0.288

注：*、**和***分别表示在10%、5%和1%水平上显著；括号内为 t 值。

5.4.1.2 社会资本的细分

不同类型的社会资本，其功效也存在异质性，这决定了企业生产经营的各自特点和不同的发展方向，从而对家族企业的长期投资决策也存在不同程度的影响。陈倩倩和尹义华（2014）研究发现，有些社会资本有利于直接或间接获得特殊的市场权力，具有较强的目的性，并且在很大程度上需要连续性地付出成本来维持；而有些社会资本则体现出公平的市场原则，是建立在普遍的社会信任基础上的。本书在借鉴石军伟等（2009）以及陈倩倩和尹义华（2014）研究的基础上，对家族企业社会资本进行了进一步细分。其中，政府关系、社会关系和银行关系不具有市场性，在制度环境不完善的背景下，企业通过构建良好的政府关系、社会关系和银行关系能获得一些经营所需的资源，本书将这类资本称为权利性社会资本；而供应商关系、客户关系以及内部社会资本这类重要资源，企业在成长过程中对其一直会有较强的需求，并且不受制度环境的影响，本书将其归为市场性社会资本。本书采用主成分分析方法，最终确定权利性社会资本（PSC）和市场性社会资本（MSC）的代理变量，并建立以下模型检验不同性质的社会资本对家族企业长期投资决策的异质性影响。

$$INV_{i,t} = \alpha_0 + \alpha_1 PSC_{i,t} + \beta_n CONTROL_{i,t} + \varepsilon_{i,t} \tag{5-1-d}$$

$$INV_{i,t} = \alpha_0 + \alpha_1 MSC_{i,t} + \beta_n CONTROL_{i,t} + \varepsilon_{i,t} \tag{5-1-e}$$

$$INVSTR_{i,t} = \alpha_0 + \alpha_1 PSC_{i,t} + \beta_n CONTROL_{i,t} + \varepsilon_{i,t} \tag{5-2-d}$$

$$INVSTR_{i,t} = \alpha_0 + \alpha_1 MSC_{i,t} + \beta_n CONTROL_{i,t} + \varepsilon_{i,t} \tag{5-2-e}$$

回归结果如表5-12所示。其中，A组是家族企业权利性社会资本与投资规模和投资结构的回归结果，而B组是家族企业市场性社会资本与投资规模和投资结构的回归结果。实证结果表明,不管是家族企业的权利性社会资本还是市场性社会资本,其与投资规模和投资结构的都正相关。其中,家族企业的权利性社会资本与投资规模在1%的显著性水平下显著相关,而与投资结构在10%的显著性水平下显著相关;市场性社会资本与投资规模和投资结构都在1%的显著性水平下显著相关。由此可见,不管是权利性社会资本还是市场性社会资本,都能促进家族企业的投资规模和R&D投资在长期投资中的占比,这与前面家族社会资本与投资规模和投资结构正向关的研究结论相一致。

表 5-12　　家族企业权利性和市场性社会资本与长期投资决策的回归结果

变量	A组		B组	
	(1) INV	(2) INVSTR	(1) INV	(2) INVSTR
PSC	0.012*** (11.15)	0.005* (1.74)		
MSC			0.017*** (15.17)	0.017*** (3.78)
GROW	0.003*** (6.03)	0.003* (1.95)	0.002*** (4.12)	0.003 (1.45)
SIZE	0.001 (1.29)	−0.023*** (−6.12)	0.006*** (7.05)	−0.020*** (−5.54)
LEV	−0.011** (−2.46)	−0.037** (−2.16)	0.005 (1.28)	−0.025 (−1.44)
CASH	−0.058*** (−11.91)	0.202*** (10.41)	−0.074*** (−15.42)	0.188*** (9.64)
NPR	0.033*** (5.73)	−0.040* (−1.75)	0.055*** (9.37)	−0.015 (−0.64)
AGE	−0.020*** (−22.73)	0.002 (0.57)	−0.021*** (−24.65)	0.001 (0.33)
ROA	0.093*** (4.46)	0.259*** (3.10)	0.125*** (6.04)	0.285*** (3.41)
EPS	0.004 (1.54)	−0.003 (−0.25)	0.004 (1.37)	−0.003 (−0.25)
Constant	0.067*** (3.21)	0.466*** (5.59)	−0.030 (−1.51)	0.405*** (5.08)
YEAR	Yes	Yes	Yes	Yes
IND	Yes	Yes	Yes	Yes
N	9 584	9 584	9 584	9 584
adj. R^2	0.241	0.273	0.251	0.275

注:*、**和***分别表示在10%、5%和1%水平上显著;括号内为 t 值。

不同来源的社会资本,其功效也存在一定的异质性,对家族企业长期投资决策也会产生不同程度的影响。本书又根据 Adler 和 Kwon(2002)对社会资本的分类方法,将企业社会资本分为企业外部社会资本和企业内部社会资本。其中,企业外部社会资本是指企业通过与外部组织进行互动行为产生的以及企业中关键的个人对外连带关系产生的,能为企业带来价值的非正式关系的总和;企业内部社会资本是指企业内部的个人或部分拥有的社会资本为组织带来的价值,主要包括企业内的信任、内部制度以及由网络连带所形成的资源或能力。同样,家族企业外部社会资本和内部社会资本的度量仍采用主成分分析方法,最终确定外部社会资本(ESC)和内部社会资本(ISC)的代理变量,并建立以下模型检验不同来源的社会资本对家族企业长期投资决策的异质性影响。

$$INV_{i,t} = \alpha_0 + \alpha_1 ESC_{i,t} + \beta_n CONTROL_{i,t} + \varepsilon_{i,t} \qquad (5\text{-}1\text{-}f)$$

$$INV_{i,t} = \alpha_0 + \alpha_1 ISC_{i,t} + \beta_n CONTROL_{i,t} + \varepsilon_{i,t} \qquad (5\text{-}1\text{-}g)$$

$$INVSTR_{i,t} = \alpha_0 + \alpha_1 ESC_{i,t} + \beta_n CONTROL_{i,t} + \varepsilon_{i,t} \qquad (5\text{-}2\text{-}f)$$

$$INVSTR_{i,t} = \alpha_0 + \alpha_1 ISC_{i,t} + \beta_n CONTROL_{i,t} + \varepsilon_{i,t} \qquad (5\text{-}2\text{-}g)$$

表 5-13 是家族企业外部社会资本和内部社会资本与长期投资决策的回归结果。如表所示,家族企业的外部社会资本与投资规模在 1%的显著性水平下显著正相关,但是与投资结构却在 1%的显著性水平下显著负相关,这说明家族企业与外部利益相关者所建立的关系网络对企业的投资规模和投资结构具有异质性的影响,在促进投资规模的同时却会抑制 R&D 支出在长期投资中的占比;企业内部社会资本与投资规模和投资结构的相关系数都为正,并且在 1%的显著性水平下显著相关,可见,企业内部社会资本不仅能够促进企业投资规模,而且会加大企业R&D 投资力度。

表 5-13　　家族企业外部和内部社会资本与长期投资决策的回归结果

变量	A组		B组	
	(1) INV	(2) INVSTR	(1) INV	(2) INVSTR
ESC	0.004 ***	- 0.024 ***		
	(4.33)	(- 6.06)		
ISC			0.013 ***	0.028 ***
			(17.03)	(8.87)

变量	A组		B组	
	(1) *INV*	(2) *INVSTR*	(1) *INV*	(2) *INVSTR*
GROW	0.003***	0.003*	0.002***	0.001
	(6.15)	(1.93)	(4.02)	(0.84)
SIZE	0.004***	−0.019***	0.005***	−0.020***
	(4.71)	(−5.34)	(6.05)	(−5.66)
LEV	−0.005	−0.027	0.006	−0.015
	(−1.13)	(−1.60)	(1.30)	(−0.86)
CASH	−0.060***	0.181***	−0.076***	0.173***
	(−12.26)	(9.29)	(−15.77)	(8.89)
NPR	0.028***	−0.036	0.062***	0.027
	(4.96)	(−1.58)	(10.42)	(1.13)
AGE	−0.021***	0.001	−0.021***	0.001
	(−23.89)	(0.33)	(−24.63)	(0.29)
ROA	0.103***	0.272***	0.134***	0.325***
	(4.92)	(3.27)	(6.46)	(3.90)
EPS	0.004	−0.006	0.003	−0.004
	(1.40)	(−0.58)	(1.01)	(−0.40)
Constant	0.001	0.413***	−0.009	0.420***
	(0.07)	(5.20)	(−0.43)	(5.30)
YEAR	Yes	Yes	Yes	Yes
IND	Yes	Yes	Yes	Yes
N	9 584	9 584	9 584	9 584
adj. R^2	0.231	0.277	0.256	0.280

注：*、**和***分别表示在10%、5%和1%水平上显著；括号内为 *t* 值。

5.4.2　稳健性检验

5.4.2.1　模型变换

由于公司长期投资决策影响因素较为复杂，受公司内外关系网络的影响，且公司的投资计划往往制定在实际投资行为发生之前数月甚至跨越会计年度，故公司的长期投资决策也可能会影响公司社会资本的再生和总体水平，因此，本书的实证检验可能存在一定的内生性问题。

针对以上问题，我们采用动态面板数据 GMM 模型进行回归以尽可能消除内生性问题的影响。Wintoki 等（2012）认为动态面板数据 GMM 模型与普通最小二乘法和面板的固定效应模型相比,优点是可以解决潜在的由不可观测的异质性引起的内生性、同期联立内生性和跨时期的动态内生性问题。在静态面板模型的基础上直接加入被解释变量的滞后项,构建动态面板数据模型,且考虑到部分变量之间可能存在互为因果的关系,本书在模型(2-1)和(2-2)中引入被解释变量的二阶滞后项,采用差分动态面板广义矩阵估计方法中的差分 GMM 模型,对新构建的动态面板数据模型进行估计,回归结果如表 5-14 所示。

表 5-14　　差分回归下家族企业社会资本与长期投资决策稳健性检验结果

变量	(1) INV	(2) INVSTR
L2.INV	0.372***	
	(14.79)	
L2.INVSTR		0.403***
		(15.01)
SC	0.013***	0.015**
	(2.68)	(2.06)
GROW	0.001	0.002
	(1.56)	(0.23)
SIZE	−0.051**	−0.037***
	(−2.56)	(−2.69)
LEV	−0.001	−0.024
	(−1.62)	(−0.76)
CASH	−0.038***	0.100***
	(−3.66)	(2.59)
NPR	0.012	0.029
	(1.50)	(0.62)
AGE	−0.016***	0.090***
	(−4.45)	(6.69)
ROA	0.039*	0.053
	(1.79)	(0.37)
EPS	0.003	−0.007
	(1.49)	(−0.36)
Constant	0.209***	0.806***
	(3.06)	(2.90)
YEAR	Yes	Yes
IND	Yes	Yes
N	6 527	6 527
adj. R^2	0.264	0.275

注:∗、∗∗和∗∗∗分别表示在10%、5%和1%水平上显著;括号内为 t 值。

由表 5-14 可知,家族企业社会资本与投资规模和投资结构的相关系数分别为 0.013 和 0.015,且分别在 1% 和 5% 的显著性水平上显著相关,说明家族企业社会资本能够显著加大企业投资规模,尤其是 R&D 投资力度。模型变换后,进一步消除了社会资本与企业长期投资决策的内生性问题,实证结果与前文研究结果一致,在此解释了为什么在中国目前的制度背景下,越来越多的家族企业更重视社会资本的培育与建设。

为了进一步控制模型设定的内生性问题,本书又采用引入工具变量的方法来进行回归。本书利用滞后两年的社会资本 SC_{t-2} 作为家族企业社会资本的工具变量。这么处理主要是考虑公司可能依据事先制定的长期投资决策提前调整社会关系网络,使用滞后一期变量 SC_{t-1} 可能面临一定内生性问题,而当期社会资本可能影响下一期社会资本,但是影响未来第三年的投资则比较困难,因此本书选择 SC_{t-2} 作为工具变量,采用两阶段回归方法再次对研究设计中的回归模型进行实证检验,检验结果如表 5-15 所示。

表 5-15 显示,社会资本与投资规模和投资结构都在 1% 的水平上显著正相关,在引入工具变量后的实证结果也与前文回归结果一致,因此,本书的实证结论是稳定可靠的。

表 5-15　社会资本滞后下家族企业社会资本与长期投资决策稳健性检验结果

变量	(1) INV	(2) INVSTR
SC	0.014***	0.037***
	(9.72)	(6.53)
GROW	0.003***	0.002
	(5.67)	(1.28)
SIZE	0.004***	−0.027***
	(4.45)	(−6.98)
LEV	−0.002	−0.028
	(−0.40)	(−1.53)
CASH	−0.055***	0.223***
	(−9.94)	(9.91)
NPR	0.034***	−0.029
	(5.21)	(−1.08)
AGE	−0.020***	−0.008*
	(−19.97)	(−1.90)

变量	(1) INV	(2) INVSTR
ROA	0.103***	0.234***
	(4.65)	(2.59)
EPS	0.002	0.010
	(0.82)	(0.81)
Constant	0.023	0.655***
	(1.11)	(7.63)
YEAR	Yes	Yes
IND	Yes	Yes
N	6 527	6 527
adj. R^2	0.221	0.281

注：*、**和***分别表示在10%、5%和1%水平上显著；括号内为 t 值。

5.4.2.2　变量替换

为了排除度量方法差异对研究的影响，本书对投资规模、投资结构以及社会资本进行了重构，然后对假设重新进行检验。借鉴李青原和王红建(2013)、黄宏斌和刘志远(2014)等的研究，本书采用资产负债表法来度量投资规模，即长期投资＝固定资产、无形资产和其他长期资产的净值/平均总资产；采用 R&D 支出的相对值来度量投资结构，即投资结构＝(本期 R&D 支出－上期 R&D 支出)/(本期新增投资－上期新增投资)。借鉴赵岩(2013)的研究，用变异系数法重新计算企业社会资本各个测量指标的权重。首先用标准差比上均值求得权重因子，其次把8个权重因子相加求和，最后用每个权重因子分别与权重因子之和相比，分别求得企业社会资本各个测量指标的权重，从而构建了企业社会资本指数。

根据替换后新的家族企业投资规模、投资结构和社会资本变量，重新进行前面的回归分析，稳健性检验的回归结果见表5-16。表5-16显示，家族企业社会资本与投资规模和投资结构都在1%的水平上显著正相关，在替换了投资规模、投资结构和社会资本变量后度量的实证结果也与前文的回归结果一致，因此再次证明了本书的实证结论是稳定可靠的。

表 5-16　　变量替换后家族企业社会资本与长期投资决策稳健性检验结果

变量	(1) INV	(2) INVSTR
SC	0.027***	0.018***
	(7.91)	(8.38)

变量	(1) INV	(2) INVSTR
GROW	−0.002*	0.004***
	(−1.67)	(5.63)
SIZE	0.005**	−0.001
	(2.02)	(−0.99)
LEV	−0.026**	−0.014**
	(−2.36)	(−2.06)
CASH	−0.411***	0.162***
	(−32.58)	(20.76)
NPR	0.182***	−0.079***
	(12.01)	(−8.46)
AGE	−0.009***	−0.011***
	(−4.05)	(−8.09)
ROA	0.086	0.163***
	(1.59)	(4.86)
EPS	−0.034***	0.016***
	(−4.83)	(3.70)
Constant	0.338***	−0.003
	(6.45)	(−0.10)
YEAR	Yes	Yes
IND	Yes	Yes
N	9 584	9 584
adj. R^2	0.331	0.382

注：*、＊＊和＊＊＊分别表示在10%、5%和1%水平上显著；括号内为 t 值。

5.5 本章小结

本章以2008—2019年我国沪深非金融类上市家族企业为研究样本,检验了家族企业社会资本对长期投资决策的影响。首先,根据理论分析提出两个研究假设,然后借鉴已有研究文献进行变量设定和模型设计,最后通过实证方法对假设进行检验。研究结论如下:①家族企业社会资本作为家族企业的一种竞争性战略资源,不仅能促进家族企业的长期投资规模扩大,更有利于提高 R&D 投入占比,使家族企业偏好于 R&D 投资;②进一步从家族所有权、家族化方式以及家族企业所在地区的市场化水平三方面来探讨其对家族企业社会资本和长期投资决策两者之间关系的影响,研究发现家族所有权和间接创办型家族企业都能够抑制社会资本对 R&D 投资的偏好,而市场化水平能增强社会资本对投资规模以及 R&D 支出在长期投资中占比的促进作用。

本章重点检验家族企业代际传承对社会资本的影响,以及社会资本在家族企业代际传承与长期投资决策关系中的中介作用。首先,通过理论分析提出相关的研究假设;其次,通过实证分析检验所提出的研究假设,以及家族所有权、家族化方式以及家族企业所在地区市场化水平对社会资本在家族企业代际传承与长期投资决策关系中的中介作用的影响,并对实证分析结果进行稳健性检验;最后,对本章的研究情况进行整体性概括。

6.1 理论分析与研究假设

6.1.1 家族企业代际传承与社会资本

家族企业代际传承不仅仅是物质财富和权杖的简单代际交接,更重要的是企业社会资本的正效传承、再生与融合(王海岳,2008)。窦军生和贾生华(2008)研究发现,在企业家个体层面,关系网络是家族企业代际传承的重要因素,其重要性甚至可能大于企业家默会知识、企业家精神等其他要素。《2015中国私人财富报告》也显示,"财富传承"的重要性排序从两年前的第二位跃居到第五位。一个家族企业的财富传承并不是一件很难的事情,因为财富的传承最终可以在契约和法律范畴内得到解决,而家族企业的可持续发展绝不仅仅是财富传承得当就可以实现的。家族企业是有灵魂的,它的传承是超越企业家、超越产品、超越技术、超越财富的传承,它是组织的传承,机构的传承,价值观的传承,是有形资产和无形资产合为一体的完整性传承,尤其是不能忽视无形资产中家族关系网络的有效转移和构建,将两种形态的资产作为一个整体,作为家族企业传承顶层设计的基础是十分必要的(鲍树琛和许永斌,2020)。黄锐(2008)对德纳锡公司代际传承过程进行调研发现,虽然企业顺利完成了所有权与控制权的顺利交接,但是由于继任者并没有将"父辈"积累下来的各种关系有效传承下来,在传承过程中丧失了来自政府、供应商及社会的各方面支持,出现了"时过境迁"的凄凉一幕,最后导致代际传承失败。因此,在企业健康稳定发展之际,越来越多的家族企业创始人已经着手规划如何将企业的所有权、管理权以及有形和无形财富传递给下一代。

企业社会资本是嵌入企业与其利益相关者之间所构建的网络结构中的一种关系资源集合,具有较强的社会性、时效性、场域性、动态性等诸多属性(Scott,2016)。家族企业代际传承过程会导致企业与内外利益相关者契约发生变化,从而使企业在社会关系网络结构的位置节点发生变迁(窦军生和贾生华,2008),出现关系"结构洞",关系异化的现象不断发生。家族企业代际传承期间是家族企业成长过程中最脆弱的时期,被称为家族企业经营风险之首。这一时期会出现自组织理论所描述的临界慢化现象。自组织理论认为,在临界点上控制参量的变化会引起系统分叉,在系统演化过程中经过一系列的分叉便形成逐级分叉序列。由于内外环境的不确定性,系统在自组织过程中的不断分叉会不断增加其多样性和复杂性。当分叉点上存在一个以上新的稳定分支解时,系统有诱导破缺和自发破缺两种选择(王海岳和陆颖,2015)。"大当家"的变更是家族企业系统中尤为重要的序参量,它会役使整个系统向新的组织结构进行重整和演化。同时,在不同的经营环境,社会资本对家族企业生产经营产生的作用也不相同。一代家族企业大多创建于改革开放初期,当时我国正处于计划经济向市场经济转轨时期,为了突破体制性障碍、获取稀缺资源、谋求企业发展壮大,家族企业较依赖以亲戚和熟人关系为基础的非正式关系网络。二代家族企业一般已进入成长期和成熟期,并且随着我国经济体制改革的不断深化、法治建设的不断完善,市场配置资源的功能不断增强,企业的等级制社会资本的作用会相应减弱,以合作、信任为基础的市场社会资本将大行其道,淡化对非正式关系网络的依赖,强化正式关系网络的作用是二代家族企业持续发展的必然选择。因此,抽丝剥茧后,家族企业社会资本的结构、强度和效用等都会随之悄然发生变化。

6.1.1.1 家族企业代际传承过程与社会资本

社会资本是家族企业的一项重要的战略资源,家族企业的社会资本可分为内部社会资本和外部社会资本。在家族企业的发展过程中,一方面,企业创始人与企业员工,特别与那些辅佐老板创业的元老,经历过一起"打江山"的不易,已形成泛家族的关系,他们之间有很深的默契、信任和相似的价值观,这是企业内部社会资本。企业内部社会资本是企业内部凝聚力的来源,是企业内部参与、合作的基础。另一方面,与企业的战略联盟、金融机构,以及各级政府部门所构建的关系网络和信任等,是企业外部社会资本(Andrew,2009)。企业外部社会资本为企业构建体系优势提供条件,为企业增强实力、提高经济绩效创造了大量现实途径。

中国企业的边界是通过社会性的关系把人们联系在一起的网络（Hamilton，1991）。家族企业因受其拥有的资源和其他条件所限，往往以"关系""牙齿当金使"为常态模式，企业的组织运营在很大程度上就是嵌入利益相关者之间的各种关系网络之中，有较强的积累社会资本以换取超额利润的动机，总是会寻找一切机会构建和巩固其各种社会关系网络，获取资源、吸引人才、拓展市场等，为企业的发展和壮大创造条件。受中国"家文化"和企业所面临的信用环境等诸多因素的影响，家族企业社会资本具有以企业主个人信誉为中介，以血缘、姻缘和地缘为纽带，以企业实力为支撑的"差序格局"的"泛家族主义"的特征，过多地依附于企业家个人。

企业社会资本会随着经济环境的变迁呈现动态的变化，但家族企业传承人想把企业构建和维护的社会资本传递给接班人并非易事。一方面，根植于"学缘""友缘""业缘"等网络关系的社会资本与传承人个人身份品牌紧密相连，具有较强的"个体黏稠性"，决定了其既不能通过显性契约来获取，也不能难像金钱、有形资产等财富那样交付给继承人，这样不仅难以被复制到继承者与传承网络成员之间，还较容易随着"掌门人"的变迁而消失殆尽（储小平，2004；杨栩和黄亮华，2008）。一方面，传承人通过"友缘""学缘""业缘"等而形成的社会关系虽然可以传递给下一代，但父辈的这种关系更多地依附于其"面子"，因此到了下一代就会逐渐被弱化；另一方面，家族企业的代际传承是一个长期的、复杂的社会化过程，这过程不仅仅是传承人和继承人之间的博弈，企业的组织战略和关系网络结构也会发生明显的变革。企业生命周期的演变、经营环境的变迁以及网络关系合作的价值取向和利益诉求的变化都会导致利益相关者不合作、不支持、不认同、不配合等冲突行为的发生，从而制约了继承人对企业社会资本的继承、融合与创造（杨玉秀，2014）。俗话说，人在情在，人走茶凉，"少帅"的接班往往伴随的是创始人权威的退化和家族成员之间无休止的冲突，企业中大部分元老和有威望的员工对继承人不认同和不支持，供应商、投资者和合作伙伴等外部利益相关者对继承人不信任和不合作（史煜筠，2010）。这些由于利益冲突、价值取向冲突、资源冲突等造成的网络关系异化直接影响到代际传承过程中家族企业社会资本的变迁。因此，在"改朝换代"的临界点上，家族企业社会资本控制参量的利益相关者，会随着继任者满足其期望程度而不断调整自己在关系网络中的节点位置。此时，随着家族企业关系网络中节点位置的变迁，会形成一个新企业社会资本模式，传承人构建的企业社会资本将会慢慢消解殆尽，为了企业的持续发展，新"掌门人"继任后不仅要努力维护原来的社会资本，还需要以开放的视野，培育新的关系来搭建新的"结构洞"，以寻求其"新的初始状态"，但这是一个漫长、艰巨的过程。

基于上述分析，本书提出以下假设：

H4：与尚未进入代际传承实施期相比，进入代际传承实施期后，家族企业的社会资本强度将下降。

6.1.1.2 家族企业代际传承模式与社会资本

在费孝通（1998）提出的差序格局中，中国的信任格局特征是："以己为中心，像石子一般投入水中，和别人所联系形成的社会关系……像水中的波纹一样，向外面一层层逐渐扩展，愈推愈远，也愈推愈薄。"中国的信任机制最大的特征就是"近者越亲，远者渐疏"。家庭是中国人一切社会关系的核心与完美化身，是中国人政治、经济和文化生活的核心，因此家庭是信任程度最高的组织。信任只存在于血缘关系范围内，并随着血缘的不断外推，信任程度是逐步下降的，超出血缘关系的信任程度明显非常低，甚至不信任。这就造成在家族企业传承过程中，创始人的子女与作为"外人"的职业经理人相比，他们不仅更加熟悉企业环境，认同企业文化，也更易得到家族特别是创始人的肯定和支持，所以在竞争时创始人的子女更具有不可替代的优势。

中国传统家族文化中的差序结构和伦理原则，使子承父业模式更容易得到传承人的支持和认可。"打虎亲兄弟，上阵父子兵"，"父"与"子"往往具有相同的家族情愫，追求相似的公司愿景。正因为如此，传承人更愿意为子女创造条件机会，将子女引荐到自己的社会关系网络之中，帮助其搭建自己的社会圈子。同时，传承人子女从小在其父辈创业的熏陶下成长，通过父辈的身教言传，耳濡目染，往往更容易具有与传承人相似的认知、愿景和价值观，有利于与内外利益相关者形成信任和反馈的良性循环，进而更有效地承接家族企业的人脉、政府关系等社会资本（Churchill 和 Hatten，1987）。对职业经理人而言，一方面，家族企业的所有权与经营权分离，所有者将丧失信息优势、决策权和关系资源，从而增加了企业的代理冲突；同时，还由于我国不存在成熟有效的职业经理人市场，缺少专门监督和管理外部职业经理人的机构，对职业经理人口碑的真实性无法做出科学评价。因此，将家族企业交于职业经理人经营管理会增加传承人以及利益相关者的顾虑（周锡冰，2014；于晓东等，2019）。另一方面，在我国经济转型过程中，社会法制尚未健全，整体道德水准相对较低，信任缺失普遍存在。社科院《中国社会心态研究报告（2012—2013）》（王俊秀和杨宜音，2013）指出，中国社会信任度已跌破 60 分的底线，70% 的国人不信任陌生人。这种以特殊信任和差序格局为基础的社会文化也会增加职业经理人的不诚实，促进职业经理人利用信息不对称而追求自身利益最大化而偏离传承人的福利目标，经理人自身的家族主义价值取向又进一步加剧双方的不信任。在这一信任的博弈过程中，传承人和利益相关者增加了对职业经理人的顾虑。因此，在引进职业经理人模式下，由于信任的缺失，更容易导致家族企业与利益相关者之间关系网络的变迁,造成社会资本的流失(林曦,2011)。

基于上述分析,本书提出以下假设:

H5:与职业经理人模式相比,子承父业传承模式下社会资本强度下降较小。

6.1.2　基于社会资本中介效应的家族企业代际传承与长期投资决策

社会资本与其他形式的资本一样,不仅具有社会性还具有资本性。社会资本是家族企业独特资源和竞争优势的来源,在强化信任的产生、增强信息的交流、降低交易成本和提高资源的获取能力,以及减少环境的不确定性中扮演着重要的角色,在获得风险资本的过程中起着重要作用。因此,企业丰富的社会资本能显著改善企业的投资环境,增加企业投资规模和优化企业投资结构。

代际传承是家族企业持续成长过程中面临的最难应对的挑战之一,也是家族企业经营风险最大的时刻,在这一过程中,如果出现管理决策失误,不仅会导致企业绩效下滑,甚至会对企业造成致命打击。究其原因主要是代际传承并不仅是某一时点上家族企业高管的更替,所有权和控制权代际之间的转换,也是企业社会资本、品牌、商誉、无形和有形财富的转移过程,更是企业股东、债权人、客户、供应商以及竞争者等利益相关者重新组建契约的过程。在传承过程中,随着企业在社会关系网络节点位置发生变迁,企业社会资本的强度和效用等都会随之悄然发生变化。家族企业代际传承实质上是社会资本不断继承、再生、创新和融合的过程。社会资本所带来的企业独特的异质性资源在代际传承中的变化必将影响家族企业的资源获取能力、交易成本大小以及环境的不确定性,进而影响到家族企业的长期投资决策。

6.1.2.1　家族企业代际传承过程、社会资本与长期投资决策

资源基础观理论认为,企业资源禀赋决定其经营绩效,当企业拥有一定的有价值的、稀缺的、难以模仿的和不可替代的资源时,通过对这些战略资源的分析、整合和利用,便能获得超额绩效水平(Wernerfelt,1984;马如飞,2011)。建立在家族企业利益相关者关系网络的社会资本是家族企业的独特战略资源,是家族企业发展壮大的基石,是家族企业竞争优势之源。当家族企业拥有着更高质量和更广范围的社会资本时,便可以有效利用格兰诺维特所提出的"强关系、弱关系"来融合各种资源,影响企业的长期投资决策。

一方面,家族企业在创建和发展早期的过程中会受到众多因素的阻碍,为了克服这些阻碍,就需要利用各种社会关系来获取发展中所需的资源,提高优化经营的能力。家族企业需要家族资金帮助,需要政府的政策扶持,更需要供应链的技术支撑等。在制度不完善、市场不规范的条件下,这种关系资源和能力在很大程度上保障了家族企业的生存,甚至在一定程度上决定其发展空间。杨玉秀(2021)就指出,

正是因为社会资本在家族企业创建和成长期所发挥的重要作用,关系性契约作为关系发生作用的形式,完全不同于借助规则、制度发生作用的正式制度性契约,其更多采用的是一种彼此之间默会知识的交易方式,这使得创业和发展早期的家族企业委托代理关系达成的契约成本和交易费用大为降低。

另一方面,传承又会使家族企业发生组织变革,这种变革有利有弊。继承人和传承人的成长环境、受到的教育、面临的机遇和挑战都不相同,新时代的继承人具有更强的新事物接受能力和更敏锐的商业嗅觉,他们更能给企业注入新的活力,优化企业的管理模式;但是财物和权力的转移也会给企业带来一定的杀伤力。企业要想成功渡过这一危险期,实现可持续发展,就必须使其优质的战略资源在传承过程中得以保存,其中就应该包括企业所拥有的社会资本。家族企业的成功延续、健康发展取决于给他们带来竞争优势的社会资本在代际间的传承、融合与再生(Lee等,2003)。家族企业代际传承时,一些社会资本稳定性较差,"个体黏稠性"较强,难以复制到继任者与传承网络成员之间,很容易发生遗失或减损的现象,而权杖交接后的家族企业重新建立以继承人为中心的、新的、稳定的关系网络还需要一段漫长的过程。家族企业代际传承必将改变企业社会资本结构、强度和效用。在代际传承实施后,家族企业发展所依赖的社会资本如果不能得到有效延续、融合和再生,企业社会资本的流失不仅会造成企业战略资源的减少,更会加大企业经营风险和交易成本,原有的竞争优势也难以保持。Sharma(2010)研究指出,由于家族企业领导人的任职时间比较长,因而拥有大量与企业有关的异质性或默许性认知,这种认知和社会资本代际转移的效力会对下一代的绩效产生重要影响。

当家族企业治理所依赖的社会资本基础发生变化时,必然影响企业治理功效,影响企业的战略决策。家族企业的"改朝换代"削弱了其依赖社会资本获取战略资源的能力,增强了企业的经营风险,甚至成为换代后家族企业是否能继续成长的严重桎梏。家族企业为了顺利度过传承危机,保障家族社会情感财富不受损失,会出于风险规避目的而降低长期投资,尤其是周期长、风险大、资金需求多,收益不确定的 R&D 支出(Massis 等,2012)。

基于以上分析,本书提出以下假设:

H6a:家族企业代际传承实施后会通过社会资本来影响企业长期投资规模。

H6b:家族企业代际传承实施后会通过社会资本来影响企业长期投资结构。

6.1.2.2 家族企业代际传承模式、社会资本与长期投资决策

社会关系网络中存在着严格的层次差异,基于"弱关系"而导致家族企业的传承人往往难于将自己企业的社会资本转交到非家族成员的手中。所以,社会资本向职业经理人转换时往往效率很低。在职业经理人传承模式下,由于社会道德约

束较为宽松,血缘关系以外的人与人之间信任度低下(张维迎,2003),家族成员很难将职业经理人当成"自己人"而把企业管理大权交出,职业经理人也很难以家族利益为决策标准,因此,两者信任的缺失,目标和利益的不一致,必然导致企业代理问题的深化和信息不对称程度的加大。职业经理人为了职业声誉或者构建职业帝国,在加大投资规模的同时又有更强的风险规避动机,从而会减少 R&D 支出。

在子承父业模式下,家族企业的控制权和管理权高度重合,不存在所有者和管理者的代理问题,因此在一定程度上降低了代理成本,提高了资源的配置效率,进一步弥补了目前中国家族企业内部治理机制的缺陷。在这种模式下,由于继承人和传承人目标利益一致,传承人会更愿意将继承人引入现有社会关系网络中,促进现有社会关系网络成员对继承人的信任、支持与合作,因此,企业的社会资本的转换率较高。另外,由于社会资本具有"粘滞性",要经过长期协调二代才能融入一代的社会关系网络之中。所以,随着传承人、继承人和企业关系网络成员在传承过程中角色的不断调整,继承人参与经营程度的深化,继承人科学管理知识运用、内外沟通、人际关系处理等方面技能的提高,权威的建立,利益相关者之间网络互动和合作的加强,继承人会根据环境变化和企业发展需要,在对父辈社会资本积极吸收的同时已具备一定的社会资本获取能力,能将自己的社会关系网络与父辈社会资本相融合,经过网络子系统的不断协同,最终形成一个更加稳定、内容更加丰富的新社会关系网络。家族企业社会资本也将逐渐增强,质量不断提高,为企业经营发展提供所需资源。当家族企业成功走出传承低谷,步入健康发展轨道,家族企业的非制度管理将会更多地融入制度管理的成分,正式契约在企业与利益相关者的合作与交流中的作用也越来越重大,家族企业会从战略的角度更加关注企业长期效益,更多倾向于投资能够提供长期利益,且这些利益能够超过资本支出的 R&D 支出(Hauck 和 Prügl,2015)。

基于以上分析,本书提出以下假设:

H7a:不同的传承模式会通过社会资本来影响企业长期投资规模。

H7b:不同的传承模式会通过社会资本来影响企业长期投资结构。

6.2 研究设计

6.2.1 样本设计与数据来源

本章以第 4 章中所使用的样本为研究样本,家族企业代际传承、长期投资和控制变量的数据使用的是第 4 章中样本公司的数据,社会资本数据使用的是第 5 章中进入代际传承家族企业样本公司的数据。

6.2.2 变量定义与模型设计

本章所使用的变量分别已在第 4 章和第 5 章介绍过，本章就不再赘述。

模型中对相关变量的定义如表 6-1 所示。

表 6-1 主要变量定义表

变量类型	变量名称	变量符号	变量定义
因变量	长期投资规模	INV	(t 期资本支出 + t 期 R&D 支出)/t 期期初总资产
	长期投资结构	$INVSTR$	t 期 R&D 支出/(t 期资本支出 + t 期 R&D 支出)
自变量	传承过程	SUC	虚拟变量，家族企业进入代际传承实施期后取值为 1，尚未进入代际传承实施期取值为 0
	传承模式	SUM	虚拟变量，继承人是创始人直系亲属则取值为 1，是职业经理人则取值为 0
中介变量	社会资本	SC	由政府关系、社会关系、银行关系、供应商关系、客户关系、合作关系、信任关系和网络关系 8 个方面的 16 个指标做主成分分析
控制变量	成长机会	$GROW$	t 期期末的 Tobin Q 值
	公司规模	$SIZE$	t 期期末总资产自然对数
	财务杠杆	LEV	t 期期末总负债/t 期期末总资产
	现金持有水平	$CASH$	(t 期期末货币资金 + t 期期末短期投资)/t 期期末总资产
	销售净利率	NPR	t 期净利润/t 期销售收入
	上市年限	AGE	Ln(本期的上市年限)
	净资产收益率	ROE	t 期净利润/t 期平均净资产总额
	年度虚拟变量	$YEAR$	控制年度因素的影响，以 2008 为基准，由于本书涉及 2008—2019 年总共 12 个年度，设置 11 个年度虚拟变量
	行业虚拟变量	IND	控制行业因素的影响，按证监会 2012 年对上市公司的行业分类标准，由于本书涉及 17 个行业，设置 16 个虚拟变量

在对中介变量家族企业社会资本的中介效应进行检验时，本书根据 Baron 和 Kenny(1986)提出的中介效应分析步骤，以及温忠麟等(2004)总结的中介效应检验程序，分步进行 3 次回归，从而证明家族企业社会资本在代际传承与长期投资决策之间的中介效应是否存在。

在本书第 4 章中已经检验了家族企业代际传承和长期投资决策的相关关系，已知家族企业代际传承过程与传承模式分别和投资规模与投资结构显著相关。因此，为了检验社会资本在家族企业代际传承与长期投资决策中是否存在中介效应，还必须建立以下模型分别对家族企业代际传承与社会资本，家族企业代际传承、社会资本和长期投资决策之间的关系进行检验。

首先,要进行解释变量与中介变量的关系检验。本书借鉴 Freyman 等(2006)的模型对家族企业代际传承和社会资本的关系进行检验,建立模型(6-1)和(6-2)如下:

$$SC_{i,t} = \alpha_0 + a_1 SUC_{i,t} + \beta_n CONTROL_{i,t} + \varepsilon_{i,t} \tag{6-1}$$

$$SC_{i,t} = \alpha_0 + a_1 SUM_{i,t} + \beta_n CONTROL_{i,t} + \varepsilon_{i,t} \tag{6-2}$$

其次,本书以社会资本为切入点,建立模型(6-3)至(6-6)来检验家族企业代际传承对长期投资决策的影响路径:

$$INV_{i,t} = \alpha_0 + c' SUC_{i,t} + bSC_{i,t} + \beta_n CONTROL_{i,t} + \varepsilon_{i,t} \tag{6-3}$$

$$INVSTR_{i,t} = \alpha_0 + c' SUC_{i,t} + bSC_{i,t} + \beta_n CONTROL_{i,t} + \varepsilon_{i,t} \tag{6-4}$$

$$INV_{i,t} = \alpha_0 + c' SUM_{i,t} + bSC_{i,t} + \beta_n CONTROL_{i,t} + \varepsilon_{i,t} \tag{6-5}$$

$$INVSTR_{i,t} = \alpha_0 + c' SUM_{i,t} + bSC_{i,t} + \beta_n CONTROL_{i,t} + \varepsilon_{i,t} \tag{6-6}$$

6.3 实证结果与分析

由于本章所使用的变量在第 4 章和第 5 章都已做过相应的描述性统计分析和相关性分析,本章就不再进行这两步骤的检验了。

为了检验社会资本在家族企业代际传承和长期投资决策的关系中是否存在中介效应,本书通过用多元回归的方法对本章中所提出的相关假设依次进行了检验,回归结果如表 6-2 所示。其中,在传承过程组,列(1)为模型(6-1)的回归结果,列(3)、列(5)为模型(6-3)和(6-4)的回归结果;在传承模式组,列(1)为模型(6-2)的回归结果,列(3)、列(5)为模型(6-5)和(6-6)的回归结果。

表 6-2　　家族企业代际传承、社会资本与长期投资决策的回归结果

变量	传承过程组				
	(1) SC	(2) INV	(3) INV	(4) INVSTR	(5) INVSTR
SUC	−0.115***	−0.011***	−0.009***	−0.087***	−0.080***
	(−6.01)	(−3.74)	(−3.15)	(−7.02)	(−6.53)
SC			0.015***		0.046***
			(4.51)		(3.33)

			传承过程组		
变量	(1) SC	(2) INV	(3) INV	(4) INVSTR	(5) INVSTR
GROW	0.010**	0.004***	0.000	0.004**	−0.002
	(2.03)	(4.15)	(0.25)	(2.49)	(−0.48)
SIZE	0.149***	0.001	−0.001	−0.016***	−0.022***
	(14.66)	(0.73)	(−0.39)	(−2.61)	(−3.23)
LEV	−0.088*	−0.011*	−0.013*	−0.019***	−0.010
	(−1.81)	(−1.84)	(−1.71)	(−2.69)	(−0.33)
CASH	−1.018	0.064	0.082	−0.023	0.020
	(−0.87)	(0.33)	(0.46)	(−0.03)	(0.03)
NPR	0.569	−0.106*	−0.114	0.278**	0.259
	(0.48)	(−1.75)	(−0.64)	(2.37)	(0.34)
AGE	−0.041***	−0.020***	−0.020***	0.223*	0.008
	(−3.71)	(−11.26)	(−11.82)	(1.86)	(1.17)
ROA	−0.259	0.134***	0.135***	0.084*	0.136
	(−1.11)	(3.47)	(3.80)	(1.85)	(0.91)
EPS	0.020	0.028***	0.012**	−0.008*	−0.012
	(0.62)	(4.16)	(2.50)	(−1.76)	(−0.58)
Constant	3.167***	0.062*	0.096***	0.346**	0.482***
	(14.33)	(1.83)	(2.75)	(2.39)	(3.26)
YEAR	Yes	Yes	Yes	Yes	Yes
Industry	Yes	Yes	Yes	Yes	Yes
N	2 861	2 861	2 861	2 861	2 861
adj. R^2	0.238	0.254	0.260	0.246	0.211
			传承模式组		
变量	(1) SC	(2) INV	(3) INV	(4) INVSTR	(5) INVSTR
SUM	0.063***	−0.003*	−0.002*	0.027**	0.011**
	(2.81)	(−1.71)	(−1.67)	(2.03)	(2.21)
SC			0.018***		0.065***
			(4.51)		(3.33)
GROW	0.022***	0.004	0.000	−0.003	−0.005
	(2.95)	(1.02)	(0.41)	(−0.67)	(−0.99)
SIZE	0.157***	0.009**	0.001	−0.030***	−0.040***
	(10.25)	(2.24)	(0.30)	(−3.07)	(−3.99)

	传承模式组				
变量	(1) SC	(2) INV	(3) INV	(4) INVSTR	(5) INVSTR
LEV	-0.050	-0.025*	-0.012	-0.013	0.016
	(-0.72)	(-1.69)	(-1.40)	(-0.29)	(0.37)
CASH	-0.867	0.053	0.071	0.034	0.090
	(-0.73)	(0.35)	(0.47)	(0.05)	(0.12)
NPR	0.390	-0.075	-0.083	0.329	0.305
	(0.33)	(-0.50)	(-0.56)	(0.44)	(0.41)
AGE	-0.063***	-0.015***	-0.014***	-0.036***	-0.032***
	(-3.29)	(-6.01)	(-5.80)	(-3.03)	(-2.68)
ROA	-0.461	0.111**	0.111**	0.063	0.091
	(-1.31)	(2.47)	(2.48)	(0.28)	(0.42)
EPS	0.028	0.012**	0.011*	0.014	0.013
	(0.60)	(2.01)	(1.85)	(0.49)	(0.44)
Constant	-3.567***	-0.052*	-0.094**	-0.718***	-0.973***
	(-10.16)	(-1.76)	(-2.01)	(-3.24)	(-4.24)
YEAR	Yes	Yes	Yes	Yes	Yes
Industry	Yes	Yes	Yes	Yes	Yes
N	1 397	1 397	1 397	1 397	1 397
adj. R^2	0.229	0.198	0.205	0.225	0.233

注：*、**和***分别表示在10%、5%和1%水平上显著；括号内为 t 值。

由表6-2可知，回归结果支持了本章所提出的相关假设。在传承过程组，家族企业传承过程和投资规模与投资结构在1%的显著性水平下显著负相关（这一结论已在本书第4章验证）。由列(1)可知，家族企业代际传承过程与社会资本的相关系数为-0.115，且在1%显著性水平上显著相关。这说明与尚未进入代际传承实施期相比，进入代际传承实施期后家族企业的社会资本强度下降，验证了H4。在列(3)中，将社会资本引入传承过程和投资规模的关系模型中后，模型(6-3)中传承过程与投资规模的回归系数为-0.009，且仍在1%的显著性水平上显著，其绝对值小于没有引入社会资本前传承过程的回归系数绝对值，社会资本与投资规模的回归仍在1%的显著性水平上显著正相关，这说明社会资本对传承过程与投资规模起到了一定的中介效应。为了进一步检验社会资本在家族企业代际传承和投资规模中发挥的中介效应是否显著，本书依据温忠麟等(2004)的中介效应检验方法，又进行了Sobel检验，检验结果显著，从而验证了H6a。

在列(5)中,在引入社会资本变量后,传承过程和投资结构的回归系数为−0.080,且在1%显著性水平上显著,社会资本与投资结构的回归系数为0.046,也在1%水平上显著,并且与没有引入社会资本变量时相比,传承过程与投机结构的系数绝对值也变小了(0.080<0.087),这说明社会资本对传承过程与投资结构也起到了一定的中介效应。对其进行 Soble 检验,检验结果也显著,从而验证了 H6b。综合而言,社会资本在家族企业代际传承过程影响长期投资决策中起到了显著性的中介作用。

在传承模式组,由列(2)、列(4)可知,家族企业传承模式也与长期投资决策显著相关(这一结论已在本书第4章验证)。在列(1)中,当家族企业传承为子承父业模式时,传承模式与社会资本的相关系数为−3.504(−3.567+0.063),在1%显著性水平上相关,说明子承父业后家族企业的社会资本强度将会下降;在职业经理人传承模式下,传承模式与社会资本的相关系数为−3.567,在1%水平上显著相关,并且3.504<3.576,由此可见,家族企业实施代际传承后,与职业经理人传承模式相比,子承父业模式下社会资本强度下降较小,从而验证了 H5。在列(3)中,引入社会资本变量后,传承模式和投资规模的回归系数为−0.002,在10%显著性水平上显著,与没有引入社会资本变量时相比,传承模式和投资规模的回归系数绝对值也变小了(0.002<0.003),但社会资本与投资规模仍在1%的显著性水平上正相关,这说明社会资本在传承模式对投资规模的影响中起到了中介效应,从而验证了 H7a。

由列(5)可知,引入社会资本变量前后,传承模式和投资结构都在5%的显著性水平上显著正相关,并且引入社会资本变量后,传承模式和投资结构的回归系数变小了(0.011<0.027),社会资本与投资结构回归系数的显著性水平却没有发生变化,说明社会资本在传承模式和投资结构的关系中具有中介效应,从而验证了 H7b。综上所述,传承模式通过社会资本影响了家族企业的投资规模和投资结构。

6.4 进一步分析与稳健性检验

6.4.1 进一步分析

家族企业代际传承通过影响社会资本,进而影响其长期投资决策的研究结论已经得到了检验。同时,由第4章的研究结论可知,家族企业代际传承和其长期投资决策的关系又受家族所有权、家族化方式以及家族企业所在地区的市场化水平的影响,那么家族所有权、家族化方式以及家族企业所在地区的市场化水平是否会影响家族企业社会资本在代际传承与其长期投资决策之间所发挥的中介作用呢？因此,本部分又进一步探究家族所有权、家族化方式以及家族企业所在地区的市场化水平是否能调节社会资本的中介效应,检验中介效应何时较强、何时较弱。

本书根据温忠麟等(2014)所提出的有调节的中介模型分析步骤,通过将逐步检验法与Bootstrap法相结合,来研究对中介的调节效应。要研究自变量 X 通过中介变量 W 对因变量 Y 产生影响,而中介过程是否受到调节变量 U 的调节,对此检验要分三步进行。

第一步,在未考虑中介变量 W 的中介效应时,做因变量 Y 对自变量 X 和调节变量 U 的回归,检验调节变量 U 对自变量 X 与因变量 Y 的直接效应是否受到关系的影响。其回归方程为:

$$Y = c_0 + c_1 X + c_2 U + c_3 UX + e_1$$

检验 c_1 和 c_3,检验 c_1 对后面解释模型有用,但即使 c_1 不显著,也可以继续后面的分析;检验 c_3,可以得知在没有考虑中介效应的时候,直接效应是否受到调节,如果 c_3 显著,则直接效应受到调节。

第二步,做中介变量 W 对自变量 X 和调节变量 U 的回归,检验中介效应的前半路径是否受到调节变量 U 的调节。其回归方程为:

$$W = a_0 + a_1 X + a_2 U + a_3 UX + e_2$$

检验 a_1 和 a_3,如果 a_1、a_3 显著,则调节了中介效应的前半路径。

第三步,构建因变量对自变量、中介变量和调节变量的回归方程,若第一步检验显著,即直接效应受到调节,则交乘项为 UX 和 UW;若第一步检验不显著,即直接效应没有受到调节,则交乘项为 UW。检 b_1 和 b_2 是否显著,若 a_3、b_1 都显著,且 $a_3 \neq 0$、$b_1 \neq 0$,则说明调节变量是对整个中介路径的前半路径进行调节;若 a_1、b_2 都显著,且 $a_1 \neq 0$、$b_2 \neq 0$,则说明调节变量是对整个中介路径的后半路径进行调节。只要有一组显著,则说明中介效应受到调节。其回归方程为:

$$Y = c_0' + c_1' X + c_2' U + c_3' UX + b_1 W + b_2 UW + e_3$$

如果逐步检验结果是显著的,就可以知道中介效应受到调节;如果逐步检验结果不显著,就还不能得出结论。接着用 Bootstrap 法再做区间检验。如果至少有一对乘积显著,则中介效应受到调节。如果 a_3、b_2 显著,则前后路径都受到调节。Bootstrap 法相对于逐步分析法而言,其更看重显著区间(LLCI-ULCI)是否包含零,若显著性区间包括零,则不满足显著性检验,说明该调节变量在 Bootsrap 法检验下不具有调节作用。

1) 家族所有权的调节效应

家族所有权对家族企业代际传承影响长期投资决策直接路径的调节作用在第4章模型(4-1-a)至(4-4-a)中已进行检验。根据第4章的研究结果可知,家族所有权对传承模式和投资规模之间的关系不具有调节效应,即:c_3 不显著,但 c_1 显著。除此之外,家族所有权在传承过程与投资规模和投资结构、传承模式与投资结构的直接路径中都具有调节作用。

为了检验家族所有权在社会资本中介过程的前半路径和后半路径中是否存在调节作用,本书建立以下模型:

$$SC_{i,t} = \alpha_0 + a_1 SUC_{i,t} + a_2 F\text{-}share_{i,t} + a_3 SUC_{i,t} \times F\text{-}share_{i,t} + \beta_n CONTROL_{i,t} + \varepsilon_{i,t} \tag{6-1-a}$$

$$SC_{i,t} = \alpha_0 + a_1 SUM_{i,t} + a_2 F\text{-}share_{i,t} + a_3 SUM_{i,t} \times F\text{-}share_{i,t} + \beta_n CONTROL_{i,t} + \varepsilon_{i,t} \tag{6-2-a}$$

$$INV_{i,t} = c_0' + c_1' SUC_{i,t} + c_2' F\text{-}share_{i,t} + c_3' SUC_{i,t} \times F\text{-}share_{i,t} + b_1 SC_{i,t} + b_2 SC_{i,t} \times F\text{-}share_{i,t} + \beta_n CONTROL_{i,t} + \varepsilon_{i,t} \tag{6-3-a}$$

$$INVSTR_{i,t} = c_0' + c_1' SUC_{i,t} + c_2' F\text{-}share_{i,t} + c_3' SUC_{i,t} \times F\text{-}share_{i,t} + b_1 SC_{i,t} + b_2 SC_{i,t} \times F\text{-}share_{i,t} + \beta_n CONTROL_{i,t} + \varepsilon_{i,t} \tag{6-4-a}$$

$$INV_{i,t} = c_0' + c_1' SUM_{i,t} + c_2' F\text{-}share_{i,t} + b_1 SC_{i,t} + b_2 SC_{i,t} \times F\text{-}share_{i,t} + \beta_n CONTROL_{i,t} + \varepsilon_{i,t} \tag{6-5-a}$$

$$INVSTR_{i,t} = c_0' + c_1' SUM_{i,t} + c_2' F\text{-}share_{i,t} + c_3' SUM_{i,t} \times F\text{-}share_{i,t} + b_1 SC_{i,t} + b_2 SC_{i,t} \times F\text{-}share_{i,t} + \beta_n CONTROL_{i,t} + \varepsilon_{i,t} \tag{6-6-a}$$

由第4章的研究结论可知,家族所有权在传承模式和投资规模中的调节作用不显著,因此,在模型(6-5-a)中不含有传承模式和家族所有权的交乘项 $SUM \times F\text{-}share$。代际传承经过社会资本对长期投资决策的中介效应为 $(a_1 + a_3 F\text{-}share) \times (b_1 + b_2 F\text{-}share)$。通过检验 $(a_1 + a_3 F\text{-}share) \times (b_1 + b_2 F\text{-}share)$ 的显著性就可以判断家族企业所有权是否具有调节社会资本的中介效应。对以上模型进行回归的结果如表6-3所示。其中,在传承过程组,列(1)、列(2)和列(3)分别是对模型(6-1-a)、(6-3-a)和(6-4-a)回归的结果;在传承模式组,列(4)、列(5)和列(6)分别是对模型(6-2-a)、(6-5-a)和(6-6-a)回归的结果。

表 6-3　　　　　　　　　家族所有权调节中介效应的前后路径回归结果

变量	传承过程组			传承模式组		
	(1) SC	(2) INV	(3) INVSTR	(4) SC	(5) INV	(6) INVSTR
SUC	-0.183***	-0.007*	-0.114***			
	(-5.51)	(-1.72)	(-5.33)			
SUM				0.092*	-0.005*	0.021***
				(1.89)	(-1.67)	(2.69)
F-share	-0.002***	0.001	-0.000	-0.000	0.000	0.002
	(-3.32)	(1.25)	(-0.55)	(-0.10)	(1.24)	(1.32)
SUC × F-share	0.002**	-0.001*	0.001*			
	(2.46)	(-1.78)	(1.73)			
SUM × F-share				-0.001		-0.002*
				(-0.58)		(-1.85)
SC		0.015***	0.039***		0.018***	0.060***
		(4.50)	(2.81)		(4.41)	(3.04)
SC × F-share		-0.001	-0.001**		-0.003	-0.001*
		(-1.48)	(-2.04)		(-0.79)	(-1.71)
GROW	0.011**	0.000	-0.000	0.023***	0.001	-0.003
	(2.19)	(0.12)	(-0.08)	(3.06)	(0.23)	(-0.63)
SIZE	0.149***	-0.001	-0.020***	0.159***	0.001	-0.038***
	(14.66)	(-0.49)	(-2.95)	(10.26)	(0.10)	(-3.71)
LEV	-0.082*	-0.013*	0.003	-0.050	-0.012	0.017
	(-1.67)	(-1.73)	(0.10)	(-0.72)	(-1.44)	(0.38)
CASH	-0.999	0.083	0.095	-0.853	0.071	0.137
	(-0.85)	(0.46)	(0.13)	(-0.72)	(0.47)	(0.19)
NPR	0.562	-0.115	0.191	0.381	-0.084	0.268
	(0.48)	(-0.65)	(0.25)	(0.32)	(-0.56)	(0.36)
AGE	-0.050***	-0.018***	0.008	-0.070***	-0.013***	-0.028*
	(-4.32)	(-8.64)	(0.96)	(-3.44)	(-4.99)	(-1.76)
ROA	-0.220	0.132***	0.199	-0.448	0.109**	0.118
	(-0.94)	(3.71)	(1.33)	(-1.26)	(2.42)	(0.53)
EPS	0.020	0.012**	-0.017	0.022	0.012*	0.003
	(0.62)	(2.49)	(-0.81)	(0.47)	(1.96)	(0.11)
Constant	-3.107***	0.093***	0.479***	-3.593***	-0.096**	-0.900***
	(-14.01)	(2.65)	(3.22)	(-10.21)	(-2.06)	(-3.91)

变量	传承过程组			传承模式组		
	(1) SC	(2) INV	(3) INVSTR	(4) SC	(5) INV	(6) INVSTR
YEAR	Yes	Yes	Yes	Yes	Yes	Yes
Industry	Yes	Yes	Yes	Yes	Yes	Yes
N	2 861	2 861	2 861	1 397	1 397	1 397
adj.R^2	0.241	0.260	0.217	0.228	0.205	0.238

注：＊、＊＊和＊＊＊分别表示在10%、5%和1%水平上显著；括号内为 t 值。

由表6-3可知，在传承过程组，家族企业代际传承过程与社会资本的相关系数 a_1 为 -0.183，且在1%显著性水平上显著；传承过程与家族所有权的交乘项 $SUC \times F\text{-}Share$ 与社会资本的相关系数 a_3 为0.002，在5%的显著性水平上显著；社会资本与投资规模的相关系数 b_1 为0.015，在1%的显著性水平上显著；但是家族所有权和社会资本的交乘项 $SC \times F\text{-}Share$ 与投资规模的系数 b_2 为 -0.001，且不相关；社会资本与投资结构的相关系数 b_1 为0.039，在1%的显著性水平上显著；传承过程和社会资本的交乘项与投资结构的系数 b_2 为 -0.001，且在5%的显著性水平上显著。由此可知，传承过程经过社会资本对投资结构的中介效应在所有路径都受到家族所有权的调节；传承过程经过社会资本对投资规模的中介效应在前半路径也受家族所有权的调节，但在后半路径是否受到家族所有权调节还不能确定。

接下来，为了检验传承过程经过社会资本对投资规模的中介效应在后半路径是否受到了家族所有权的调节，本书又使用了偏差校正的百分位 Bootstrap 法来计算 a_1b_2 的置信区间，a_1b_2 95%的置信区间为[-0.042，-0.007]，置信区间不包括0，所以，传承模式经过社会资本对投资规模的中介效应在后半路径也受到家族所有权的调节。

在传承模式组，家族企业代际传承模式与社会资本的相关系数 a_1 为0.092，且在10%显著性水平上显著；传承模式与家族所有权的交乘项 $SUM \times F\text{-}Share$ 与社会资本的相关系数 a_3 为 -0.001，但不显著；社会资本与投资规模的相关系数 b_1 为0.018，在1%的显著性水平上显著；但是社会资本和家族所有权的交乘项 $SC \times F\text{-}Share$ 与投资规模的系数 b_2 为 -0.003，且不显著；社会资本与投资结构的相关系数 b_1 为0.060，在1%的显著性水平上显著；社会资本和家族所有权的交乘项 $SC \times F\text{-}Share$ 与投资结构的系数 b_2 为 -0.001，且在10%的显著性水平上显著。由此可知，传承模式经过社会资本对投资规模的中介效应不仅在前半路径而且在后半路径都无法确定是否受到了家族所有权的调节；传承模式经过社会资本对投资结构的中介效应在后半路径受到家族所有权的调节，但在前半路径是否受到家族所有权调节还不能确定。

接下来,为了检验传承模式经过社会资本对投资规模的中介效应在前后路径、对投资结构在前半路径是否受到了家族所有权的调节,本书又使用了偏差校正的百分位 Bootstrap 法来计算投资规模中 a_1b_2 和 a_3b_1 以及投资结构中 a_3b_1 的置信区间,在投资规模中,a_1b_2 和 a_3b_1 95% 的置信区间分别为 $[0.002,0.046]$ 和 $[-0.004,0.018]$。a_1b_2 的置信区间不包括 0,a_3b_1 的置信区间包括 0,所以传承模式经过社会资本对投资规模的中介效应在前半路径不受家族所有权的调节,在后半路径受家族所有权的调节。在投资结构中,a_3b_1 95% 的置信区间为 $[-0.016,-0.001]$,不包括 0,所以传承模式经过社会资本对投资结构的中介效应在前半路径也受家族所有权的调节。

综上所述,在传承过程经过社会资本对投资规模和投资结构的中介效应中,不仅直接路径受到了家族所有权的调节,前半路径、后半路径也都受到了家族所有权的调节;同样,在传承模式对投资结构的影响中,社会资本所起到的中介效应也在所有的路径中都受到了家族所有权的影响,但是在传承模式经过社会资本对投资规模的中介效应中,只有后半路径受到了家族所有权的调节,而直接路径和前半路径并没有受到家族所有权的调节。

2) 家族化方式的调节效应

在第 4 章模型(4-1-b)至(4-4-b)中,本书已检验了家族化方式对家族企业代际传承影响长期投资决策的直接路径的调节作用。根据第 4 章的研究结果可知,家族化方式在传承过程与投资规模和投资结构的关系,以及传承模式与投资结构的关系的直接路径中都具有调节作用,但是家族化方式在传承模式影响投资规模中不具有调节效应,即:c_3 不显著,但 c_1 显著。

为了检验家族化方式在社会资本中介过程的前半路径和后半路径中是否存在调节作用,本书建立以下模型:

$$SC_{i,t} = \alpha_0 + a_1 SUC_{i,t} + a_2 Style_{i,t} + a_3 SUC_{i,t} \times Style_{i,t} + \beta_n CONTROL_{i,t} + \varepsilon_{i,t} \tag{6-1-b}$$

$$SC_{i,t} = \alpha_0 + a_1 SUM_{i,t} + a_2 Style_{i,t} + a_3 SUM_{i,t} \times Style_{i,t} + \beta_n CONTROL_{i,t} + \varepsilon_{i,t} \tag{6-2-b}$$

$$INV_{i,t} = c'_0 + c'_1 SUC_{i,t} + c'_2 Style_{i,t} + c'_3 SUC_{i,t} \times Style_{i,t} + b_1 SC_{i,t} + b_2 SC_{i,t} \times Style_{i,t} + \beta_n CONTROL_{i,t} + \varepsilon_{i,t} \tag{6-3-b}$$

$$INVSTR_{i,t} = c'_0 + c'_1 SUC_{i,t} + c'_2 Style_{i,t} + c'_3 SUC_{i,t} \times Style_{i,t} + b_1 SC_{i,t} + b_2 SC_{i,t} \times Style_{i,t} + \beta_n CONTROL_{i,t} + \varepsilon_{i,t} \tag{6-4-b}$$

$$INV_{i,t} = c'_0 + c'_1 SUM_{i,t} + c'_2 Style_{i,t} + b_1 SC_{i,t} + b_2 SC_{i,t} \times Style_{i,t} + \beta_n CONTROL_{i,t} + \varepsilon_{i,t} \quad (6\text{-}5\text{-}b)$$

$$INVSTR_{i,t} = c'_0 + c'_1 SUM_{i,t} + c'_2 Style_{i,t} + c'_3 SUM_{i,t} \times Style_{i,t} + b_1 SC_{i,t} + b_2 SC_{i,t} \times Style_{i,t} + \beta_n CONTROL_{i,t} + \varepsilon_{i,t} \quad (6\text{-}6\text{-}b)$$

由第4章的研究结论可知,家族化方式在传承模式和投资规模中的调节作用不显著,因此,模型(6-5-b)中不含有传承模式和家族化方式的交乘项 $SUM \times Style$。代际传承经过社会资本对长期投资决策的中介效应为 $(a_1 + a_3 Style) \times (b_1 + b_2 Style)$。通过检验 $(a_1 + a_3 Style) \times (b_1 + b_2 Style)$ 的显著性就可以判断家族化方式是否调节社会资本的中介效应。对以上模型进行回归的结果如表6-4所示。其中,在传承过程组,列(1)、列(2)、列(3)分别是对模型(6-1-b)、(6-3-b)和(6-4-b)回归的结果;在传承模式组,列(4)、列(5)、列(6)分别是对模型(6-2-b)、(6-5-b)和(6-6-b)回归的结果。

表6-4　　　　　家族化方式调节中介效应前后路径的回归结果

变量	传承过程组			传承模式组		
	(1) SC	(2) INV	(3) INVSTR	(4) SC	(5) INV	(6) INVSTR
SUC	-0.146***	-0.026***	-0.026			
	(-3.17)	(-3.63)	(-0.85)			
SUM				0.040***	-0.002**	0.150***
				(2.60)	(-1.97)	(3.58)
Style	-0.157***	-0.008*	0.002	-0.144***	-0.001	-0.057**
	(-5.84)	(-1.85)	(0.11)	(-3.77)	(-0.20)	(-1.97)
SUC×Style	0.018	0.012**	-0.041**			
	(0.58)	(2.55)	(-2.03)			
SUM×Style				0.009**		0.084***
				(2.20)		(2.98)
SC		0.009***	0.015**		0.010***	0.017**
		(2.91)	(2.35)		(3.81)	(2.12)
SC×Style		0.003**	0.017***		-0.005*	0.044*
		(2.53)	(2.66)		(-1.69)	(1.74)
GROW	0.011**	0.000	-0.001	0.022***	0.000	-0.005
	(2.16)	(0.29)	(-0.41)	(2.92)	(0.44)	(-1.11)

变量	传承过程组			传承模式组		
	(1) SC	(2) INV	(3) INVSTR	(4) SC	(5) INV	(6) INVSTR
SIZE	0.141***	− 0.001	− 0.023***	0.146***	0.000	− 0.042***
	(13.95)	(− 0.43)	(− 3.38)	(9.51)	(0.16)	(− 4.20)
LEV	− 0.043	− 0.011	− 0.003	− 0.010	− 0.011	0.022
	(− 0.89)	(− 1.53)	(− 0.09)	(− 0.15)	(− 1.26)	(0.51)
CASH	− 0.750	0.074	0.125	− 0.631	0.077	0.238
	(− 0.65)	(0.42)	(0.17)	(− 0.54)	(0.52)	(0.32)
NPR	0.314	− 0.108	0.161	0.197	− 0.089	0.170
	(0.27)	(− 0.60)	(0.21)	(0.17)	(− 0.59)	(0.23)
AGE	0.012	− 0.018***	0.016*	− 0.000	− 0.012***	− 0.021*
	(0.94)	(− 8.97)	(1.87)	(− 0.01)	(− 4.03)	(− 1.76)
ROA	− 0.259	0.137***	0.132	− 0.456	0.111**	0.097
	(− 1.12)	(3.86)	(0.88)	(− 1.30)	(2.48)	(0.44)
EPS	0.008	0.012**	− 0.012	0.023	0.011*	0.009
	(0.24)	(2.41)	(− 0.60)	(0.51)	(1.88)	(0.32)
Constant	− 2.880***	0.107***	0.480***	− 3.244***	− 0.097**	− 1.073***
	(− 12.91)	(3.01)	(3.20)	(− 9.12)	(− 2.05)	(− 4.62)
YEAR	Yes	Yes	Yes	Yes	Yes	Yes
Industry	Yes	Yes	Yes	Yes	Yes	Yes
N	2 861	2 861	2 861	1 397	1 397	1 397
adj. R^2	0.255	0.261	0.213	0.244	0.203	0.241

注：*、**和***分别表示在10%、5%和1%水平上显著；括号内为 t 值。

由表6-4可知，在传承过程组，家族企业代际传承过程与社会资本的相关系数 a_1 为 − 0.146，且在1%显著性水平上显著；传承过程与家族化方式的交乘项与社会资本的相关系数 a_3 为 0.018，但不显著；社会资本与投资规模的相关系数 b_1 为0.009，在1%的显著性水平上显著；社会资本和家族化方式的交乘项与投资规模的系数 b_2 为 0.003，在5%的显著性水平上显著；社会资本与投资结构的相关系数 b_1 为0.015，在5%的显著性水平上显著；社会资本和家族化方式的交乘项与投资结构的系数 b_2 为 0.017，且在1%的显著性水平上显著。由此可得到，传承过程经过社会资本对投资规模和投资结构的中介效应在后半路径都受到家族化方式的调节，但是前半路径是否受到家族化方式调节还不能确定。

接下来，为了检验传承过程经过社会资本对投资规模和投资结构的中介效应在前半路径是否受到了家族化方式的调节,本书又使用了偏差校正的百分位 Bootstrap 法来计算投资规模和投资结构中 $a_1 b_2$ 的置信区间。通过计算得到,$a_1 b_2$ 95%的置信区间分别为[-0.006,0.015]和[-0.001,0.041],置信区间都包括 0,所以传承过程经过社会资本对投资规模和投资结构的中介效应在前半路径上都不受家族所有权的调节。

在传承模式组,家族企业代际传承模式与社会资本的相关系数 a_1 为 0.04,且在 1%显著性水平上显著;传承模式与家族化方式的交乘项与社会资本的相关系数 a_3 为 0.009,在 5%显著性水平上显著;社会资本与投资规模的相关系数 b_1 为 0.010,在 1%的显著性水平上显著;社会资本和家族化方式的交乘项与投资规模的系数 b_2 为 -0.005,在 10%的显著性水平上显著;社会资本与投资结构的相关系数 b_1 为 0.017,在 5%的显著性水平上显著;社会资本和家族化方式的交乘项与投资结构的系数 b_2 为 0.044,在 10%的显著性水平上显著。由此可得到,传承模式经过社会资本对投资规模和投资结构的中介效应不仅在前半路径受到家族化方式的调节,在后半路径也受到家族化方式的调节。

综上所述,在传承过程经过社会资本对投资规模和投资结构的中介效应中,直接路径和后半路径都受到了家族化方式的调节,但前半路径没有受到家族化方式的调节;在传承模式对投资规模的影响中,社会资本的中介效应在前后路径都受到了家族化方式的调节,但是直接路径没有受到家族化方式的调节;在传承模式对投资结构的影响中,社会资本所起到的中介效应在所有的路径中都受到了家族化的影方式的影响。

3) 家族企业所在地区市场化水平的调节效应

在第 4 章模型(4-1-c)至(4-4-c)中,本书检验了家族所在地区市场化水平对家族企业代际传承与长期投资决策两者之间关系直接路径的调节作用。根据第 4 章的研究结果可知,家族所在地区市场化水平在传承过程与投资规模以及传承模式与投资结构的直接关系中没有调节作用,即:c_3 不显著。但 c_1 显著。但市场化水平对传承过程与投资结构的影响以及传承模式对投资规模的影响都具有直接调节作用。

为了检验家族所在地区市场化水平在家族企业代际传承通过社会资本影响长期投资决策的中介过程的前半路径和后半路径中是否存在调节作用,本书建立以下模型:

$$SC_{i,t} = \alpha_0 + a_1 SUC_{i,t} + a_2 MAR_{i,t} + a_3 SUC_{i,t} \times MAR_{i,t} +$$
$$\beta_n CONTROL_{i,t} + \varepsilon_{i,t} \tag{6-1-c}$$

$$SC_{i,t} = \alpha_0 + a_1 SUM_{i,t} + a_2 MAR_{i,t} + a_3 SUM_{i,t} \times MAR_{i,t} +$$
$$\beta_n CONTROL_{i,t} + \varepsilon_{i,t} \tag{6-2-c}$$

$$INV_{i,t} = c_0' + c_1' SUC_{i,t} + c_2' MAR_{i,t} + b_1 SC_{i,t} + b_2 SC_{i,t} \times MAR_{i,t} +$$
$$\beta_n CONTROL_{i,t} + \varepsilon_{i,t} \tag{6-3-c}$$

$$INVSTR_{i,t} = c_0' + c_1' SUC_{i,t} + c_2' MAR_{i,t} + c_3' SUC_{i,t} \times MAR_{i,t} +$$
$$b_1 SC_{i,t} + b_2 SC_{i,t} \times MAR_{i,t} +$$
$$\beta_n CONTROL_{i,t} + \varepsilon_{i,t} \tag{6-4-c}$$

$$INV_{i,t} = c_0' + c_1' SUM_{i,t} + c_2' MAR_{i,t} + c_3' SUM_{i,t} \times MAR_{i,t} +$$
$$b_1 SC_{i,t} + b_2 SC_{i,t} \times MAR_{i,t} + \beta_n CONTROL_{i,t} +$$
$$\varepsilon_{i,t} \tag{6-5-c}$$

$$INVSTR_{i,t} = c_0' + c_1' SUM_{i,t} + c_2' MAR_{i,t} + b_1 SC_{i,t} + b_2 SC_{i,t} \times$$
$$MAR_{i,t} + \beta_n CONTROL_{i,t} + \varepsilon_{i,t} \tag{6-6-c}$$

由第4章的研究结论可知,市场化水平在传承过程和投资规模中以及传承模式与投资结构中调节作用不显著,因此,模型(6-3-c)中不含有传承过程和市场化水平的交乘项 $SUC \times MAR$,模型(6-6-c)中不含有传承模式和市场化水平的交乘项 $SUM \times MAR$。考虑到市场化水平的调节效应后,代际传承经过社会资本对长期投资决策的中介效应应为 $(a_1 + a_3 MAR) \times (b_1 + b_2 MAR)$。因此,通过检验 $(a_1 + a_3 MAR) \times (b_1 + b_2 MAR)$ 的显著性就可以判断市场化水平是否调节社会资本的中介效应。对以上模型进行回归的结果如表6-5所示。其中,在传承过程组,列(1)至列(3)分别是对模型(6-1-c)、(6-3-c)和(6-4-c)回归的结果;在传承模式组,列(4)至列(6)分别是对模型(6-2-c)、(6-5-c)和(6-6-c)回归的结果。

表6-5　　　　　　市场化水平调节中介效应前后路径的回归结果

变量	传承过程组			传承模式组		
	(1) SC	(2) INV	(3) INVSTR	(4) SC	(5) INV	(6) INVSTR
SUC	−0.120***	−0.007*	−0.091***			
	(−4.79)	(−1.93)	(−5.68)			
SUM				0.088***	−0.002	0.048**
				(2.69)	(−0.42)	(2.35)
MAR	0.004	0.004	0.062**	0.030	0.006	0.022
	(0.21)	(0.66)	(2.50)	(0.87)	(1.13)	(0.83)

变量	传承过程组			传承模式组		
	(1) SC	(2) INV	(3) $INVSTR$	(4) SC	(5) INV	(6) $INVSTR$
$SUC \times MAR$	0.009		0.017			
	(0.32)		(0.90)			
$SUM \times MAR$				-0.047	-0.010^*	
				(-1.04)	(-1.78)	
SC		0.015***	0.044***		0.015***	0.063**
		(4.48)	(3.19)		(2.81)	(2.40)
$SC \times MAR$		-0.002^{**}	-0.034^{**}		0.006	0.006
		(-2.56)	(-2.10)		(0.81)	(0.18)
$GROW$	0.010**	0.000	-0.002	0.022***	0.000	-0.005
	(2.00)	(0.28)	(-0.49)	(2.91)	(0.40)	(-1.00)
$SIZE$	0.149***	-0.001	-0.021^{***}	0.156***	0.001	-0.038^{***}
	(14.66)	(-0.42)	(-3.15)	(10.16)	(0.29)	(-3.77)
LEV	-0.088^*	-0.012^*	-0.005	-0.050	-0.013	0.017
	(-1.80)	(-1.65)	(-0.16)	(-0.72)	(-1.49)	(0.41)
$CASH$	-1.041	0.091	0.043	-0.920	0.067	0.053
	(-0.89)	(0.51)	(0.06)	(-0.78)	(0.45)	(0.07)
NPR	0.590	-0.122	0.234	0.450	-0.077	0.327
	(0.50)	(-0.68)	(0.31)	(0.38)	(-0.51)	(0.44)
AGE	-0.040^{***}	-0.019^{***}	0.016**	-0.060^{***}	-0.014^{***}	-0.029^{**}
	(-3.62)	(-10.85)	(2.10)	(-3.13)	(-5.67)	(-2.43)
ROA	-0.258	0.134***	0.129	-0.435	0.114**	0.078
	(-1.11)	(3.78)	(0.86)	(-1.23)	(2.55)	(0.35)
EPS	0.019	0.012**	-0.016	0.026	0.011*	0.010
	(0.59)	(2.50)	(-0.77)	(0.57)	(1.80)	(0.34)
$Constant$	3.169***	0.095***	0.463**	-3.567^{***}	-0.088^*	-0.945^{***}
	(14.33)	(2.72)	(3.13)	(-10.15)	(-1.86)	(-4.06)
$YEAR$	Yes	Yes	Yes	Yes	Yes	Yes
$Industry$	Yes	Yes	Yes	Yes	Yes	Yes
N	2 861	2 861	2 861	1 397	1 397	1 397
adj. R^2	0.237	0.259	0.214	0.228	0.205	0.237

注：*、**和***分别表示在10%、5%和1%水平上显著；括号内为 t 值。

由表6-5可知，在传承过程组，代际传承过程与社会资本的相关系数 a_1 为

−0.120，且在 1% 显著性水平上显著；传承过程与市场化水平的交乘项与社会资本的相关系数 a_3 为 0.009，但不显著；社会资本与投资规模的相关系数 b_1 为 0.015，在 1% 的显著性水平上显著；社会资本和市场化水平的交乘项与投资规模的系数 b_2 为 −0.002，在 5% 的显著性水平上显著；社会资本与投资结构的相关系数 b_1 为 0.044，在 1% 的显著性水平上显著；社会资本和市场化水平的交乘项与投资结构的系数 b_2 为 −0.034，在 5% 的显著性水平上显著。由此可得到，传承过程经过社会资本对投资规模和投资结构的中介效应在后半路径都受到市场化水平的调节，但在前半路径是否受到市场化水平调节还不能确定。

接下来，为了检验传承过程经过社会资本对投资规模和投资结构的中介效应在前半路径是否受到了市场化水平的调节，本书又使用了偏差校正的百分位 Bootstrap 法来计算投资规模和投资结构中 a_1b_2 的置信区间。通过计算得到，a_1b_2 95% 的置信区间分别为 $[−0.026, 0.002]$ 和 $[0.001, 0.017]$，前者的置信区间包括 0，而后者不包括 0。因此，传承过程经过社会资本对投资规模的中介效应在前半路径上不受市场化水平的调节，但传承过程经过社会资本对投资结构的中介效应在前半路径上受市场化水平的调节。

在传承模式组，家族企业代际传承模式与社会资本的相关系数 a_1 为 0.088，且在 1% 显著性水平上显著；传承模式与市场化水平的交乘项与社会资本的相关系数 a_3 为 −0.047，但不显著；社会资本与投资规模的相关系数 b_1 为 0.015，在 1% 的显著性水平上显著；社会资本和市场化水平的交乘项与投资规模的系数 b_2 为 0.006，也不显著；社会资本与投资结构的相关系数 b_1 为 0.063，在 5% 的显著性水平上显著；社会资本和市场化水平的交乘项与投资结构的系数 b_2 为 0.011，不显著。因此，逐步检验无法确定传承模式经过社会资本对投资规模和投资结构的中介效应是否受到市场化水平的调节。

接下来，为了检验传承模式经过社会资本对投资规模和投资结构的中介效应在前后路径是否受到了市场化水平的调节，本书继续使用了偏差校正的百分位 Bootstrap 法来计算投资规模和投资结构中 a_1b_2 和 a_3b_1 的置信区间。在投资规模中，a_1b_2 和 a_3b_1 95% 的置信区间分别为 $[−0.014, −0.007]$ 和 $[−0.035, −0.009]$，可见两者的置信区间都不包括 0，所以，传承模式经过社会资本对投资规模的中介效应在前半路径和后半路径都受到了市场化水平的调节。在投资结构中，a_1b_2 和 a_3b_1 95% 的置信区间分别为 $[−0.003, −0.001]$ 和 $[−0.052, 0.004]$，可见前者的置信区间不包括 0，而后者的置信区间包括 0。因此，传承模式经过社会资本对投资规模的中介效应在后半路径都受到了市场化水平的调节，但前半路径没有受到市场化水平的调节。

综上所述,在传承过程经过社会资本对投资规模的中介效应中,直接路径和前半路径都没有受到市场化水平的调节,只有后半路径受到了市场化水平的调节,但在传承过程经过社会资本对投资结构的中介效应中,不管是直接路径还是前后半路径都受到了市场化水平的调节;在传承模式对投资规模的影响中,社会资本所起到的中介效应在所有的路径中都受到了市场化水平的调节,但传承模式对投资结构的影响中,社会资本所起到的中介效应仅仅在后半路径中受到了市场化水平的调节,前半路径和直接路径都没有受到市场化水平的调节。

6.4.2 稳健性检验

6.4.2.1 模型变换

前文的研究表明,家族企业代际传承可以通过影响企业社会资本进而影响到长期投资决策,但是这三者之间的关系可能会受到内生性问题的影响。为了进一步控制模型设定的内生性问题,本书又采用引入工具变量的方法来进行回归。本书利用滞后两年的社会资本 SC_{t-2} 作为家族企业社会资本的工具变量,采用经过行业调整的长期投资作为被解释变量。另外,本书采用随机效应 Tobit 模型对家族企业代际传承、社会资本与长期投资决策之间的关系进行重新检验。检验的回归结果如表 6-6 所示。

表 6-6   模型变换后家族企业社会资本与长期投资决策稳健性检验结果

变量	传承过程组				
	(1) SC	(2) INV	(3) INV	(4) INVSTR	(5) INVSTR
SUC	− 0.042 **	− 0.009 ***	− 0.006 ***	− 0.088 ***	− 0.059 ***
	(− 2.27)	(− 3.14)	(− 3.11)	(− 6.80)	(− 6.88)
SC			0.002 **		0.028 ***
			(2.49)		(2.65)
GROW	− 0.007	0.002 *	0.002 *	0.000	0.001
	(− 1.23)	(1.74)	(1.72)	(0.10)	(0.14)
SIZE	0.072 ***	0.002	0.002	− 0.037 ***	− 0.039 ***
	(4.49)	(0.99)	(1.06)	(− 3.60)	(− 3.80)
LEV	− 0.039	− 0.001	− 0.001	0.064 *	0.065
	(− 0.59)	(− 0.09)	(− 0.11)	(1.69)	(1.52)
CASH	− 0.996	0.115	0.113	− 0.385	− 0.353
	(− 1.12)	(0.78)	(0.77)	(− 0.62)	(− 0.57)

变量	(1) SC	(2) INV	(3) INV	(4) INVSTR	(5) INVSTR
			传承过程组		
NPR	0.732	− 0.130	− 0.128	0.595*	0.572*
	(0.82)	(− 0.88)	(− 0.87)	(1.95)	(1.91)
AGE	− 0.004	− 0.018***	− 0.018***	− 0.001***	− 0.001***
	(− 0.16)	(− 6.06)	(− 6.07)	(− 3.07)	(− 3.04)
ROA	− 0.287	0.082**	0.082**	0.216**	0.225**
	(− 1.14)	(2.04)	(2.02)	(2.24)	(2.30)
EPS	0.031	0.010*	0.010*	− 0.040	− 0.041
	(0.84)	(1.69)	(1.71)	(− 1.59)	(− 1.62)
Constant	− 1.612***	0.039***	0.035***	0.905***	0.954***
	(− 4.54)	(2.80)	(2.71)	(4.07)	(4.27)
YEAR	Yes	Yes	Yes	Yes	Yes
Industry	Yes	Yes	Yes	Yes	Yes
sigma_u	0.264***	0.029***	0.029***	0.145***	0.143***
	(20.22)	(18.12)	(18.10)	(18.90)	(18.75)
sigma_e	0.225***	0.038***	0.038***	0.161***	0.161***
	(50.88)	(51.38)	(51.36)	(51.07)	(51.04)
N	2 279	2 279	2 279	2 279	2 279
			传承模式组		
变量	(1) SC	(2) INV	(3) INV	(4) INVSTR	(5) INVSTR
SUM	0.082***	− 0.002**	− 0.001**	0.035***	0.028***
	(2.83)	(− 2.31)	(− 2.27)	(3.25)	(3.33)
SC			0.002***		0.028***
			(3.46)		(2.97)
GROW	0.008	0.003**	0.003**	0.006	0.006
	(0.72)	(2.11)	(2.09)	(0.81)	(0.83)
SIZE	0.090***	0.009***	0.009***	− 0.038**	− 0.040**
	(3.32)	(2.71)	(2.74)	(− 2.23)	(− 2.36)
LEV	− 0.100	− 0.008	− 0.008	0.145**	0.147**
	(− 0.89)	(− 0.62)	(− 0.64)	(1.99)	(2.02)
CASH	55.581	14.250**	14.390**	− 31.141	− 32.710
	(1.16)	(2.47)	(2.49)	(− 1.02)	(− 1.07)

	传承模式组				
变量	(1) SC	(2) INV	(3) INV	(4) INVSTR	(5) INVSTR
NPR	− 55.940	− 14.275 **	− 14.416 **	31.484	33.063
	(− 1.16)	(− 2.47)	(− 2.49)	(1.03)	(1.08)
AGE	− 0.088 **	− 0.012 **	− 0.012 **	− 0.029	− 0.026
	(− 2.06)	(− 2.35)	(− 2.38)	(− 1.08)	(− 0.98)
ROA	− 0.193	0.056	0.056	0.521 *	0.525 *
	(− 0.43)	(1.07)	(1.07)	(1.79)	(1.81)
EPS	0.050	0.009	0.009	− 0.060	− 0.062
	(0.79)	(1.18)	(1.20)	(− 1.49)	(− 1.52)
Constant	− 2.088 ***	− 0.099 **	− 0.104 **	− 0.721 *	− 0.781 **
	(− 3.45)	(− 2.39)	(− 2.44)	(− 1.89)	(− 2.03)
YEAR	Yes	Yes	Yes	Yes	Yes
Industry	Yes	Yes	Yes	Yes	Yes
sigma_u	0.263 ***	0.032 ***	0.032 ***	0.165 ***	0.164 ***
	(15.30)	(15.05)	(15.05)	(14.15)	(14.07)
sigma_e	0.203 ***	0.023 ***	0.023 ***	0.133 ***	0.133 ***
	(24.52)	(23.96)	(23.94)	(23.82)	(23.80)
N	1 085	1 085	1 085	1 085	1 085

注：*、* *和 * * *分别表示在10%、5%和1%水平上显著；括号内为 t 值。

由表6-6可知，改变模型进行检验后，在传承过程组，家族企业代际传承过程与社会资本的相关系数为 − 0.042，且在5%显著性水平上显著相关；在不考虑社会资本的情况下，家族企业传承过程和投资规模与投资结构都在1%的显著性水平下显著负相关，将社会资本引入传承过程和投资规模的关系模型中后，传承过程与投资规模的回归系数为 − 0.006，在1%的显著性水平上显著，其绝对值小于没有引入社会资本前传承过程的回归系数绝对值（0.006＜0.009），社会资本与投资规模的回归仍在5%的显著性水平上显著正相关，这说明家族企业传承过程经过社会资本影响到了投资规模；同样，在引入社会资本变量后，传承过程和投资结构的回归系数为 − 0.059，且在1%显著性水平上显著，社会资本与投资结构的回归系数为0.028，在1%水平上显著，并且与没有考虑社会资本时相比，传承过程与投机结构的系数绝对值变小了（0.059＜0.088），这说明社会资本在传承过程与投资结构的关系中也起到了一定的中介作用。

在传承模式组，传承模式和社会资本的相关系数是0.082，在1%显著性水平上相关；在没有考虑社会资本的情况下，传承模式和投资规模在5%的显著性水平下显著负相关,与投资结构在1%的显著性水平下显著正相关;将社会资本放入模型以后,传承模式与投资规模的相关系数为 -0.001,其绝对值小于没有考虑社会资本时投资规模系数的绝对值($0.002 < 0.001$),并且在1%显著性水平上显著,说明家族企业传承模式经过社会资本影响到了投资规模;同样,考虑了社会资本以后,传承模式和投资结构的相关系数也变小了($0.028 < 0.035$),但仍在1%显著性水平上显著,说明社会资本在传承模式与投资结构关系中也起到了部分中介作用。

在变换了检验模型以后,实证结果也与前文回归结果一致,由此可知本书的实证结论是稳定可靠的。

6.4.2.2 变量替换

为了排除度量方法差异对研究的影响,本书将主要变量的衡量指标进行替换。其中,借鉴李青原和王红建(2013)、黄宏斌和刘志远(2014)等学者的研究,本书采用资产负债表法来度量投资规模,即长期投资=固定资产、无形资产和其他长期资产的净值/平均总资产;采用 R&D 支出的相对值来度量投资结构,即投资结构=(本期 R&D 支出-上期 R&D 支出)/(本期新增投资-上期新增投资);对中介变量社会资本的替换是在借鉴赵岩(2013)研究的基础上,用变异系数法重新计算企业社会资本各个测量指标的权重。首先用标准差比上均值求得权重因子,其次把8个权重因子相加求和,最后用每个权重因子分别与权重因子之和相比,分别求得企业社会资本各个测量指标的权重,从而构建了企业社会资本指数。

根据替换后新的家族企业投资规模、投资结构和社会资本变量,重新对模型(6-1)至(6-6)进行多元回归,稳健性检验的回归结果见表 6-7。

表 6-7　　变量替换后家族企业社会资本与长期投资决策稳健性检验结果

变量	传承过程组				
	(1) SC	(2) INV	(3) INV	(4) INVSTR	(5) INVSTR
SUC	-0.950^{***}	-0.032^{*}	-0.005^{**}	-0.029^{***}	-0.011^{***}
	(-5.47)	(-1.79)	(-2.15)	(-6.64)	(-3.97)
SC			0.003^{***}		0.004^{**}
			(3.30)		(2.02)
GROW	0.013^{**}	0.013	0.000	0.002	0.000
	(2.51)	(0.62)	(0.15)	(0.86)	(0.37)
SIZE	0.138^{***}	0.011	0.022^{***}	-0.002	0.001
	(15.71)	(1.16)	(4.76)	(-0.86)	(0.61)

		传承过程组			
变量	(1) SC	(2) INV	(3) INV	(4) INVSTR	(5) INVSTR
LEV	− 0.015*	− 0.202***	− 0.107***	− 0.011	− 0.011
	(− 1.93)	(− 4.39)	(− 5.06)	(− 0.99)	(− 1.14)
CASH	− 1.002	0.402	0.400	− 0.010	− 0.067
	(− 0.79)	(0.36)	(0.78)	(− 0.04)	(− 0.30)
NPR	0.702	− 0.531	− 0.829	0.127	0.178
	(0.63)	(− 0.48)	(− 1.63)	(0.48)	(0.79)
AGE	− 0.039***	0.022**	− 0.019***	− 0.010***	− 0.012***
	(− 4.02)	(2.11)	(− 3.97)	(− 4.21)	(− 5.75)
ROA	− 0.317	0.183***	0.305***	0.085*	0.065
	(− 1.21)	(2.83)	(3.01)	(1.67)	(1.46)
EPS	0.009	0.002	− 0.053***	− 0.008	0.017***
	(0.47)	(0.51)	(− 3.79)	(− 1.13)	(2.71)
Constant	− 3.251***	0.051**	0.043**	0.053***	0.040***
	(− 15.47)	(2.54)	(2.42)	(2.76)	(3.91)
YEAR	Yes	Yes	Yes	Yes	Yes
Industry	Yes	Yes	Yes	Yes	Yes
N	2 861	2 861	2 861	2 861	2 861
adj. R^2	0.274	0.317	0.317	0.325	0.325

		传承模式组			
变量	(1) SC	(2) INV	(3) INV	(4) INVSTR	(5) INVSTR
SUM	0.071***	− 0.015*	− 0.010**	0.018***	0.010***
	(2.80)	(− 1.74)	(− 1.99)	(4.71)	(4.63)
SC			0.010***		0.054***
			(2.76)		(2.68)
GROW	0.019***	0.002	0.001	− 0.001	− 0.002
	(2.87)	(0.66)	(0.17)	(− 0.46)	(− 1.37)
SIZE	0.182***	0.025***	0.029***	− 0.004*	− 0.003
	(13.11)	(3.79)	(4.17)	(− 1.78)	(− 0.92)
LEV	− 0.041	− 0.136***	− 0.136***	− 0.004	− 0.001
	(− 0.93)	(− 4.65)	(− 4.57)	(− 0.31)	(− 0.10)
CASH	− 0.258	0.476	0.428	0.024	− 0.096
	(− 0.46)	(0.96)	(0.84)	(0.12)	(− 0.43)

变量	(1) SC	(2) INV	(3) INV	(4) INVSTR	(5) INVSTR
NPR	0.153	− 0.809 *	− 0.754	0.122	0.200
	(0.49)	(− 1.64)	(− 1.48)	(0.60)	(0.90)
AGE	− 0.019 ***	− 0.027 ***	− 0.026 ***	− 0.013 ***	− 0.013 ***
	(− 3.48)	(− 3.34)	(− 3.18)	(− 4.00)	(− 3.71)
ROA	− 0.058	0.312 **	0.330 **	0.079	0.137 **
	(− 1.42)	(2.10)	(2.17)	(1.30)	(2.06)
EPS	0.031	0.064 ***	− 0.069 ***	0.019 **	0.022 **
	(0.87)	(3.28)	(− 3.47)	(2.35)	(2.49)
Constant	− 3.735 ***	− 0.072 **	− 0.036 **	− 0.045 ***	− 0.060 ***
	(− 12.01)	(− 2.48)	(− 2.23)	(− 2.68)	(− 2.86)
YEAR	Yes	Yes	Yes	Yes	Yes
Industry	Yes	Yes	Yes	Yes	Yes
N	1 039	1 039	1 039	1 039	1 039
adj. R^2	0.229	0.336	0.336	0.329	0.329

表头："传承模式组"

注：*、* * 和 * * *分别表示在10%、5%和1%水平上显著；括号内为 t 值。

由表6-7可知，改变变量的度量方式后，在传承过程组，家族企业传承过程和投资规模与投资结构分别在10%和1%的显著性水平下显著负相关；家族企业代际传承过程与社会资本的相关系数为 − 0.950，且在1%显著性水平上显著相关。再次说明与尚未进入代际传承实施期相比，进入代际传承实施期后家族企业的社会资本强度下降；将社会资本引入传承过程和投资规模的关系模型中后，传承过程与投资规模的回归系数为 − 0.005，在5%的显著性水平上显著，其绝对值小于没有引入社会资本前传承过程的回归系数绝对值（0.005＜0.032），社会资本与投资规模的回归仍在1%的显著性水平上显著正相关，这说明家族企业传承过程经过社会资本影响到了投资规模。同样，在引入社会资本变量后，传承过程和投资结构的回归系数为 − 0.011，且在1%显著性水平上显著，社会资本与投资结构的回归系数为0.004，在5%水平上显著，并且与没有引入社会资本变量时相比，传承过程与投机结构的系数绝对值变小了（0.011＜0.029），这说明社会资本在传承过程与投资结构的关系中也起到了一定的中介作用。

在传承模式组，由列(2)、列(4)可知家族企业传承模式也与长期投资决策显著相关。在列(1)中，子女传承模式与社会资本的相关系数为 − 3.664（ − 3.735 + 0.071），在1%显著性水平上相关，说明子承父业后家族企业的社会资本强度会下降；职业经理人传承模式与社会资本的相关系数为 -3.735，在 1% 水平上显著相关，并且 3.664<3.735，由此可见，家族企业实施代际传承后，与职业经理人传承模式相比，子承父业模式下社会资本强度下降较小。在列(3)中，引入社会资本变量后，传承模式和投资规模的回归系数为 -0.010，在 5% 显著性水平上显著，与没有引入社会资本变量时相比，传承模式和投资规模的回归系数绝对值变小了(0.001<0.015)，但社会资本与投资规模仍在 1% 的显著性水平上正相关，这说明社会资本在传承模式对投资规模的影响中起到了中介作用。

由列(5)可知，引入社会资本变量前后，传承模式和投资结构都在 1% 的显著性水平上显著正相关，并且引入社会资本变量后，传承模式和投资结构的回归系数变小了(0.012<0.018)，社会资本与投资结构回归系数的显著性水平却没有发生变化，说明社会资本在传承模式和投资结构的关系中具有中介效应。

在替换了投资规模、投资结构和社会资本变量后度量的实证结果也与前文回归结果一致，因此，再次证明本书的实证结论是稳定可靠的。

6.5 本章小结

本章以 2008—2019 年我国沪深非金融类上市家族企业为研究样本，检验了家族企业社会资本在家族企业代际传承和长期投资决策关系中的中介效应。首先，根据理论分析提出四个研究假设，然后借鉴已有研究文献进行变量设定和模型设计，最后通过实证方法对假设进行检验。研究结论如下：①家族企业代际传承过程会通过影响社会资本，进而影响长期投资规模和投资结构，即社会资本在家族企业代际传承过程影响长期投资决策中起到了部分中介作用；②家族企业代际传承模式也会通过影响社会资本，进而影响长期投资规模和投资结构，即社会资本在家族企业代际传承模式影响长期投资决策中起到了部分中介作用；③进一步分析了家族所有权、家族化方式与家族企业所在地区市场化水平在家族企业代际传承经过社会资本对长期投资决策的中介效应的调节作用，研究发现，不管是家族企业所有权、家族化方式还是市场化水平都能够影响社会资本的中介效应，但是调节路径有所不同。具体而言，社会资本对传承过程与投资决策以及传承模式与投资结构中的中介效应的所有路径中，都受到了家族所有权的影响，但是传承模式经过社会资本影响投资规模的路径中，只有后半路径受到了家族所有权的调节；家族化方式影响了传承过程经过社会资本作用于投资决策的直接路径和后半路径，中介效应的前半路径不受调节，在传承模式对投资结构的影响中，社会资本的中介效应在所有路径都受到了调节，但是在传承模式对投资规模的影响中，家族化方式只调节了社会资本中介效应的前后路径,直接路径不受影响;在传承过程经过社会资本对投资规模和传承模式经过社会资本对投资结构的影响中,市场化水平只调节了社会资本中介效应的后半路径,前半路径和直接路径都不受市场化水平的影响,但是市场化水平影响了社会资本在传承过程与投资结构以及传承模式与投资规模中的所有路径。

7 代际传承家族企业实施异质性投资决策经济后果的实证研究

本章重点检验代际传承家族企业通过优化投资结构、实施稳健性的投资决策对其可持续发展能力和经营风险的影响。首先,通过理论分析提出相关的研究假设;其次,通过实证分析检验所提出的研究假设,并对实证分析结果进行内生性和稳健性检验;最后,对本章的研究情况进行整体性概括。

7.1 理论分析与研究假设

家族企业相比非家族企业有更高水平的长期导向(Anderson 和 Reeb,2004;Kellermanns 和 Eddleston,2007),家族企业永续经营的准则是注重追求长久收益,获得长期发展,实现基业长青,"老字号""老品牌""百年老店"等通常与家族企业密不可分,这都是长期导向的基本体现。家族企业不同于非家族企业的一个重要特征是,家族企业不仅追求经济目标,而且更看中非经济目标,其非经济目标大多属于长期目标,需要依靠长期导向来实现。因此,有长期导向的家族企业在做出经济决策时,会把眼光放得更长远,关注企业的可持续发展能力。尤其在居于经营风险之首的代际传承阶段,为了保证家族财富传递给后代,实现永续发展,家族企业会相对比较保守,更倾向于风险规避(Gómez-Mejía 等,2007),采取保守的资源分配战略(Wang 等,2019),制定稳健的投资决策,来降低企业经营风险,提高企业可持续发展能力。

7.1.1 代际传承家族企业实施稳健投资决策与经营风险

创始人将"帅印"转交给泛家族成员的继任过程是家族企业生命周期的关键环节,一个关乎企业稳定发展的动态演变战略过程。"主帅"的更替必将给企业的发展带来各种不确定变化,加大企业经营风险。家族企业进入代际传承实施期可能受到不确定性的负面影响而加大企业的经营风险,主要体现在以下四个方面:

第一,创始人的能力、声誉、权威以及其他特殊资产依赖于个人而存在,具有很强的黏性特征,难以传承给下一代。黏性来源于复杂的过程而招致的额外成本,这一过程包含特殊资产的自觉重建、传播与整合以及在企业形成新的惯例。因此,这种黏性使得这类特殊资产处于惰性状态———旦获得,就难以被其他人触及或修正,并且在转移过程中就容易出现使用价值的损耗(Agarwal等,2002)。在家族企业传承的过程中,就会出现创始人个人特殊无形资产的流失,而继承人则存在管理经营不足、与企业内外利益相关者的关系网络尚未构建巩固、合法性权威不足等问题,出现"少主难以服众"的尴尬局面。因此,相比较于由职业经理人掌控企业,家族企业中由于非正式权威的存在而面临更多的传承冲突,造成继承人"名不正,则言不顺;言不顺,则事不成",进而难以调动资源和开展工作,企业的经营风险加大。

第二,家族企业代际传承实施期存在不同家族利益集团之间的冲突。家族企业是家族和企业的二元融合,是由家族治理和/或管理,通过主导联盟(dominant coalition)塑造追求家族愿景,希望企业能稳定代代相传的企业,具有家族和企业的双重性质。家族企业是家族财富的主要来源,家族企业代际传承的实质也是企业利益在不同家族之间的再分配,注定不可能会一帆风顺。一方面,在创业期,家族企业管理者因血亲关系而紧密团结,且创始人在家族企业治理中通常拥有极高的个人权威,因而创业初期的家族控制权、股东流动性以及企业增长资本协调较为容易。但在传承窗口期,继承人拥有了企业的管理权,继承人和创始人由于生活经历不同,经营理念和管理风格就会产生分歧,不可避免地会出现各种矛盾和冲突(范作冰等,2018)。同时,传承可能使得企业的股权分散,形成兄弟姐妹共同持股、共同管理的治理模式(Nordqvist等,2013)。兄弟姐妹们由于有着相同的生活环境、高等学府的教育背景等,就会认为彼此能力相近,对权力的分配更加敏感,这更容易引起兄弟姐妹之间权力竞争,特别当权力配置不均衡时,更会加剧继承人内部矛盾,造成不同利益集团之间的冲突可能越发激烈,一些过去隐藏的矛盾次第显现,加大企业经营风险。另一方面,虽然家族股东间具有趋同性与行动一致性,但也具有自利动机、目标与偏好差异性。由于代际传承通常需要集体行动,不同的利益集团为了增进自己的利益会寻找最有利于自己的结果,导致家族成员之间的利他主义效应减弱,降低家族使命感(Mustakallio等,2002),故而集体行为会产生"搭便车"、败德危险等问题。家族内部利益集团之间经营权与控制权的争夺,使得家族成员忙于企业内部政治运动,降低了经营资源配置活动的效率。虽然家族可以通过"一致行动人"等机制集中企业所有权且部分成员退出管理层,但又会出现活跃股东(担任管理职务的家族成员)和非活跃股东(不担任管理职务的家族成员),从而形成所有者—运营者的家族企业治理模式。活跃股东可能实施欺诈行为，甚至压制其他家族成员，而非活跃股东可能要求更高的企业分红而不愿意为企业发展提供资本支持（Kellermanns 和 Eddleston，2007；Michiels 等，2015）。当兄弟姐妹共同持股分化为堂（表）兄弟姐妹共同持股时，家族企业便从所有者—运营者形式转变为所有者—投资者形式，家族内部控制权与股东流动性之间的冲突进一步被放大，治理难度也随之增加。即使继任者掌握经营权后，也可能遭到企业高管利益集团的制衡，出现组织功能性紊乱（贺小刚等，2011）。

第三，继任者需要重构与供应商、销售商、银行、政府等外部相关者的关系网络。处于不同成长阶段的企业，企业家关系网络也会随之发生变化（Watson 等，2007）。家族企业关系网络模式并不是固定不变的，由于受掌权者更换等众多复杂因素的影响，关系网络会通过更新成员、拓展延伸关系等方式不断循环演进与重构（张潇璇，2013）。在弱法律制度的市场中，保持距离型的"规则"并没有得到发展，而是在家族、社会或政治制裁的强制下，选择关系型的"惯例"主导市场交易作为替代性安排（Fan 等，2012）。在创一代企业中，创始人根据自己的人脉资源与供应商、客户、银行等外部利益相关者建立了稳定的关系网络，并通过相应的社会资本获取了企业发展所需的战略资源。但是进入代际传承期后，创始人多年建立起来的信任机制会逐渐瓦解，原来与家族企业有着稳定战略合作的供应商会源于对继承人的不认同而中断联盟，债权人会增加企业融资的难度等。不仅源于父辈关系的"面子"难以复制，就是创始人的社会关系网络也很难完全转移给继任者，继承人为了建立起自己的社会关系网络，往往需要花费大量的时间、努力与资源重新赢得外部相关者的信任，甚至采取有损商业道德的寻租方式与同业合作者、银行、政府等保持良好的关系并获取资源。另外由于两代成长环境、教育方式不同，其价值观和世界观都不尽相同，二代的管理理念、经营方式也会与父辈有所差异，其会重新构建自己的关系网络，对其社会资本进行投资。关系网络的异化和重新构建都会给企业经营环境造成不稳定，加大企业经营风险。

第四，继任者欠缺丰富的经营管理经验。在职业经理人市场不成熟、"家文化"传统思想深厚的中国，家族企业的继承者选择上存在着"代际锁定"的现象（胡旭阳和吴一平，2017），更倾向于选择家族后代作为继任者，即使家族候选人不具备足够的专业知识和能力成为公司领导者。很多受过高等教育、得到过系统管理经营培训的继承人由于缺乏和企业共同成长的经历，对企业的归属感不高，并且空有理论，而实际的管理能力和经营经验不足。当创始人选择一个能力不足的家族继任者来管理公司时，可能会损害公司声誉与价值，甚至出现所谓的逆向选择问题（Burkart 等，2010），加剧传承家族企业内部动荡。

同时，在不同的传承模式下，代际传承给家族企业经营环境所造成的不确定影响也会有所不同。在儒家文化基调的深刻影响下,家族企业传承人更倾向于将其毕生心血所创建的事业和积累的财富由子女来继承,使家族的财富和名誉持久不衰。因此,家族企业的创始人会给予继承人最大的信任和扶持,帮助继承人快速成长,融入企业的内外关系网络之中,从而建立起自己的权威,减少传承给企业经营所带来的动荡不安。继承人是在传承人艰苦创业的熏陶下成长起来的,受到了长期的优秀训练和培养,往往更能够有效操控企业整体经营决策,有利于家族经营管理精神的持续和稳定以及家族资源的整合配置。但是,与子承父业模式不同,受"差序格局"的信任结构(胡宁,2016)和防御性的经营策略(陈凌等,2010)的影响,职业经理人以控制经营权介入家族企业组织构架之中,必然会使家族企业所有权和经营权部分或全部分离,难免会让家族企业创始人心生疑虑,也很难让企业员工产生认同感,从而对职业经理人的管理进行干预和制约,进一步加剧传承家族企业的经营风险。并且,职业经理人对企业发展愿景、战略规划等可能并不熟悉,对企业文化也会接受不了,就会与创始人的管理理念和战略规划产生冲突。因此,与子承父业模式相比,家族企业引入职业经理人对企业进行管理和运营,会更容易激化家族内部矛盾,向企业外部利益相关者传递经营不稳定信息,促进企业经营环境的不确定性。

基于以上分析,本书提出以下假设:

H8a:与尚未进入代际传承实施期相比,进入代际传承实施期后,家族企业的经营风险水平提高。

H8b:与职业经理人模式相比,在子承父业模式下,家族企业的经营风险水平提高得较低。

具有长期导向的家族企业相对比较保守,不安全感和防御性特征驱使家族企业控制人除了追求控制权收益的经济目标外,重视非经济收益如保存社会情感财富更是家族企业战略决策的重要特征(Gómez-Mejía 等,2014)。家族对于企业具有特定的社会情感禀赋,社会情感财富对家族的价值是内在的,而且家族在心理层面上对企业具有认同感与归属感。家族的命运通常与家族企业绑定在一起,若代际传承失败,则可能导致家族与企业灾难性的社会情感损失与财务损失。传承中的不确定性会影响继任者对风险偏好的态度,而继任者对风险偏好的态度会决定其在企业风险承担方面的决策。为了避免家族企业社会情感财富流失,继任者可能会提高损失预期,表现出更强的风险厌恶性,进而使得企业风险承担水平低于最优状态,即"风险厌恶效应"。

从风险厌恶效应的角度看,在代际传承实施期,家族企业可能倾向于采取稳健的投资决策,通过减少投资来降低企业经营风险。首先,代际传承的不确定性可能缩减企业自由现金流量,使得企业在面临潜在风险爆发时缺乏足够的抵御能力。由于家族企业要保证代际传承后企业的控制权,企业内部存在各种冲突,同时代际传承也会造成家族企业外部关系网络异化,增加企业管理成本,出现业绩下滑的现象(Bennedsen 等,2015;万伦来等,2017)。代际传承不确定性的增加、自由现金流量的减少会促进家族企业降低投资水平、缩减投资规模。其次,具有长期导向的家族继任者可能会主动规避代际传承不确定性的负面影响,在制定战略决策时变得更为保守,因为他们可能为了保留社会情感财富,更关心企业的存续而不是短暂的扩张。降低传承阶段经营风险是家族企业的一种高阶启发式的跨时期选择,是家族企业的主导联盟在决策和行动时的主导逻辑,家族企业要想生存下去,获得长期发展,在决策时需要考虑时间因素,不能只看重眼前的利益,而是要把目光放长远,关注未来利益的重要性。

企业投资是一项不确定性的活动,由于投入大、周期长,未来盈余受环境影响波动较大,具有较强的不可预测性,企业经营风险会增加。代际传承的需要会使家族企业有更高水平的长期导向(Miller 等,2011),企业的风险承担水平会降低。因此,代际传承的家族企业有更强的通过缩减投资规模来降低企业经营风险的动机。

同时,不同的传承模式下,家族企业风险承受水平也有所不同。在引入职业经理人的家族企业中,两权分离带来的信息不对称,会因职业经理人追求个人的经济目标而让企业变得短视。由于职业经理人的利益回报与其在 2～3 年聘期内达成的业绩目标高度关联,职业经理人必须把企业短期业绩搞上去,把 KPI 做漂亮,这就导致其更关注企业的短期目标。就算职业经理人有长期目标,但是更加看重短期回报的股东会给职业经理人施加压力,限制他们的长期追求,使企业偏离长期导向的轨道。因此,职业经理人往往具有更强的风险承受能力,不会为了规避风险而放弃净现值为正的投资机会。但是在子承父业模式下,由亲缘关系产生的信任和忠诚度降低了企业代理成本,家族荣辱感更会使得继任者表现出"利他主义"行为——以家族整体利益为核心而适时舍弃个人私利。继任者仍然会扮演管家角色,不仅追求经济目标,而且更看重非经济目标,关注长期绩效。因此,与职业经理人模式相比,在子承父业传承模式下的家族企业更愿意采取稳健的投资决策来降低企业经营风险。

基于以上分析,本书提出以下假设:

H9a:实施代际传承后,家族企业会通过缩减投资规模来降低企业经营风险。

H9b:与职业经理人模式相比,在子承父业传承模式下,家族企业更倾向于通过缩减投资规模来降低企业经营风险。

7.1.2 代际传承家族企业优化投资结构与可持续发展能力

企业所追求的目标通常可以概括为生存、发展与获利,从中可以窥见发展对于企业的重要性,它是企业实现盈利的根本途径。发展能力通常是指企业未来生产经营活动的发展趋势和发展潜能,即企业增长能力。企业应该追求健康的、可持续的增长,这需要管理者利用股东和债权人的资本进行有效运营、合理控制成本,增加收入获得利润,在补偿了债务资本成本之后实现股东财富增加,进而提高企业价值。

可持续发展要求企业在生存和永续发展的过程中,既要顾及实现企业经营目标和提高企业市场地位,同时也要保证企业在领先的竞争领域及以后扩张的经营环境里一直保持持续的盈利水平增长和能力提高。企业保持可持续发展能力的关键是要保证其各项财务指标的稳定性和合理性,即企业要依靠稳健的投资收益、可靠的偿债能力、强大的盈利能力、优秀的经营能力以及合理的资本结构来确保企业具有可持续发展能力。

影响家族企业可持续发展的因素众多,其中代际传承就是非常关键的一环,可被称为是家族企业发展过程中"惊险的一跃"。家族企业经营权和控制权的变更和调整,会为企业的管理水平带来极大挑战,在一定程度上削弱企业经营管理能力和获利能力,降低企业创新绩效,弱化企业的核心竞争力,进而降低企业可持续发展能力。同时,不同的传承模式对家族企业的可持续发展能力影响也有所不同。根据利他主义理论,家族成员任职于家族企业有利于团结企业内部力量,增强企业凝聚力,成员间具有较高的信任水平(王晨宇等,2020)。并且,家族成员将个人利益与企业利益紧密结合,以家族企业的健康长期发展为己任,具有更强的使命感和勤勉度,有助于企业的平稳运转。根据委托代理理论,家族成员间具有较高的信任水平和更有效的内部沟通交流机制,一定程度上可以避免经营权与所有权分离产生的第一类代理成本,还可以降低高管激励成本,从而促进企业绩效的提升。当家族企业引进职业经理人对企业进行管理经营时,职业经理人由于具有丰富的经验积累、极强的决策能力、组织能力等领导者特质,从竞争者中脱颖而出,与家族成员相比,他们更能带领家族企业提升经营效率,以更科学的管理机制、战略规划与布局,为企业可持续发展提供增长动力。但是,受根深蒂固的儒家思想下传承文化的影响,职业经理人很难赢得家族企业创始人的信任,双方的契约精神中都带有自利倾向和机会主义行为,他们的行为都在有限的理性范畴,双方的交易是不可能通过契约加以保障的,很难建立一个互信基础,从而导致职业经理人会为追求个人利益最大化而损害企业利益,受较高的代理成本影响,对企业发展产生负向作用。

基于以上分析,本书提出以下假设:

H10a:与尚未进入代际传承实施期相比,进入代际传承实施期后,家族企业的可持续发展能力降低。

H10b:与职业经理人模式相比,在子承父业模式下,家族企业的可持续发展能力的降低较为缓慢。

为了打破"福不过三代"的宿命,实现家族企业基业长青,提高企业可持续发展能力,家族企业会通过财务安排,在代际传承阶段转换中创造风险较小的环境,战略实施倾向于保守。同时,在传承和转型双重压力下,考虑到权力的接替以及企业社会资本在代际传承中的损失,家族企业还会通过优化企业的投资结构来提高企业价值创造能力,促进企业可持续发展。

R&D 活动作为技术进步和应用创新的统一体,是企业保持强有力可持续发展能力的强心剂,也是提高企业运营效率、获取核心竞争力的重要手段。这是因为企业可以通过技术创新而改进产品的性能和质量,改进原有的生产工艺,提高资源的利用效率,使得企业抢占更多的市场份额并获得超额的利润,对企业的可持续发展能力的提升起到积极的促进作用;通过有效的管理创新可以增强企业抵抗风险的能力,并有助于企业资源要素的高效组合,产生更多的新知识、新方法、新技巧,从而提升企业的可持续发展能力;调整企业的组织结构、激励模式、决策体系等途径,有助于企业对现有资源的高效利用,提高企业的创新效率,奠定企业在行业中的核心地位,实现企业可持续发展能力的提升。因此,企业提高创新能力有利于其可持续发展能力的提升。

然而,由于 R&D 活动具有高风险性,其对企业可持续发展能力的影响充满了不确定性。高研发强度虽然能为企业和投资者带来长期超额正收益,但同时也能带来更大的风险。产业组织理论认为,R&D 投资是企业的一项投资,其产出和收益均存在很大的不确定性。因此,家族企业进入代际传承阶段,为了平稳度过这一时期,家族企业主要会通过降低 R&D 投资来提高企业资源利用效率和盈利能力,实现家族企业的可持续发展。

另外,在子承父业模式下,两权合一会促使家族企业追求可持续发展,会更谨慎、科学地做出投资决策,优化投资结构。但是在职业经理人模式下,职业经理人会更倾向于用短期成果彰显自己的管理质量,产生管理机会主义行为,以获得个人利益最大化(Block 和 Thams,2007)。同时,若家族成员不参加管理,只是拥有所有权,职业经理人可能会将企业视作一种投资,更看重短期利益,进而偏向短期导向,会加大资本投资规模而挤压 R&D 投资,加大企业经营风险,降低企业经营效益。

基于以上分析,本书提出以下假设:

H11a:投资结构在家族企业传承过程和可持续发展能力中起到了部分中介作用,即家族企业实施代际传承后,通过降低 R&D 支出在长期投资中的占比降低了企业可持续发展能力。

H11b:投资结构在家族企业传承模式和可持续发展能力中起到了部分中介作用,即与职业经理人模式相比,在子承父业传承模式下,家族企业 R&D 支出在长期投资中的占比下降不大而对企业可持续发展能力的削弱较小。

7.2 研究设计

7.2.1 样本设计与数据来源

本章以第 4 章中所使用的样本为研究样本,家族企业代际传承、长期投资规模和投资结构的数据使用的是第 4 章中样本公司的数据,相关的控制变量的财务和市场数据主要来自国泰安数据库、万德数据库,以及上海证券交易所、深圳证券交易所、新浪财经和巨潮资讯网等网站。

7.2.2 变量定义与模型设计

本章所使用自变量和中介变量分别是第 4 章已介绍过的家族企业代际传承过程和传承模式以及长期投资规模,本章就不再详细介绍。

为了检验传承家族企业实施稳健的投资决策对其经营风险的影响,本章构建模型如下:

$$RISK_{i,t} = \alpha_0 + c'SUC_{i,t} + bINV_{i,t} + \beta_n CONTROL_{i,t} + \varepsilon_{i,t} \quad (7-1)$$

$$RISK_{i,t} = \alpha_0 + c'SUM_{i,t} + bINV_{i,t} + \beta_n CONTROL_{i,t} + \varepsilon_{i,t} \quad (7-2)$$

模型(7-1)和(7-2)中的被解释变量是企业经营风险(RISK)。本书借鉴 Boubakri 等(2013)、孙兰兰等(2017)的做法,采用息税前利润的波动程度来衡量企业的经营风险,为了减少企业规模的影响,对各企业的经营波动程度进行标准化,即息税前利润的标准差除以净资产。

$$\delta_{i,t} = \sqrt{\frac{1}{T-1} \sum_{i=1}^{T} \left(EBIT_{i,t} - \frac{1}{T} \sum_{i=1}^{T} EBIT_{i,t} \right)^2} \quad (7-3)$$

$$RISK_{i,t} = \delta_{i,t} / NetAsset_{i,t} \quad (7-4)$$

其中，$RISK_{i,t}$ 为第 i 家公司第 t 年的经营风险（盈利波动程度）；$EBIT_{i,t}$ 为第 i 家公司第 t 年的息税折旧摊销前利润；$NetAsset_{i,t}$ 为第 i 家公司第 t 年的净资产。

同时，本章参考傅颖等（2019）、方慧和宋玉洁（2021）等研究，选取了公司规模、上市年限、资产负债率、资产收益率、继承人的性别、继承人的教育水平、年度虚拟变量和行业虚拟变量等控制变量。

模型中对相关变量的定义如表 7-1 所示。

表 7-1   主要变量定义表（1）

变量类型	变量名称	变量符号	变量定义
因变量	经营风险	RISK	企业 t 期息税前利润的波动程度
自变量	传承过程	SUC	虚拟变量，家族企业进入代际传承实施期后取值为 1，尚未进入代际传承实施期取值为 0
自变量	传承模式	SUM	虚拟变量，继承人是创始人直系亲属则取值为 1，是职业经理人则取值为 0
中介变量	长期投资规模	INV	（t 期资本支出 + t 期 R&D 支出）/ t 期期初总资产
控制变量	公司规模	SIZE	t 期期末总资产自然对数
控制变量	上市年限	AGE	Ln（本期的上市年限）
控制变量	资产负债率	LEV	t 期期末总负债/ t 期期末总资产
控制变量	资产收益率	ROA	t 期净利润/ t 期期末总资产
控制变量	企业成长性	GROW	t 期期末的 Tobin Q 值
控制变量	继承人的性别	SEX	虚拟变量，继承人是男性取值为 1；继承人是女性取值为 0
控制变量	继承人的教育水平	EDU	虚拟变量，继承人本科及以上学历取值为 1；继承人本科以下学历取值为 0
控制变量	年度虚拟变量	YEAR	控制年度因素的影响，以 2008 为基准，由于本书涉及 2008—2019 年总共 12 个年度，设置 11 个年度虚拟变量
控制变量	行业虚拟变量	IND	控制行业因素的影响，按证监会 2012 年对上市公司的行业分类标准，由于本书涉及 17 个行业，设置 16 个虚拟变量

为了检验代际传承的家族企业优化投资结构对其可持续发展能力的影响，本书构建模型如下：

$$SDA_{i,t} = \alpha_0 + c'SUC_{i,t} + bINVSTR_{i,t} + \beta_n CONTROL_{i,t} + \varepsilon_{i,t} \quad (7-5)$$

$$SDA_{i,t} = \alpha_0 + c'SUM_{i,t} + bINVSTR_{i,t} + \beta_n CONTROL_{i,t} + \varepsilon_{i,t} \quad (7-6)$$

其中，企业要获得可持续增长，就必须在股东权益、利润、收入和资产等各方面谋求协调发展。企业可持续发展能力分析就是通过对股东权益增长率、利润增长率、收入增长率和资产增长率等指标进行相互比较与全面分析,综合判断企业的整体发展能力。因此本书借鉴张学亮(2013)的研究方法,利用范霍恩可持续发展静态模型对企业的可持续发展能力进行衡量与计算,其具体计算公式为:

$$SDA = \frac{销售净利率 \times 收益留存率 \times (1 + 产权比率)}{1/ 总资产周转率 - 销售净利率 \times 收益留存率 \times (1 + 产权比率)} \quad (7\text{-}7)$$

利用模型(7-7)计算出的可持续增长率 SDA 值表示根据经营比率、负债比率和股利支付比率计算的目标值,公司销售额的最大年增长率,同时是企业当前经营效率和财务政策决定的内在增长能力,该值越大表明企业可持续发展能力越高。其中,销售净利率是指净利润与销售收入净额的比值;收益留存率是指留存的收益与净利润的比值;产权比率是指总负债与所有者权益总量的比值;总资产周转率是指营业收入净额与平均总资产的比值。

同时,本章参考苏屹和刘敏(2018)等研究,选取了公司规模、企业年龄、资产负债率、资产收益率、继承人的性别、企业主的教育知识水平、年度、和行业等控制变量。

模型中对相关变量的定义如表 7-2 所示。

表 7-2 　　　　　　　　　　　主要变量定义表(2)

变量类型	变量名称	变量符号	变量定义
因变量	可持续发展能力	SDA	采用范霍恩可持续发展静态模型度量
自变量	传承过程	SUC	虚拟变量,家族企业进入代际传承实施期后取值为1,尚未进入代际传承实施期取值为 0
	传承模式	SUM	虚拟变量,继承人是创始人直系亲属则取值为1,是职业经理人则取值为 0
中介变量	投资结构	INVSTR	t 期 R&D 支出/(t 期资本支出 + t 期 R&D 支出)
控制变量	公司规模	SIZE	t 期期末总资产自然对数
	上市年限	AGE	Ln(本期的上市年限)
	资产负债率	LEV	t 期期末总负债/t 期期末总资产
	资产收益率	ROA	t 期净利润/t 期期末总资产
	企业成长性	GROW	t 期期末的 Tobin Q 值
	股东权益周转率	ER	t 期销售收入/t 期平均股东权益
	净利润增长率	NMGR	t 期净利润增加额/t-1 期净利润
	年度虚拟变量	YEAR	控制年度因素的影响,以 2008 为基准,由于本书涉及 2008—2019 年总共 12 个年度,设置 11 个年度虚拟变量
	行业虚拟变量	IND	控制行业因素的影响,按证监会 2012 年对上市公司的行业分类标准,由于本书涉及 17 个行业,设置 16 个虚拟变量

7.3 实证结果与分析

7.3.1 描述性统计结果与分析

表7-3统计了本章模型中新增变量在研究期间的描述性统计结果。从表7-3可以看出,在企业经营风险方面,代际传承家族企业的经营风险平均值为0.150 1,由此可见,代际传承家族企业都面临一定水平的经营风险,其最大值为0.309 4,最小值为0.007 1,标准差为1.375,这说明我国代际传承家族企业经营风险水平都较高,并且各个企业间的经营风险水平存在一定的差异;在可持续发展能力方面,代际传承家族企业可持续增长率的平均值为0.063 5,说明代际传承家族企业以平均6.35%的速度在增长,最大值为0.300 5,最小值为0,标准差为0.702 7,可见我国代际传承家族企业整体上可持续发展能力并不高,并且每个企业之间的可持续发展能力存在较大差异。

表 7-3 新增变量描述性统计结果

变量	平均值	标准差	最小值	中位数	最大值	样本量
RISK	0.150 1	1.375	0.007 1	0.196 4	0.309 4	2 861
SDA	0.063 5	0.702 7	0	0.102 4	0.300 5	2 861
SEX	0.820 5	0.64	0	1	1	2 861
EDU	0.903 7	0.152	0	1	1	2 861
ER	0.106 9	0.925 1	0.002 8	0.142 7	0.284 8	2 861
NMGR	0.130 7	0.522 4	0.008 5	0.128 1	0.257 1	2 861

7.3.2 相关性分析

为了更直观地观察自变量与因变量之间的关系,判断代际传承家族的企业投资决策与企业经营风险和可持续发展能力之间的相关性方向和程度,对研究假设是否合理进行初步判断,本书又对主要变量之间的关系进行了 Pearson 相关系数检验,具体结果如表7-4和表7-5所示。

从表7-4可以看出,在传承过程组,企业的经营风险和投资规模的相关系数是0.147,且在5%水平上显著正相关,这说明企业做出投资决策会影响到经营风险,这是因为企业的投资项目往往具有周期长、资金需求量大、回报不确定等特点,再加上所面临的经济、政治、金融等社会环境的不稳定性,以及投资决策的不科学性等都会加大企业的经营风险,企业的投资决策越激进,投资规模越大,企业经

表7-4　家族企业代际传承、投资规模与经营风险的相关性分析

传承过程组

变量	INV	RISK	SUC	SIZE	AGE	LEV	ROA	GROW	SEX	EDU
INV	1									
RISK	0.147**	1								
SUC	−0.251***	0.125***	1							
SIZE	−0.113***	−0.009***	0.238***	1						
AGE	−0.329***	−0.126*	0.331***	0.228***	1		*			
LEV	−0.235***	0.301***	0.059***	0.325***	0.194***	1		*		
ROA	0.242***	−0.002	−0.127*	0.024	−0.077**	−0.193***	1			
GROW	0.015	0.001*	0.042*	−0.237**	−0.041*	−0.208**	0.226***	1		
SEX	0.155***	0.105***	0.094**	−0.213	−0.004	0.079**	−0.057**	0.147***	1	
EDU	0.008***	−0.157***	0.201**	0.337*	0.093*	−0.118	0.074**	0.109***	0.041*	1

传承模式组

变量	INV	RISK	SUM	SIZE	AGE	LEV	ROA	GROW	SEX	EDU
INV	1									
RISK	0.112*	1								
SUM	−0.025**	−0.107	1							
SIZE	−0.031*	−0.007**	0.153	1						
AGE	−0.219***	−0.104	−0.117**	0.205**	1		*			
LEV	−0.196***	0.328***	−0.022	0.271***	0.069***	1		*		
ROA	0.228***	−0.011**	0.009	0.071	−0.042**	−0.281***	1			
GROW	0.009	0.015	−0.033	−0.106**	−0.004**	−0.193***	0.107**	1		
SEX	0.061**	0.007	0.015**	−0.047*	−0.025	0.118**	−0.002	0.226	1	
EDU	0.073*	−0.013	0.256***	0.194**	0.158***	−0.104*	0.137	0.291***	0.001**	1

注：*、**和***分别表示在10%、5%和1%水平上显著。

表 7-5　　家族企业代际传承、投资结构与可持续发展能力的相关性分析

传承过程组

变量	INVSTR	SDA	SUC	SIZE	AGE	LEV	ROA	GROW	ER	NMGR
INVSTR	1									
SDA	0.006**	1								
SUC	-0.024*	-0.017*	1							
SIZE	-0.118***	0.025	0.211***	1						
AGE	-0.362***	-0.053*	0.285***	0.192***	1					
LEV	-0.207***	0.001	0.027**	0.349***	0.115**	1				
ROA	0.242***	0.002	-0.127**	0.024	-0.077***	-0.193***	1			
GROW	0.011*	0.142**	0.033**	-0.164**	-0.017*	-0.185*	0.149**	1		
ER	0.002	0.037***	-0.105	-0.001	-0.016	0.009	0.253***	0.101**	1	
NMGR	0.025***	0.103**	-0.017*	-0.049	-0.002*	-0.142**	0.107*	0.014	0.005	1

传承模式组

变量	INVSTR	SDA	SUM	SIZE	AGE	LEV	ROA	GROW	ER	NMGR
INVSTR	1									
SDA	0.024**	1								
SUM	0.051	0.008**	1							
SIZE	-0.116***	0.039	0.024	1						
AGE	-0.142***	-0.115	-0.103***	0.127**	1					
LEV	-0.174***	0.092*	-0.025*	0.238***	0.146**	1				
ROA	0.027***	0.205***	0.014***	0.057***	-0.041	-0.136*	1			
GROW	0.113*	0.072*	-0.029*	-0.174***	-0.013**	-0.167***	0.082***	1		
ER	0.005	0.019*	0.001	-0.062	-0.009	0.113*	0.105**	0.072*	1	
NMGR	0.016*	0.117**	-0.002	-0.093	-0.015	-0.127*	0.133**	0.118**	0.014*	1

注：*、**和***分别表示在10%、5%和1%水平上显著。

营的风险就会越高。企业经营风险和家族企业代际传承的相关系数是 0.125，在 1% 的水平上显著相关，由此可见，家族企业的传承是一条充满挑战和不确定性的道路。在整个传承过程中，家族关系网络、权力结构、企业治理机制、竞争性战略资源等方方面面都会发生重大变革，企业的战略定位、经营理念和治理机制等也会重新调整，企业的经营环境具有较大的不确定性，这就对家族企业的存续产生影响，使企业面临极大的不确定性，经营风险程度加大。

在传承模式组，传承家族企业的投资规模与企业经营风险在 10% 的水平上显著正相关，但是传承模式与企业经营风险的相关系数是 −0.107，但不显著，这初步说明不管家族企业采取哪种传承模式，投资规模的加大都会增加企业的经营风险，但是与职业经理人相比，创始人把企业的管理权交给子女更有利于企业的稳定发展。

从表 7-5 可以看出，不管是在传承过程组还是在传承模式组，传承家族企业的投资结构和可持续发展能力都在 5% 的水平上显著正相关，说明优化家族企业的投资结构，提高家族企业的 R&D 能力，可以在一定水平上提高其可持续发展能力。这是因为科学技术是第一生产力，企业要想提高核心竞争力，就必须进行 R&D 创新来形成其可持续的竞争优势。只有加大 R&D 力度，提高科技转化为生产力的速度，掌握核心技术，企业才能被市场认同，适应不断变化的市场，从而推动企业的全面进步和发展，提高可持续发展能力。同时，传承过程与家族企业可持续发展能力的相关系数是 −0.017，在 10% 的显著性水平上相关，可见家族企业实施代际传承不仅加大了企业的经营风险，而且由于"权力棒"的交接给企业的稳定发展造成重创，从而降低了企业的盈利水平、削弱了企业的可持续发展能力。但是传承模式和可持续发展能力在 5% 的水平上显著正相关，这说明与引进职业经理人相比，子承父业模式更有利于家族企业的传承和发展，可见在子承父业模式下，继承人是在传承人艰苦创业的熏陶下成长起来的，受到了长期的优秀训练和培养，往往能够更有效操控企业整体经营决策，有利于家族经营管理精神的持续和稳定以及家族资源的整合配置。同时，在我国"家文化"的熏陶下，创始人更愿意相信和支持子女接手公司，继承人对家族的忠诚度较高，企业的代理问题得到大大缓解，因此代际传承对企业可持续发展能力的削弱较小。

7.3.3 多元回归分析

在进行了描述性统计分析和相关性分析之后，为了进一步检验家族企业代际传承对其经营风险和可持续发展能力的影响效果和影响路径，下面将通过多元回归的方法分别对本章所提出的关于家族企业代际传承如何通过投资决策影响其经营风险和可持续发展能力的假设进行回归检验。回归结果如表 7-6 和 7-7 所示。

表 7-6　　　　　　家族企业代际传承、投资规模与经营风险的回归结果

变量	传承过程组			传承模式组		
	(1) RISK	(2) INV	(3) RISK	(4) RISK	(5) INV	(6) RISK
SUC	0.083***	−0.013***	0.051***			
	(7.26)	(−3.65)	(6.49)			
INV			−0.009**			−0.008*
			(−2.37)			(−1.93)
SUM				−0.027**	−0.013*	−0.009**
				(−2.04)	(−1.83)	(−2.37)
SIZE	−0.005*	−0.141***	−0.069*	−0.004**	−0.009**	−0.003***
	(−1.83)	(−3.56)	(−1.88)	(−2.35)	(2.44)	(−3.15)
AGE	−0.147	−0.053	−0.072	−0.027	−0.015***	−0.027
	(−0.92)	(0.91)	(−0.16)	(−0.83)	(−7.53)	(−1.03)
LEV	0.087***	−0.001*	0.042**	0.052***	−0.013*	0.051***
	(3.52)	(−1.85)	(2.39)	(3.16)	(−1.78)	(3.29)
ROA	−0.001**	0.009**	−0.001**	−0.028*	0.106**	−0.013**
	(−2.08)	(2.21)	(−2.09)	(−1.77)	(2.31)	(−2.21)
GROW	0.004	0.007*	0.004	0.003*	0.006*	0.003*
	(1.47)	(1.86)	(1.49)	(1.85)	(1.82)	(1.87)
SEX	0.105***	0.101**	0.117***	0.011*	0.025***	0.007
	(2.96)	(2.05)	(2.87)	(1.92)	(2.99)	(1.49)
EDU	−0.062***	0.006***	−0.063***	−0.001*	0.018***	−0.002**
	(−3.04)	(2.85)	(−3.35)	(−1.95)	(2.74)	(−2.33)
Constant	0.097**	0.062*	0.104**	0.116***	0.046**	0.048***
	(2.27)	(1.83)	(2.31)	(3.95)	(2.25)	(3.44)
YEAR	Yes	Yes	Yes	Yes	Yes	Yes
IND	Yes	Yes	Yes	Yes	Yes	Yes
N	2861	2861	2861	1397	1397	1397
adj. R^2	0.225	0.231	0.247	0.194	0.188	0.235

注：*、**和***分别表示在10%、5%和1%水平上显著；括号内为 t 值。

表 7-7 家族企业代际传承、投资结构与可持续发展能力的回归结果

变量	传承过程组			传承模式组		
	(1) SDA	(2) INVSTR	(3) SDA	(4) SDA	(5) INVSTR	(6) SDA
SUC	-0.013**	-0.082***	-0.036*			
	(-2.37)	(-5.47)	(-1.91)			
INVSTR			-0.029***			0.014***
			(-5.01)			(2.97)
SUM				0.011***	0.027**	0.017**
				(2.89)	(2.25)	(2.07)
SIZE	0.001	-0.051***	0.001	0.003*	-0.006**	0.001
	(1.15)	(-3.05)	(-1.27)	(1.74)	(-2.41)	(1.11)
AGE	-0.052*	-0.094**	-0.056*	-0.037**	-0.073***	-0.024*
	(-1.86)	(2.16)	(-1.77)	(-2.19)	(-2.63)	(-1.85)
LEV	0.087***	-0.033	0.082***	0.082***	-0.041**	0.026***
	(3.52)	(-2.41)	(3.38)	(3.66)	(-2.47)	(3.01)
ROA	0.029***	0.057***	0.024***	0.021***	0.049***	0.007***
	(4.01)	(4.29)	(3.14)	(4.17)	(3.02)	(4.19)
GROW	0.035**	0.001*	0.029***	0.013*	0.015**	0.013*
	(2.26)	(1.82)	(2.62)	(1.81)	(2.06)	(1.85)
ER	0.114***	0.042	0.111**	0.025**	0.028	0.029**
	(3.17)	(1.06)	(2.51)	(2.44)	(0.89)	(2.41)
NMGR	0.138***	0.018***	0.094**	0.022*	0.007***	0.016**
	(5.29)	(2.99)	(2.37)	(1.87)	(2.85)	(2.18)
Constant	0.082***	0.107**	0.125***	-0.109**	-0.639***	-0.121***
	(2.74)	(2.37)	(2.91)	(-2.35)	(-2.91)	(-2.79)
YEAR	Yes	Yes	Yes	Yes	Yes	Yes
IND	Yes	Yes	Yes	Yes	Yes	Yes
N	2 861	2 861	2 861	1 397	1 397	1 397
adj. R^2	0.261	0.257	0.253	0.189	0.193	0.206

注：*、**和***分别表示在10%、5%和1%水平上显著；括号内为 t 值。

在表 7-6 中,列(1)至列(3)检验了家族企业代际传承如何通过投资规模的下降来影响企业经营风险。在列(1)中,家族企业传承过程(SUC)与企业经营风险($RISK$)的相关系数是 0.083,且在 1% 的水平上显著相关,这说明家族企业实施代际传承会由于组织结构的变迁、关系网络的异化、发展战略的变更等原因加大企业的经营风险;在列(2)中,SUC 和 INV 在 1% 的水平上显著负相关,这说明家族企

业为了保护家族社会情感财富的流失,在传承的过程中会采取较为稳健的投资决策,缩减投资规模,稳定企业传承发展;在列(3)中,加入了 INV 变量以后,SUC 和 $RISK$ 仍然在1%的水平上显著正相关,但是与列(1)中的相关系数相比,列(3)中两者的相关系数变小了,这说明实施代际传承以后,虽然家族企业的经营风险加大,但是由于其采取了稳健的投资决策,从而进一步降低了企业的经营风险,代际传承家族企业可以通过缩减投资规模来降低企业经营风险。

列(4)至列(6)检验了传承模式、投资规模和企业经营风险之间的关系。在列(4)中,家族企业传承模式(SUM)和企业经营风险的相关系数为 -0.027,在5%的显著性水平上显著相关,由此可见,当家族企业采取子承父业传承模式时,家族企业的经营风险水平是 $0.89(0.116-0.027)$,而当家族企业引进职业经理人对企业进行管理时,家族企业的经营风险水平是 0.116,因此,与职业经理人模式相比,在子承父业模式下,传承家族企业的经营风险水平较低;在列(5)中,SUM 和 INV 的系数为 -0.013,且在10%的水平上显著,这说明与家族企业主把企业交付职业经理人经营管理相比,在子承父业模式下家族企业的长期投资水平下降幅度更大。在列(6)中,加入了 INV 变量以后,SUM 和 $RISK$ 仍然在5%的显著性水平上负相关,但是与列(4)相比,两者的相关系数绝对值变小了,这说明与职业经理人模式相比,在子承父业传承模式下的家族企业更倾向于通过缩减投资规模来降低企业经营风险。

在表7-7中,列(1)至列(3)检验了家族企业代际传承如何通过投资结构影响企业可持续发展能力。其中,在列(1)中,家族企业传承过程与可持续发展能力的相关系数是 -0.013,在5%的显著性水平上相关,这说明家族企业实施代际传承以后会对企业的获利能力、股东财富增加能力、资本配置效率等造成一定的损失,从而降低了企业可持续发展能力;在列(2)中,传承过程和投资结构的相关系数是 -0.082,显著性水平是1%;这说明家族企业实施代际传承后,不仅投资规模缩减,并且与资本支出相比,R&D 支出通常具有高度的不确定性和异质性风险,家族企业出于社会情感财富的保护和利他主义的驱动,会大幅度缩减 R&D 支出,一定程度上更偏重资本支出,而暂缓对技术和产品进行 R&D 创新;在列(3)中,加入了投资结构变量后,传承过程和可持续发展能力在10%的显著性水平上仍然负相关,并且与列(1)相比,两者相关系数的绝对值变大,同时,投资结构和可持续发展能力在1%的水平上显著负相关,这说明代际传承家族企业通过降低 R&D 支出在投资中的比重削弱了企业的可持续发展能力。因此,创新是企业提高价值创造能力、保持竞争优势、获取可持续发展能力的关键因素,在家族企业传承的过程中,由于企业经营风险增加,战略资源匮乏,再加上创新活动风险高、投资大、周期长等特点,企业创新项目往往面临较高程度的信息不对称,存在融资难、融资贵的问题,家族企业为了顺利度过传承危机,避免家族社会情感财富流失就会放弃能够提高企业核心竞争、提升企业可持续发展能力的 R&D 活动。

列(4)至列(6)检验了传承模式、投资结构和企业可持续发展能力三者之间的关系。在列(4)中,传承模式和企业可持续发展能力的相关系数是 0.011,且在 1% 的显著性水平上显著相关,当家族企业选择职业经理人模式时,企业可持续发展能力下降了 10.9%,而在子承父业模式下,企业可持续发展能力下降了 9.8%($-0.109 + 0.011$),这说明与职业经理人模式相比,子承父业模式会缓解传承家族企业可持续发展能力的下降,这是因为在我国"差序格局"的信任结构和防御性的经营策略的制度背景下,家族企业引入职业经理人对企业进行管理,两者存在一定的代理冲突和信息不对称,职业经理人难免会让家族企业控制人心生疑虑,很难赢得家族企业创始人的信任,双方的契约精神中都带有自利倾向和机会主义行为,他们的行为都在有限的理性范畴,双方的交易是不可能通过契约加以保障的,很难建立一个互信基础,同时也很难让企业员工产生认同感,从而导致职业经理人难以施展才华,企业经营效益降低;在列(5)中,传承模式和投资结构在 5% 的显著性水平上显著正相关,这说明在职业经理人传承模式下,企业的 R&D 支出在长期投资规模中所占比重下降了 63.9%,但是在子承父业模式下,企业的 R&D 支出在长期投资规模中所占比重下降了 61.2%($-0.639 + 0.027$),这表明在家族企业代际传承实施后,二代继承人不同于其父辈,他们有更高的教育和眼界,随其管理参与深化,往往会给企业带来新的思想与活力,更期望通过创新与转型等战略变革来提高企业价值,因此与引进职业经理人相比,子承父业模式下 R&D 投入占比下降较少;在列(6)中,在加入投资结构变量以后,企业可持续发展能力和投资结构在 1% 的水平上显著正相关,这再次说明加大企业 R&D 投资会提高企业价值创造能力,促进企业可持续发展。同时,传承模式和可持续发展能力的相关系数是 0.017,且在 5% 的水平上显著相关,这说明在职业经理人模式下,企业的可持续发展能力下降了 12.1%,但是在子承父业模式下,企业的可持续发展能力下降了 10.4%($-0.121 + 0.017$),因此与引进职业经理人相比,家族企业的创始人把企业交付给自己的子女有利于家族经营管理的持续和稳定以及家族资源的整合配置,虽然在此模式下,传承家族企业也会在一定程度上偏好资本支出,但是对企业可持续发展能力的负面影响效果并不是特别强。

7.3.4 稳健性检验

为了确保本书实证结果的稳定性,本书又做了以下稳健性检验。

首先,为了排除度量方法差异对研究的影响,本书通过改变变量的衡量方法对假设重新进行检验。

表 7-8 是替换了经营风险和投资规模指标后对家族企业代际传承、投资规模和经营风险三者关系进行稳健性检验的结果。其中,本书参考 John 等(2008)、Faccio 等(2016)以及许永斌和鲍树琛(2019)的研究,采用盈余回报率波动性指标重新度量企业经营风险。盈余回报率波动性越大,表明企业从事高风险项目越多,企业经营风险越大。具体计算公式如下:

$$RISK_{i,\,t} = \sqrt{\frac{1}{T-1} \sum_{t=1}^{T} (ROA_{i,\,t} - \frac{1}{T} \sum_{t=1}^{T} ROA_{i,\,t})^2} \mid T = 3 \qquad (7\text{-}8)$$

同时,本书借鉴李青原和王红建(2013)、黄宏斌和刘志远(2014)等学者的研究,采用资产负债表法来度量投资规模,即长期投资=固定资产、无形资产和其他长期资产的净值/平均总资产。其他变量的设定不变,然后再进行稳健性检验。

如表 7-8 所示,在列(1)中,家族企业传承过程与企业经营风险在 1% 的水平上显著正相关;在列(2)中,SUC 和 INV 的相关系数是-0.009,也在 1% 的水平上显著相关;在列(3)中,加入了 INV 变量以后,SUC 和 RISK 仍然在 1% 的水平上显著正相关,但是与列(1)中的相关系数相比,列(3)中两者的相关系数也变小了,再次验证了代际传承家族企业可以通过缩减投资规模来降低企业经营风险。

在列(4)中,家族企业传承模式和企业经营风险的相关系数为-0.022,在 5% 的显著性水平上显著相关;在列(5)中,家族企业传承模式和投资规模的系数在 10% 的水平上显著负相关;在列(6)中,加入了投资规模变量以后,家族企业传承模式和企业经营风险仍然在 5% 的显著性水平上负相关,但是与列(4)相比,两者的相关系数绝对值也变小了,这说明与职业经理人模式相比,在子承父业传承模式下的家族企业更倾向于通过缩减投资规模来降低企业经营风险。这些实证结论均与前文回归结果一致。

表 7-9 是替换了可持续发展能力和投资结构指标后对家族企业代际传承、投资结构和可持续发展能力三者关系进行稳健性检验的结果。其中,本书借鉴苏屹和刘敏(2018)的研究,建立以每股净资产、净资产收益率、流动比率、速动比率、应收账款周转率、资产负债比率、净利润率、总资产报酬率、存货周转率、固定资产周转率、总资产周转率、净资产比率、固定资产比率为维度的企业可持续发展能力评价指标。同样采用资产负债表法来度量投资结构,企业的长期投资是本期期末固定资产、无形资产和其他长期资产的净值,投资结构=(本期 R&D 支出-上期 R&D 支出)/(本期长期投资-上期长期投资)。其他变量的设定不变,然后再进行

稳健性检验。

表7-8 替换经营风险和投资规模指标后的稳健性检验结果

变量	传承过程组			传承模式组		
	(1) RISK	(2) INV	(3) RISK	(4) RISK	(5) INV	(6) RISK
SUC	0.064***	-0.009***	0.061***			
	(5.13)	(-3.27)	(5.52)			
INV			-0.011**			-0.005**
			(-2.28)			(-2.14)
SUM				-0.022**	-0.014*	-0.013**
				(-2.37)	(-1.90)	(-2.25)
SIZE	-0.007**	-0.142***	-0.069*	-0.004**	-0.007**	-0.001***
	(-1.99)	(-3.37)	(-1.92)	(-2.41)	(2.26)	(-3.07)
AGE	-0.104	-0.026*	-0.083	-0.015	-0.018***	-0.012
	(-0.92)	(1.75)	(-0.19)	(-0.92)	(-5.62)	(-1.18)
LEV	0.084***	-0.001*	0.062**	0.075***	-0.006**	0.071***
	(3.65)	(-1.89)	(2.35)	(3.74)	(-2.26)	(3.55)
ROA	-0.001**	0.006**	-0.001**	-0.016*	0.101**	-0.014**
	(-2.17)	(2.31)	(-2.15)	(-1.73)	(2.37)	(-2.09)
GROW	0.002	0.005*	0.002	0.001*	0.008*	0.002*
	(1.07)	(1.91)	(1.03)	(1.92)	(1.88)	(1.83)
SEX	0.095***	0.073*	0.092***	0.007	0.026***	0.005
	(3.19)	(2.44)	(2.72)	(1.86)	(3.53)	(1.06)
EDU	-0.035***	0.005***	-0.047***	-0.001*	0.024***	-0.001*
	(-3.39)	(2.92)	(-3.66)	(-2.18)	(2.95)	(-2.26)
Constant	0.082**	0.064*	0.079**	0.109***	0.053**	0.087***
	(2.37)	(1.94)	(2.35)	(3.64)	(2.41)	(3.99)
YEAR	Yes	Yes	Yes	Yes	Yes	Yes
IND	Yes	Yes	Yes	Yes	Yes	Yes
N	2 861	2 861	2 861	1 397	1 397	1 397
adj. R^2	0.233	0.237	0.245	0.192	0.185	0.217

注：*、**和***分别表示在10%、5%和1%水平上显著;括号内为t值。

表 7-9　　　替换可持续发展能力和投资结构指标后的稳健性检验结果

变量	传承过程组			传承模式组		
	(1) SDA	(2) INVSTR	(3) SDA	(4) SDA	(5) INVSTR	(6) SDA
SUC	−0.007***	−0.062***	−0.014**			
	(−2.85)	(−7.18)	(−2.04)			
INVSTR			−0.025***			0.009***
			(−3.52)			(3.01)
SUM				0.015***	0.037**	0.014**
				(3.27)	(2.41)	(2.25)
SIZE	0.001	−0.033***	0.001	0.002*	−0.008**	0.002
	(0.68)	(−3.19)	(1.05)	(1.69)	(−2.36)	(1.58)
AGE	−0.035*	−0.072**	−0.037*	−0.028**	−0.088***	−0.025*
	(−1.82)	(2.04)	(−1.85)	(−2.25)	(−2.72)	(−1.92)
LEV	0.057***	−0.025**	0.064***	0.049***	−0.034**	0.041***
	(3.32)	(−2.50)	(3.51)	(3.26)	(−2.41)	(3.11)
ROA	0.015***	0.061***	0.015***	0.021***	0.049***	0.007***
	(4.26)	(4.74)	(3.93)	(4.17)	(3.02)	(4.19)
GROW	0.027**	0.001*	0.025***	0.016*	0.011**	0.015*
	(2.38)	(1.91)	(2.45)	(1.93)	(2.37)	(1.89)
ER	0.089***	0.023	0.103**	0.021**	0.037	0.018**
	(3.25)	(0.86)	(2.48)	(2.52)	(1.05)	(2.46)
NMGR	0.092***	0.031***	0.099**	0.019*	0.005***	0.021**
	(5.72)	(3.42)	(2.16)	(1.88)	(2.94)	(2.47)
Constant	0.077***	0.107**	0.095***	−0.037**	−0.094***	−0.025***
	(2.95)	(2.28)	(3.74)	(−2.38)	(−3.55)	(−2.93)
YEAR	Yes	Yes	Yes	Yes	Yes	Yes
IND	Yes	Yes	Yes	Yes	Yes	Yes
N	2 861	2 861	2 861	1 397	1 397	1 397
adj. R^2	0.246	0.271	0.276	0.176	0.195	0.218

注：＊、＊＊和＊＊＊分别表示在10％、5％和1％水平上显著;括号内为 t 值。

表 7-10　　　　　　　　　重新定义家族企业的稳健性检验(1)

变量	传承过程组			传承模式组		
	(1) RISK	(2) INV	(3) RISK	(4) RISK	(5) INV	(6) RISK
SUC	0.074***	-0.025***	0.049***			
	(6.03)	(-3.97)	(7.17)			
INV			-0.011***			-0.008*
			(-2.84)			(-1.85)
SUM				-0.018**	-0.021**	-0.005**
				(-2.39)	(-2.04)	(-2.32)
SIZE	-0.008*	-0.107**	-0.011*	-0.003**	-0.004**	-0.004**
	(-1.72)	(-2.46)	(-1.91)	(-2.38)	(-2.52)	(-2.19)
AGE	-0.083	-0.062	-0.075	-0.015	-0.019***	-0.015
	(-0.77)	(1.46)	(-0.59)	(-1.37)	(-5.01)	(-1.43)
LEV	0.062***	-0.005*	0.037**	0.037***	-0.024*	0.032***
	(3.17)	(-1.74)	(2.15)	(3.44)	(-1.93)	(3.78)
ROA	-0.002**	0.006**	-0.001**	-0.022	0.116**	-0.018**
	(-2.42)	(2.27)	(-2.36)	(-1.47)	(2.54)	(-2.28)
GROW	0.001	0.009	0.001	0.002*	0.005*	0.002*
	(1.35)	(1.01)	(1.47)	(1.78)	(1.86)	(1.78)
SEX	0.072***	0.096**	0.077***	0.002	0.036***	0.002
	(3.47)	(2.51)	(2.95)	(1.53)	(2.75)	(1.50)
EDU	-0.015***	0.013***	-0.026***	-0.003**	0.028***	-0.003**
	(-3.57)	(2.93)	(-3.55)	(-2.18)	(2.94)	(-2.52)
Constant	0.097**	0.062*	0.104**	0.113***	0.061**	0.105***
	(2.27)	(1.83)	(2.31)	(4.34)	(2.47)	(3.74)
YEAR	Yes	Yes	Yes	Yes	Yes	Yes
IND	Yes	Yes	Yes	Yes	Yes	Yes
N	1 636	1 636	1 636	1 069	1 069	1 069
adj. R^2	0.247	0.295	0.291	0.225	0.258	0.247

注：*、* *和 * * *分别表示在 10%、5%和 1%水平上显著；括号内为 t 值。

表 7-11　　　　　　　　　重新定义家族企业的稳健性检验(2)

变量	传承过程组			传承模式组		
	(1) SDA	(2) INVSTR	(3) SDA	(4) SDA	(5) INVSTR	(6) SDA
SUC	− 0.009 **	− 0.053 ***	− 0.017 **			
	(− 2.25)	(− 4.71)	(− 2.49)			
INVSTR			− 0.041 **			0.012 ***
			(− 2.53)			(3.17)
SUM				0.009 ***	0.016 **	0.014 **
				(2.64)	(2.35)	(2.33)
SIZE	0.003 *	− 0.042 ***	0.001	0.002 *	− 0.011 **	0.002
	(1.73)	(− 2.96)	(1.52)	(1.76)	(− 2.45)	(1.61)
AGE	− 0.035 *	− 0.062 **	− 0.037 *	− 0.024 **	− 0.051 ***	− 0.023 *
	(− 1.71)	(− 2.49)	(− 1.85)	(− 2.39)	(− 2.94)	(− 1.82)
LEV	0.062 ***	− 0.057 **	0.069 ***	0.047 ***	− 0.037 **	0.041 ***
	(3.91)	(− 2.27)	(3.82)	(3.14)	(− 2.44)	(3.19)
ROA	0.021 ***	0.025 ***	0.021 ***	0.027 ***	0.035 ***	0.013 ***
	(4.63)	(5.74)	(3.88)	(3.53)	(3.22)	(5.27)
GROW	0.032 **	0.001 *	0.031 **	0.024 *	0.007 **	0.025 *
	(2.47)	(1.91)	(2.53)	(1.75)	(2.41)	(1.81)
ER	0.086 **	0.037	0.066 **	0.016 **	0.008	0.013 **
	(2.52)	(0.74)	(2.49)	(2.49)	(1.05)	(2.70)
NMGR	0.138 ***	0.018 ***	0.094 **	0.035 *	0.004 ***	0.028 **
	(5.29)	(2.99)	(2.47)	(1.71)	(3.08)	(2.25)
Constant	0.065 ***	0.114 ***	0.092 ***	− 0.072 **	− 0.149 ***	− 0.085 ***
	(3.57)	(2.81)	(3.06)	(− 2.54)	(− 3.17)	(− 2.84)
YEAR	Yes	Yes	Yes	Yes	Yes	Yes
IND	Yes	Yes	Yes	Yes	Yes	Yes
N	1 636	1 636	1 636	1 069	1 069	1 069
adj. R^2	0.227	0.251	0.235	0.185	0.196	0.192

注：*、＊＊和＊＊＊分别表示在10%、5%和1%水平上显著；括号内为 t 值。

如表 7-9 所示,在列(1)中,家族企业传承过程与可持续发展能力在 1% 的显著性水平上负相关,家族企业实施代际传承会降低了企业可持续发展能力;在列(2)中,传承过程和投资结构也在 1% 的显著性水平上负相关,这说明家族企业实施代际传承会更大规模地缩减 R&D 支出,降低 R&D 支出在长期投资中所占比重;在列(3)中,加入了投资结构变量后,传承过程和可持续发展能力的相关系数是 0.014,且在 5% 的显著性水平上相关,并且与列(1)相比,两者相关系数的绝对值变大,这说明投资结构在家族企业代际传承和可持续发展能力之间起到了部分中介作用,代际传承家族企业可以通过降低 R&D 支出在投资中的比重削弱企业的可持续发展能力。

同样,在列(4)中,传承模式和企业可持续发展能力在 1% 的显著性水平上显著正相关;在列(5)中,传承模式和投资结构在 5% 的显著性水平上显著正相关,说明与职业经理人模式相比,子承父业模式更有利于企业展开 R&D 活动;在列(6)中,在加入投资结构变量以后,企业可持续发展能力和投资结构的相关系数是 0.014,在 5% 的水平上显著相关,说明家族企业传承模式也可以通过投资结构来影响企业的可持续发展能力。这一实证结论也与前文回归结果一致。

其次,本书还参照姜付秀等(2017)的研究,将实际控制人至少持有 20% 的股份的企业作为家族企业,再次进行稳健性检验,检验结果如表 7-10 和表 7-11 所示。由此可见,家族企业实施代际传承以后会增加企业的经营风险、降低企业可持续发展能力,并且投资规模和投资结构分别在家族企业代际传承和经营风险、可持续发展能力之间起到了部分中介作用;同样在不同的传承模式中,代际传承对家族企业经营风险和可持续发展能力的影响效果也不同,并且投资规模和投资结构分别在家族企业代际传承和经营风险、可持续发展能力之间的中介作用也存在一定的异质性。因此,重新定义家族企业以后所得结论仍然支持主检验。

7.4 本章小结

家族企业代际传承是一个关乎企业稳定发展的动态演变过程,在长达 3~8 年的传承过程中,家族企业的经营环境具有较大的不确定性,面临极大的经营风险,企业的战略定位、经营理念和治理机制等都会发生一定程度变革,从而对企业的可持续发展能力带来较大的挑战。因此,为了剖析家族企业代际传承对企业经营风险和可持续发展能力的影响效果和影响机制,本章以 2008—2019 年我国沪深非金融类上市家族企业为研究样本,从企业经营风险和可持续发展能力两个维度,实证检验了家族企业代际传承的经济后果。首先,根据理论分析提出相关研究假设,然后借鉴已有研究文献进行变量设定和模型设计,最后通过实证方法对假设进行检验。研究结论如下:①家族企业实施代际传承以后,由于企业管理权和控制权的变更,企业内外经营环境会发生一定程度的动荡不安,关系网络重新变迁构建,公司发展战略也会随之调整,从而加剧了企业经营风险;在不同的传承模式中,代际传承对企业经营风险的影响程度也有所不同。与职业经理人模式相比,由家族成员或者创始人子女继承企业更有利于企业平稳度过传承危机,降低传承风险。这是因为受中国传统儒家文化基调的深刻影响,创始人更倾向于将企业交由子女来经营,在此模式下,企业的代理成本较低,对企业创伤较小。同时,继承人熟悉公司经营管理,能够更快、更轻松地融入公司的经营管理中,最大限度地降低企业的经营风险,帮助企业顺利度过传承过渡期。②家族企业可以通过财务决策来调控企业经营风险,作为企业重要的财务决策之一,投资决策也是影响企业风险的重要因素。传承家族企业可以通过缩减长期投资规模达到降低企业的经营风险的目的,即投资规模的缩减在家族企业代际传承和经营风险之间起到了部分中介作用。传承实施以后,家族企业采取稳健的投资决策,缩减企业长期投资规模,采取保守的发展战略就可以在一定程度上抑制企业经营风险水平的提升。与职业经理人传承模式相比,子承父业模式下,企业为了保存家族社会情感财富,更倾向于通过降低长期投资规律来抑制企业经营风险水平的提升。③家族企业实施代际传承还会在一定程度上削弱企业的可持续发展能力,这是因为传承的家族企业为了降低传承风险,顺利实现传承,不仅会缩减企业投资规模,还会大幅减少企业的 R&D 投资,从而挫伤企业的创新能力,对企业的获利能力、股东财富增加能力、资本配置效率等造成一定的损失,从而降低企业的可持续发展能力。另外,不同的传承模式对企业可持续发展能力的影响程度也不同,与职业经理人传承模式相比,子承父业模式下,企业不会大规模缩减 R&D 支出,还会保持一定水平的创新投入,因此对企业管理能力、获利能力等发展能力影响较小,即家族企业传承过程和传承模式会通过投资结构的调整来影响企业的可持续发展能力。

8 研究结论、政策建议、研究不足与展望

本章对本书所研究的主要内容加以必要的总结,在此基础上对家族企业成功传承提出相应的政策和建议。首先,对本书所进行的理论分析和实证检验的内容进行梳理与总结,并由此得出本书的主要研究结论;其次,以本书的研究结论为基础,对家族企业的社会资本传承、研发投资、资本支出、传承模式选择等方面提出有针对性的政策建议;最后,指出本书研究中所存在的不足之处并对未来可能的研究方向加以适当的展望。

8.1 研究结论

本书以 2008—2019 年我国沪深上市家族企业为研究样本,以企业投资理论、社会情感财富理论、资源基础观理论以及利益相关者理论和自组织理论等与社会资本传承相关的理论为基础,采用实证研究的方法依次检验了家族企业代际传承对长期投资决策的影响、家族企业社会资本对长期投资决策的影响、家族企业社会资本的传承、家族企业代际传承经过社会资本对长期投资决策的影响机制以及传承家族企业采取异质性投资决策的经济后果。通过对实证检验结果的总结,本书得到了以下六个方面的研究结论。

第一,本书首先利用代际传承家族企业样本检验了传承过程和传承模式分别对投资规模和投资结构的影响,研究发现,家族企业的代际传承直接影响其长期投资决策。

从家族企业传承过程与长期投资决策的关系来看,基于社会情感财富的保护和利他主义的驱动,家族企业实施代际传承后,一方面,为了降低经营风险、保护社会情感财富,往往会采取较为保守和稳健的投资政策,从而导致其长期投资规模缩减;另一方面,由于 R&D 支出通常具有高度的不确定性和异质性风险,代际传承后的家族企业会更倾向于大幅度缩减 R&D 支出,一定程度上会更偏重资本支出。

从家族企业传承模式与长期投资决策的关系来看,受"差序格局"的信任结构和防御性的经营策略的影响,在家族企业实施代际传承后,与职业经理人模式相

比,在子承父业模式下,一方面,企业的控制权仍为家族所拥有,继承人对家族的忠诚度较高,代理问题就会得到一定缓解,继承人更倾向于采用家族逻辑进行战略决策,首先考虑的是控制家族的目标,其次才是基于企业的发展需要做出战略选择,为了保护家族财富、声誉、后代成长等目的,家族企业更会通过大幅降低长期投资水平来降低传承中家族企业的经营风险;另一方面,子承父业模式下的家族企业更具有长期导向的投资战略,与父辈相比,二代继承人具有更高的受教育水平和眼界,随其管理参与深化,往往会给企业带来新的思想与活力,更期望通过创新与转型等战略变革来提高企业价值。因此,虽然实施传承后,家族企业的长期投资规模大幅度缩减,但主要降低的是资本支出,R&D 支出下降幅度较小。

第二,从家族企业社会资本影响长期投资决策的研究中发现,社会资本作为家族企业的一种竞争性战略资源,能把各种分散的资源黏合起来,降低交易和信息成本,能够通过平衡关系网络节点之间的利益和自身价值的增值,建立一种互动式密切联盟,帮助企业赢得客户、社会公众的信任,获取与整合自身所需的有价值的、稀缺的、难以模仿的和不可替代的资源,从而打破融资、技术研发、市场开拓中的制度壁垒,进一步促进家族企业长期投资。同时,由于企业 R&D 投资结果的不确定性和投资风险水平更高,决定其对知识、信息、资金和人才资源的需求更高。社会资本的独特性决定其难以被复制,而给予了掌握这些资源的企业以重要的竞争优势。企业的社会资本越多,其获取稀缺性资源的能力也就越强,从而能为企业开展R&D 活动提供重要物质保障。因此,家族企业社会资本更有利于促进 R&D 投资。

第三,从家族企业代际传承影响其社会资本的研究中得出结论如下。一方面,家族企业进入代际传承实施期后,由于利益冲突、价值取向冲突、资源冲突等造成网络关系异化,家族企业社会资本控制参量的利益相关者会不断调整自己与企业的关系。此时,以传承人为中心的企业社会资本将逐渐消解,为了企业的持续发展,新掌门人继任后不仅要努力维护原来的社会资本,还需要以开放的视野培育新的关系来搭建新的"结构洞",以寻求其"新的初始状态",但这是一个漫长、艰巨的过程,从而造成其社会资本强度下降。另一方面,中国传统家族文化中的差序结构和伦理原则,使子承父业模式更容易得到传承人以及企业元老的支持和认可。但如果是引进职业经理人,由于信任的缺失,更容易导致家族企业与利益相关者之间关系网络的变迁,造成社会资本的流失。因此,与职业经理人模式相比,子承父业传承模式下社会资本强度下降较小。

第四,以家族企业社会资本为视角,探究了家族企业代际传承对其长期投资决策的影响机制,研究发现,当家族企业治理所依赖的社会资本基础发生变化时,必然影响企业治理功效,影响企业的战略决策。家族企业的代际传承削弱了其依赖社会资本获取战略资源的能力,增强了企业的经营风险,甚至成为换代后家族企业是否能继续成长的严重桎梏。家族企业为了顺利度过传承危机,保障家族社会情感财富不受损失,会出于风险规避的目的而降低长期投资,尤其是周期长、风险大、资金需求多、收益不确定高的 R&D 支出。因此,家族企业代际传承会通过影响其社会资本强度进而影响其长期投资规模和投资结构,即社会资本在家族企业代际传承过程与投资规模和投资结构中发挥了中介作用。同时,由于社会关系网络中存在着严格的层次差异,基于"弱关系"而导致家族企业的传承人往往难以将自己企业的社会资本转交到非家族成员的手中,因此,社会资本向职业经理人转换时往往效率很低。相反,在子承父业模式下,家族企业的所有权和经营权重合,传承人也更愿意将继承人引入现有社会关系网络,促进现有社会关系网络成员对继承人的信任、支持与合作,企业社会资本的转换效率较高。因此,家族企业传承模式也会通过对社会资本的影响而影响其长期投资规模和投资结构,即社会资本在家族企业代际传承模式与投资规模和投资结构中发挥了中介作用。

第五,以代际传承家族企业投资规模为切入点,剖析了家族企业代际传承对其经营风险的影响效果和影响机制,研究发现,家族企业代际传承会加大企业经营风险,但家族企业可以通过缩减投资规模、采取稳健的投资决策来抑制经营风险的增加。

家族企业实施代际传承以后,由于企业管理权和控制权的变更,企业内外经营环境会发生一定程度的动荡不安。首先创始人的能力、声誉、权威以及其他特殊资产依赖于个人而存在,具有很强的黏性特征,难以传承给下一代,这会造成继承人权威不足,出现"少主难以服众"的尴尬局面;其次,继承人权威不足还会造成不同家族利益集团之间的冲突,一些过去隐藏的矛盾次第显现,产生搭便车、败德危险等问题,引起组织功能性紊乱,加大企业经营风险;再次,受掌权者更换等众多复杂因素的影响,家族企业的关系网络会随着代际传承的实施而发生变迁,继任者需要重构与管理团队、职工、供应商、销售商、银行、政府等内外部相关者的关系网络,关系网络的异化和重新构建都会给企业经营环境造成不稳定,加大企业经营风险;最后,当创始人选择一个能力不足的家族继任者来管理公司时,可能会损害公司声誉与价值,甚至出现所谓的逆向选择问题,加剧传承家族企业内部动荡。因此,家族企业实施代际传承以后会加剧企业的经营风险。

家族企业采取不同的传承模式对企业经营风险的影响程度也会有所不同。在子承父业模式下,创始人会给予继承人更多的支持和帮助,继承人也更容易融入企业的经营管理活动中,这些在一定程度上会减弱传承对企业经营造成的不稳定性。但是在职业经理人模式下,家族企业实际控制人和职业经理人之间很容易形成信任屏障,这会加剧企业代理冲突,增加企业经营风险。

代际传承家族企业为了顺利度过传承危机,实现基业长青,往往会采取稳健的投资决策,缩减投资规模。研究还发现,家族企业可以通过缩减投资规模来抑制企业经营风险的增加,并且在不同的传承模式中,投资规模也在传承模式和经营风险中起到了部分中介作用,即与职业经理人模式相比,子承父业传承模式下的家族企业更倾向于通过缩减投资规模来降低企业经营风险。

第六,以家族企业投资结构为视角,研究了代际传承家族企业可持续发展能力问题,发现家族企业实施代际传承在一定程度上削弱了其可持续发展能力,这也间接证明了为什么众多家族企业经过传承的重创无法保持基业长青。

影响家族企业可持续发展的因素众多,其中代际传承就是非常关键的一环,家族企业经营权和控制权的变更和调整,对企业的管理水平带来极大挑战,在一定程度上削弱了企业经营管理能力和获利能力,降低了企业创新绩效,弱化了企业的核心竞争力,进而降低了企业可持续发展能力。同时,不同的传承模式对家族企业的可持续发展能力影响也有所不同。与子承父业模式相比,受根深蒂固的儒家思想下传承文化的影响,职业经理人很难赢得家族企业创始人的信任,双方的契约精神中都带有自利和机会主义倾向,他们的行为都在有限的理性范畴,双方的交易是不可能通过契约加以保障的,很难建立互信基础,从而导致职业经理人会为追求个人利益最大化而损害企业利益,受较高的代理成本影响,对企业发展将产生负向作用。

R&D 活动作为技术进步和应用创新的统一体,是企业保持强有力可持续发展能力的强心剂,也是提高企业运营效率、获取核心竞争力的重要手段。家族企业代际传承可以通过投资结构的调整而影响其可持续发展能力,这是因为家族企业为了降低传承风险,顺利实现传承,不仅缩减了企业投资规模,还大幅减少了企业的R&D 投资,从而挫伤了企业的创新能力,对企业的获利能力、股东财富增加能力、资本配置效率等造成一定的损失,从而降低了企业的可持续发展能力。另外,不同的传承模式对企业的可持续发展能力的影响程度也不同,与职业经理人传承模式相比,子承父业模式下企业不会大规模缩减 R&D 支出,而会保持一定水平的创新投入,因此,对企业管理能力、获利能力等发展能力影响较小,即家族企业传承过程和传承模式会通过投资结构的调整来影响企业可持续发展能力。

8.2 政策建议

本书的研究结论不仅对更好地理解家族企业投资行为具有一定的启示,对家族企业投资结构优化、推动家族企业转型升级具有一定的指导意义,对促进家族企业社会资本的融合与再生也具有一定的实践价值。

1. 将投资决策与企业发展远景紧密结合来提高长期投资决策的科学性

投资决策作为企业财务活动的重要内容之一,是企业价值创造、竞争优势获取的重要驱动力,直接影响企业的股利决策和融资决策、企业未来现金流量水平以及企业的收益、风险和发展

家族企业代际传承的风险被列为家族企业面临的经营风险之首。为了打破"富不过三代"的魔咒,实现家族企业代际传承和基业长青,在这一关键且动荡的特殊阶段,家族企业必须将投资决策与企业发展远景紧密结合,充分做好事前财务安排。凡事预则立,不预则废,家族企业只有做足了传承前的准备工作,才能进一步减少传承过程中的风险,促进企业成功传承。

投资政策正是家族企业财务支持传承的一项重要内容,提高长期投资决策的科学性和合理性,更是控制家族代际传承前财务安排的具体体现。在传承前扩大企业投资规模,为家族企业顺利度过传承这一"严冬"储备"足够的粮草";进入传承实施期后,即使为了控制企业传承风险而缩减了企业的投资规模,也不易导致继任者接班后由于企业发展后劲不足造成业绩大幅下滑现象的发生,从而有助于继承人权威的建立,有助于企业平稳度过传承这一特殊阶段。

2. 以市场为机制、优化投资结构来推动家族企业转型升级

家族企业作为家族与企业的结合体,能够在家族关系的基础上将家族资源充分聚集,为企业发展提供财务、物质以及人力资本支持,促进企业的发展。但是随着家族企业的不断壮大,家族企业这种兼具家族与企业的双重特征,使其面临的二元性更为复杂,家族所有权对企业发展的阻碍就会凸显出来。家族企业实际控制人除了追求控制权收益的经济目标外,在进行企业战略决策时更重视非经济收益,如保存社会情感财富,家族企业为了保护社会情感财富会普遍显示出风险规避的倾向从而减少 R&D 活动和创新支出,这将严重影响家族企业的转型升级和可持续发展。

在目前我国经济转型不断深化的背景下,大量家族企业都面临着转型升级的迫切需要。为了破解"家族主义困境",避免家族企业"三代消亡律",促进家族企业健康发展,一方面,家族企业必须以市场为机制,实现从"创业结构"向"发展结构"的结构升级,其中最重要的一点就是要加大 R&D 力度、优化投资结构来推动家族企业转型升级;另一方面,政府还必须积极推进市场化改革,鼓励家族企业做出战略承诺,确立长期战略导向,并制定政策支持家族企业积极进行 R&D 投入。

3. 运用继任计划工具来促进社会资本的融合与再生

家族企业代际传承不仅仅是物质财富和"权杖"的简单代际交接,更重要的是

企业社会资本的正效传承、再生与融合。家族企业是有灵魂的，它的传承是超越企业家、超越产品、超越技术、超越财富的传承它是组织的传承、机构的传承、价值观的传承，是有形资产和无形资产合为一体的完整性传承，尤其不能忽视无形资产中家族关系网络的有效转移和构建，权力传承、财富传承和威望传承是建立在社会资本代际之间顺利融合的基础之上的。但由于社会资本具有较强的社会性、时效性、场域性、动态性等诸多属性，家族企业传承人想把企业构建和维护的社会资本传递给接班人并非易事，这就要求家族企业要注重运用继任计划这一崭新的管理工具，来提前做好传承安排。

在我国，继任计划对大多数企业家而言还是一个比较新颖的概念，但在国外已是一种能帮助企业实现代际传承的常用工具。一个成功的企业家应未雨绸缪，寻求有关家族治理和继任规划的意见，制定一个完善、正式并且经过沟通的继任计划。只有提前选好并培养自己的接班人，确保将来能有一个训练有素、经验丰富、能力超群的优秀人才来接管公司，制定并执行继任计划，才能平稳有序地进行权力交接。但是 2018 年普华永道在全球家族企业调研的结果显示，75% 的中国家族企业仍由第一代成员掌握，对规划接班的概念仍未充分接受，仅有 21% 的内地家族企业已制定继任计划，这一比例远远低于全球 49% 的平均值。

继任计划是家族企业未来发展战略的重要部分，社会资本的传承需要和家族企业的继任计划结合起来，继任计划的缺失不仅会导致家族企业传承过程中社会资本流失，更会加大传承风险。因此，传承人应该尽早制定培养继承人的计划，让继承人尽早进入家族企业，潜移默化地接触企业经营管理。在企业不同的发展阶段采取相应的手段来确保继承人被引入父辈以及企业的关系圈中，给予其充分的时间去适应环境、建立权威，成功地被家族企业的关系网络中的利益相关者接受并认同，为企业发展壮大提供战略资源。

因此，在家族企业代际传承的整个战略过程中，继承人既要接收、融合传承人留下的宝贵关系资源，实现企业社会资本的融合，又要在实际的工作过程中逐步积累起自己的关系资源，促进社会资本的再生。

4. 建立战略联盟，获取具有竞争优势的社会资本

在我国，受文化因素和市场改革中正式制度安排缺位的影响，社会资本作为一种非正式制度，是家族企业重要的战略资源之一。企业社会资本形成于企业与其内外部利益相关者所构建的契约关系网络之中，不仅能够提高企业内部的凝聚力，更能促进企业与其战略联盟的合作与资源共享，给企业带来成长所需的信息、商机、稀缺资源等，帮助企业获取新技术、新产品信息，保护产权知识，促进企业 R&D 投资，优化企业投资结构，实现企业价值最大化的目标。因此，进行社会资本投资，与利益相关者编织、运营和发展各种关系网络,建立战略联盟,能够在企业间树立良好声誉,建立信任、顺畅的正面信息传递渠道,减少企业间信息不对称,降低交易成本,实现合作共赢。

社会资本是企业基于信任、规范与合作,为了实现其经营目标而与其内外利益相关者所构建的网络关系结构中的实际或潜在的资源集合。企业社会资本是企业获取竞争优势的一种战略性资源,伴随着企业在关系网络结构中所处节点的相互作用,能够为企业价值创造带来竞争性战略资源。但是在社会关系网络中,处于相同或相似网络节点的企业,其获取社会资本的质量和功效可能存在很大差异,其原因可能源自企业之间关系密切程度和信任程度的不同。企业社会资本本质上是企业建构关系网络的交易费用,因此企业进行社会资本投资不仅要注重量,更要注重质。只有高质量、高效率的社会资本才是使企业具有竞争优势的战略资源。

社会资本功效的发挥取决于利益相关者之间的交流水平和关系质量,这就要求家族企业必须与内外利益相关者建立战略联盟,通过优化与协调内部活动获得竞争优势,通过与其他企业的价值链整合获得战略发展,达到优势互补,实现"双赢"或者"多赢"。与利益相关者建立、稳定和发展战略联盟,为家族企业合法地、成本和风险最小化地获得有价值、稀缺和难以模仿的具有竞争优势社会资本,并随着时间、竞争和环境的变化来调整和更新这些资源,使其价值最大化,促进家族企业健康、稳定地发展,应是经济转型不断深化背景下家族企业的战略选择。

8.3　研究不足与展望

本书对家族企业代际传承、社会资本与长期投资之间关系的研究形成了研究结论,并据此在家族企业提高长期投资决策的科学性、合理性,优化投资结构,推动家族企业转型升级,促进社会资本融合与再生以及完善用人机制等方面提出了相应的政策与建议。但是本书的研究仍存在一定的局限性和不足之处,因此,本书最后在指出研究不足的基础上,对未来的研究方向加以适度的展望。

首先,本书虽然系统地剖析了家族企业代际传承对长期投资决策的影响,但是家族企业代际传承是一个长期、复杂的动态过程,随着继承人不断融入企业的经营管理,其管理能力不断增强,其对企业的影响也会不断地发生变化。因此,家族企业代际传承对长期投资决策的影响也应是一个动态的过程,具有一定的时间效应。虽然在本书第 4 章的进一步研究中,本书把子承父业的传承进程进一步细分为参与管理、共同管理和接收管理三个阶段,但是这样的研究还是比较笼统,应该基于时间视角,详细地研究传承实施后的每一年对长期投资决策的影响,这是未来研究的方向,也是本书作者待续的工作。

其次,本书研究了家族企业传承过程和传承模式对长期投资决策的影响,但未考虑不同的传承方式也会给企业经营管理造成不同程度的影响。例如,一个家族企业家提前培养继承人,有计划、有步骤地进行企业传承,权杖交接之际就不会给企业造成太大的负面影响,但是如果一个家族企业家从未制定继承计划,当企业家发生变故时,二代毫无准备地进入企业,就会给企业带来灾难性的破坏。

再次,本书的研究对象具有普遍性,然而不同性质、不同规模、不同生命周期的企业对长期投资的影响是有差异的。例如,高科技家族企业就比较注重 R&D 投资,而一般的商品流通企业就较少发生 R&D 支出;小规模的成长型企业会抓住一切投资机会扩大企业规模,把企业做大,而大规模的成熟型的企业则选择战略转型,把企业做强。目前,我国对不同性质、不同规模、不同生命周期家族企业的代际传承投资决策差异的研究尚未涉及,因此,区分不同性质、不同规模、不同生命周期的家族企业在不同的传承方式下的长期投资决策异质性问题研究也应是待续的工作。

最后,在理论框架方面,本书更多关注的是家族企业社会资本通过提供资源支持给代际传承中的家族企业长期投资带来的正面影响,但是,社会资本带给企业的负面影响也不容忽视。有学者研究指出,社会资本是一把“双刃剑”,对企业发展不仅存在正面影响,还存在一定的负面影响,如决策自由束缚、创新思想僵化、资源错配等。另外,家族企业的社会资本并不是一个静态的概念,它会随着家族企业关系网络的变迁而不断演进。在家族企业代际传承过程中,企业的社会资本是如何随着二代的进入不断地再生、融合、演进,并转换为企业战略性资源,进而影响企业投资决策的整个过程的研究仍然不足,因此,全面、系统、深入地探讨社会资本在家族企业代际传承中的功效还有很大的研究空间。

参考文献

［1］安灵,刘星,白艺昕.股权制衡、终极所有权性质与上市企业非效率投资[J].管理工程学报,2008,22(2):122-129.

［2］边燕杰,丘海雄.企业的社会资本及其功效[J].中国社会科学,2000(2):87-99.

［3］鲍树琛,许永斌.家族企业代际传承的制度演变分析[J].兰州学刊,2020(12):138-148.

［4］蔡卫星,赵峰,曾诚.政治关系、地区经济增长与企业投资行为[J].金融研究,2011(4):100-112.

［5］曹献飞.融资约束与企业研发投资——基于企业层面数据的实证研究[J].软科学,2014,28(12):73-79.

［6］曾爱民,魏志华.融资约束、财务柔性与企业投资—现金流敏感性——理论分析及来自中国上市公司的经验证据[J].财经研究,2013,39(11):48-58.

［7］陈建林,夏泽维,李瑞琴.家族企业商会资本代际传承研究——基于中国上市家族企业的实证研究[J].外国经济与管理,2020,42(11):125-139.

［8］陈灿君,许长新.家族企业差异性接任方式对创新投入的影响——基于组织认同理论[J].当代财经,2021(8):90-101.

［9］陈凌,应丽芬.代际传承:家族企业继任管理和创新[J].管理世界,2003(6):89-99.

［10］陈凌,郭萍,叶长兵.非家族经理进入家族企业研究:以山西票号为例[J].管理世界,2010(12):143-154.

［11］陈凌,吴炳德.从二元性走向二重性:反思家族企业与创新的关系[J].福建论坛:人文社会科学版,2014(3):17-21.

［12］陈爽英,井润田,廖开容.社会资本、公司治理对研发投资强度影响——基于中国民营企业的实证[J].科学学研究,2012,30(6):916-922.

［13］陈爽英,井润田,龙小宁,邵云飞.民营企业家社会关系资本对研发投资决策影响的实证研究[J].管理世界,2010(1):88-97.

［14］陈劲,李飞宇.社会资本:对技术创新的社会学诠释[J].科学学研究,2001(9):102-107.

［15］陈传明,周小虎.关于企业家社会资本的若干思考[J].南京社会科学,2001(1):1.

［16］陈洪波,潘石.社会资本与城镇家庭负债行为研究——基于12城市3011户家庭的实证分析[J].财经科学,2017(2):88-98.

［17］陈德球,钟昀珈.制度效率、家族化途径与家族投资偏好[J].财经研究,2011,37(12):

107-117.

[18] 陈倩倩,尹义华.民营企业、制度环境与社会资本——来自上市家族企业的经验证据[J].经济研究,2014(11):71-81.

[19] 储小平.家族企业的成长与社会资本的融合[M].北京:经济科学出版社,2004.

[20] 储小平.家业长青——家族企业传承之道——家业长青是"系统工程"[J].北大商业评论,2011(4):30-37.

[21] 楚有为.社会资本投资、政府补贴与研发投资——基于民营上市公司的研究[J].财经论丛,2018(2):69-77.

[22] 代吉林,李新春,李胜文.家族企业 R&D 投入决定机制研究——基于家族所有权和控制权视角[J].科学学与科学技术管理,2012,33(12):118-126.

[23] 丁昆,丁贵桥.论家族企业的传承[J].决策与信息,2020(11):75-83.

[24] 窦军生,李生校.家族企业传承中的继承人选择:知识基础为视角的理论分析[J].现代经济探讨,2010(4):44-88.

[25] 窦军生,贾生华."家业"何以长青?——企业家个体层面家族企业代际传承要素的识别[J].管理世界,2008(9):105-117.

[26] 窦军生,贾生华.家族企业代际传承研究演进探析[J].外国经济与管理,2007,29(11):45-50.

[27] 窦军生,吴赛赛.家族企业中的长期导向研究综述与展望[J].经济管理,2019,41(6):194-208.

[28] 董斌,张兰兰.地区腐败对企业经营效率的影响研究[J].经济与管理评论,2020,36(3):127-139.

[29] 董红晔,李小荣.国有企业高管权力与过度投资[J].经济管理,2014,36(10):75-87.

[30] 董有德,宋芳玉.银企关系、政治联系与民营企业对外直接投资——基于我国民营上市企业的经验研究[J].国际贸易问题,2017(10):132-142.

[31] 杜兴强,曾泉,杜颖洁.政治联系、过度投资与公司价值——基于国有上市公司的经验证据[J].金融研究,2011(8):83-110.

[32] 杜颖洁,杜兴强.银企关系、政治联系与银行借款——基于中国民营上市公司的经验证据[J].当代财经,2013(2):108-118.

[33] 赫伯特·E.杜格尔,弗朗西斯·J.科里根.投资学[M].北京:中国人民大学出版社,1990.

[34] 范作冰,王婷.代际传承对家族企业绩效影响研究[J].杭州电子科技大学学报,2018(6):14-21.

[35] 傅颖,窦军生,吴炳德.家族承诺何以影响企业的风险承担[J].南方经济,2019,38(8):100-113.

[36] 付文林,赵永辉.税收激励、现金流与企业投资结构偏向[J].经济研究,2014(5):19-33.

[37] 方红星,金玉娜.公司治理、内部控制与非效率投资:理论分析与经验证据[J].会计研究,2013(7):63-69.

[38] 方慧,宋玉洁.中国对"一带一路"沿线直接投资会降低企业经营风险吗[J].现代经济探讨,2021(3):67-78.

[39] 费孝通.乡土中国生育制度[M].北京:北京大学出版社,1998.

[40] 樊纲,王小鲁,马光荣.中国市场化进程对经济增长的贡献[J].经济研究,2011(9):4-16.

[41] 甘田.货币政策与社会资本对企业投资的影响[J].华南师范大学学报(社会科学版),2020(3):109-119.

[42] 高洁,徐茗丽,孔东民.地区法律保护与企业创新[J].科研管理,2015,36(3):92-102.

[43] 郭超.子承父业还是开拓新机——二代接班者价值观偏离与家族企业转型创业[J].中山大学学报(社会科学版),2013,53(12):189-198.

[44] 郭琦,罗斌元.融资约束、会计信息质量与投资效率[J].中南财经政法大学学报,2013(1):102-109.

[45] 高展军,江旭.企业家导向对企业间知识获取的影响研究:基于企业间社会资本的调节效应分析[J].科学学研究,2011(2):257-267.

[46] 顾雷雷,王鸿宇.社会信任、融资约束与企业创新[J].经济学家,2020(11):39-50.

[47] 龚光明,曾照存.产权性质、公司特有风险与企业投资行为[J].中南财经政法大学学报,2014(1):137-144.

[48] 关勇军,瞿旻.基于深圳中小板的家族企业与创新投入关系的实证研究[J].中国科技论坛,2012(7):38-43.

[49] 韩元亮,赵忠秀,石贝贝.金融发展、货币政策变动与企业投资效率——基于企业融资约束视角的实证研究[J].经济与管理评论,2021,37(4):30-43.

[50] 贺小刚,连燕玲.家族权威与企业价值:基于家族上市公司的实证研究[J].经济研究,2009(4):90-102.

[51] 贺小刚,燕琼琼,梅琳,等.创始人离任中的权力交接模式与企业成长——基于我国上市公司的实证研究[J].中国工业经济,2011(10):98-108.

[52] 郝颖,辛清泉,刘星.地区差异、企业投资与经济增长质量[J].经济研究,2014,49(3):101-114+189.

[53] 黄宏斌,刘志远.投资者情绪、信贷融资与企业投资规模[J].证券市场导报,2014(7):28-37.

[54] 黄兴孪,邓路,曲悠.货币政策、商业信用与公司投资行为[J].会计研究,2016(2):58-65.

[55] 黄飞鸣,童婵.银行业联合授信制度制约企业的非效率投资了吗——基于沪深A股公司的分析[J].经济理论与经济管理,2021(2):54-69.

[56] 黄海杰,吕长江,LEE E."四万亿投资"政策对企业投资效率的影响[J].会计研究,2016(2):51-58.

[57] 黄海杰,吕长江,朱晓文.二代介入与企业创新——来自中国家族上市公司的证据[J].南开管理评论,2018,21(1):6-16.

[58] 黄锐.家族企业代际传承中的社会资本传承——一个代际传承的多案例研究[J].管理世

界，2008:362-379.

[59] 惠男男,许永斌. 代际传承、创始人特征与家族企业长期投资[J].财经论丛,2016(12):46-55.

[60] 胡旭阳,吴一平.中国家族企业政治资本代际转移研究——基于民营企业家参政议政的实证分析[J].中国工业经济,2016(1):146-160.

[61] 胡旭阳,吴一平.创始人政治身份与家族企业控制权的代际锁定[J].中国工业经济,2017(5):152-171.

[62] 胡宁.家族企业创一代离任过程中利他主义行为研究——基于差序格局理论视角[J].南开管理评论,2016,19(6):168-177.

[63] 胡静波,刘雅娇.金融业发展对宏观经济增长的影响研究——基于高素质劳动力持续转移的视角[J].经济与管理评论,2019,35(4):64-74.

[64] 金一禾,汪祥耀,周韩娜.现金持有对家族企业市场竞争力的影响——基于CEO来源的视角[J].南方经济,2020(1):111-128.

[65] 贾生华,窦军生,王晓姗.家族企业代际传承研究——基于过程观的视角[M].北京:科学出版社,2010.

[66] 姜英兵,于雅萍. 谁是更直接的创新者?——核心员工股权激励与企业创新[J].经济管理,2017,39(3):109-127.

[67] 姜涛,杨明轩,王晗.制度环境,二代涉入与目标二元性——来自中国家族上市公司的证据[J].南开管理评论,2019,22(4):135-147.

[68] 姜秀珍,全林,陈俊芳.现金流量与公司投资决策——从公司规模角度的实证研究[J].工业工程与管理,2003(5):30-34.

[69] 姜付秀,郑晓佳,蔡文婧.控股家族的"垂帘听政"与公司财务决策[J].管理世界,2017(3):125-145.

[70] 蒋天颖,张一青,王俊江.企业社会资本与竞争优势的关系研究:基于知识的视角[J].科学学研究,2010(8):1212-1221.

[71] 江曼,吴炯.家族企业传承对企业风险承担的影响——基于企业家社会资本流失视角[J].时代金融,2018(5):161-163.

[72] 靳庆鲁,孔祥,侯青川.货币政策、民营企业投资效率与公司期权价值[J].经济研究,2012(5):96-106.

[73] 靳庆鲁,侯青川,李刚,等.放松卖宝管制、公司投资决策与期权价值[J].经济研究,2015(10):76-88.

[74] 焦康乐,李艳双,胡望斌.家族企业传承模式选择动因研究——基于社会情感财富视角[J].经济管理,2019(1):71-88.

[75] 焦豪,杨季枫.政治策略,市场策略与企业成长价值——基于世界银行的企业调查数据[J].经济管理,2019,41(2):15.

[76] 凯恩斯. 就业,利息和货币通论[M]. 北京:商务印书馆,1983.

[77] 李婵,葛京,游海.制度工作视角下家族企业代际传承过程中权威转换机制的案例研究[J].
管理学报,2021,18(8):1128-1137.

[78] 李志刚,于晓蓓,刘振,等.家族企业代际传承九要素模型研究[J].华东经济管理,2014,28
(12):95-99.

[79] 李思飞,裴泱.家族企业传承意愿与社会资本投资[J].金融评论,2018,10(2):44-55.

[80] 李锐昌.家族企业传承中代际冲突的成因、类型及影响[J].管理案例研究与评论,2021,14
(1):20-36.

[81] 李曦明.银企关系对民营上市企业投资效率影响的实证[J].统计与决策,2017(1):
186-188.

[82] 李健,陈传明.家族企业何以长青——基于企业家社会资本传承的研究[J].现代经济探讨,
2010(7):20-24.

[83] 李健,陈传明,陈景仁.家族企业社会资本传承研究述评与展望[J].现代管理科学,2016
(4):6-8.

[84] 李正彪,文峰.企业社会资本的积累机制研究[J].云南财贸学院学报,2005(2):68-73.

[85] 李新春,马骏,何轩,等.家族治理的现代转型:家族涉入与治理制度的共生演进[J].南开管
理评论,2018,119(2):162-173.

[86] 李新春,韩剑,李炜文.传承还是另创领地?——家族企业二代继承的权威合法性建构[J].
管理世界,2015(6):110-124.

[87] 李新春,张鹏翔,叶文平.家族企业跨代资源整合与组合创业[J].管理科学学报,2016(11):
1-17.

[88] 李艳双,焦康乐,刘莎.家族企业社会情感财富的维度构建与传承演变[J].企业经济,2016
(2):43-48.

[89] 李艳双,烟小静,董少华.家族涉入异质性与家族企业创新绩效关系研究[J].科技进步与
对策,2020,37(24):90-98.

[90] 李红艳,储雪林,常宝.社会资本与技术创新的扩散[J].科学学研究,2004,22(3):333-336.

[91] 李延喜,陈克兢,刘伶,等.外部治理环境、行业管制与过度投资[J].管理科学,2013,26(1):
14-25.

[92] 李延喜,曾伟强,马壮,等.外部治理环境、产权性质与上市公司投资效率[J].南开管理评论,
2015,18(1):25-36.

[93] 李婧,贺小刚,茆键.亲缘关系、创新能力与企业绩效[J].南开管理评论,2010(3):117-124.

[94] 李青原,王红建.货币政策、资产可抵押性、现金流与公司投资——来自中国制造业上市公
司的经验证据[J].金融研究,2013(6):31-45.

[95] 李敏.论企业社会资本的有机构成及功能[J].中国工业经济,2005(8):81-88.

[96] 连玉君,程建.投资—现金流敏感性:融资约束还是代理成本?[J].财经研究,2007(2):
37-46.

[97] 李卫宁,张妍妍,吕源.二代涉入时间越长越不利于家族企业创新投入吗?[J].外国经济

与管理，2021，43(8):51-72.

[98] 林曦.网络视角下的利益相关者管理:结构嵌入及其拓展[J].现代管理科学,2011(9):110-112.

[99] 林民书,岳媛媛.信贷周期、上市公司社会资本与债务融资[J].金融论坛,2015(2):31-37.

[100] 林民书,岳媛媛.中国家族企业关系网:绩效与特质[J].河南社会科学,2015,23(4):64-74.

[101] 刘胜强,林志军,孙芳城.融资约束、代理成本对企业 R&D 投资的影响——基于我国上市公司的经验证据[J].会计研究,2015(11):62-68.

[102] 刘艳博,耿修林.二代涉入、债务融资决策与企业绩效——一个有调节的中介效应模型[J].山西财经大学学报,2021,43(8):84-97.

[103] 刘松博.对社会资本和企业社会资本概念的再界定[J].安徽大学学报(哲学社会科学版),2007(6):81-86.

[104] 刘松博.企业社会资本的生成基于组织间非正式关系的观点[M].上海:复旦大学出版社,2008.

[105] 柳建华,卢锐,孙亮.公司章程中董事会对外投资权限的设置与企业投资效率——基于公司章程自治的视角[J].管理世界,2015(7):130-143.

[106] 娄阳,王满.货币政策、会计信息质量与企业非效率投资[J].会计论坛,2018,17(1):54-71.

[107] 吕长江,张海平.股权激励计划对公司投资行为的影响[J].管理世界,2011(11):118-127.

[108] 陆正飞,韩霞,常琦.公司长期负债与投资行为关系研究——基于中国上市公司的实证分析[J].管理世界,2006(1):120-128.

[109] 陆铭,李爽.社会资本,非正式制度与经济发展[J].管理世界,2008(9):161-165+179.

[110] 卢闯,孙健,张修平,等.股权激励与上市公司投资行为——基于倾向得分配对方法的分析[J].中国软科学,2015(5):110-118.

[111] 鲁桐,党印.投资者保护、行政环境与技术创新:跨国经验证据[J].世界经济,2015,38(10):99-124.

[112] 骆回.家族企业传承导师论[M].北京:人民日报出版社,2016.

[113] 罗党论,刘晓龙.政治关系、进入壁垒与企业绩效:来自中国民营上市公司的经验证[J].管理世界,2009(5):97-106.

[114] 如飞.企业研发组织模式选择——基于交易成本理论和资源基础理论的实证检验[J].科学学与科学技术管理,2011,32(1):152-158.

[115] 马洪云,吴晓梅.家族企业社会化研究[M].北京:地质出版社,2010.

[116] 马永卫.在家族企业中引入职业经理人的必要性[J].陕西煤炭,2011(6):130-131.

[117] 马骏,朱斌,何轩.家族企业何以成为更积极的绿色创新推动者?——基于社会情感财富和制度合法性的解释[J].管理科学学报,2020,23(9):31-60.

[118] 马骏,黄志霖,何轩.家族企业如何兼顾长期导向和短期目标——基于企业家精神配置视角[J].南开管理评论,2020,23(6):124-135.

[119] 毛德凤,彭飞,刘华.税收激励对企业投资增长与投资结构偏向的影响[J].经济学动态,

2016(7):75-87.

[120] 庞仙君.家族企业管理权传承的重复博弈分析[J].西安财经学院学报,2017,30(4):68-77.

[121] 潘越,戴亦一,吴超鹏,等. 社会资本、政治关系与公司投资决策[J]. 经济研究,2009,44(11):82-94.

[122] 潘越,戴亦一,吴超鹏,刘建亮.社会资本、政治关系与公司投资决策[J].经济研究,2010(11):82-94.

[123] 潘越,宁博,纪翔阁,等.民营资本的宗族烙印:来自融资约束视角的证据[J].经济研究,2019,54(7):94-110.

[124] 潘前进,王君彩.管理层能力与资本投资效率研究:基于投资现金流敏感性的视角[J].中央财经大学学报,2015(2):90-97.

[125] 潘必胜. 乡镇企业中的家族经营问题——兼论家族企业在中国的历史命运[J]. 中国农村观察,1998(1):7.

[126] 乔尔·G.西格尔,杰·K.希姆. 会计辞典[M]. 3 版.上海:上海财经大学出版社,2007.

[127] 单蒙蒙,宋运泽.制度环境对家族企业亲缘治理的弱化机制研究——基于 CEO 变更的经验证据[J].华东经济管理,2019,33(12):136-144.

[128] 申慧慧,于鹏,吴联生.国有股权、环境不确定性与投资效率[J].经济研究,2012,47(7):113-126.

[129] 萨缪尔森,费方域,金菊平. 经济分析基础[M]. 北京:商务印书馆,1992.

[130] 盛亚,鲁晓玮.利益相关者管理理论研究的主导逻辑与议题框架:基于 Web of Science 核心数据库的研究[J].商业经济与管理,2021(4):38-51.

[131] 石军伟,胡立君,付海艳.企业社会资本的功效结构:基于中国上市公司的实证研究[J].中国工业经济,2007(2):84-93.

[132] 石军伟,胡立君,付海艳.企业社会责任、社会资本与组织竞争优势:一个战略互动视角——基于中国转型期经验的实证研究[J]. 中国工业经济,2009(11):87-98.

[133] 史煜筠.家族企业社会资本传承和传承绩效关系研究[C]//第五届(2010)中国管理学年会——创业与中小企业管理分会场论文集.[出版者不详],2010:49-53.

[134] 沈满洪,张兵兵.交易费用理论综述[J].浙江大学学报(人文社会科学版),2013,43(2):44-58.

[135] 宋丽红,李新春.短时逐利还是长期投资:家族所有权与传承意愿的交互作用检验[J].中山大学学报(社会科学版),2013,53(2):169-179.

[136] 苏启林,朱文.上市公司家族控制与企业价值[J].经济研究,2003(8):36-46.

[137] 隋敏,王竹泉.社会资本对企业价值创造影响研究:理论、机理与应用[J].当代财经,2013(7):111-120.

[138] 孙秀峰,宋泉昆,冯浩天.家族企业企业家隐性知识的代际传承——基于跨代创业视角的多案例研究[J].管理案例研究与评论,2017,10(1):20-33.

[139] 孙晓华,王昀,徐冉.金融发展、融资约束缓解与企业研发投资[J].科研管理,2015,36(5):

47-54.

[140] 孙兰兰,翟士运,王竹泉.供应商关系、社会信任与商业信用融资效应[J].软科学,2017, 31(2):71-74.

[141] 孙治本.家族主义与现代台湾企业[J].社会学研究.1995(5):56-65.

[142] 苏屹,刘敏.高技术企业创新生态系统可持续发展机制与评价研究[J].贵州社会科学, 2018(5):105-113.

[143] 许静静,吕长江.家族企业高管性质与盈余质量:来自中国上市公司的证据[J].管理世界, 2011(1):112-120.

[144] 童盼,陆正飞.负债融资、负债来源与企业投资行为[J].经济研究,2005(5):75-85.

[145] 万伦来,万小雨,WAN,等.中国家族企业社会化指数研究[J].合肥工业大学学报(社会科学版),2017,31(3):1-4+11.

[146] 王丹,李丹,李欢.客户集中度与企业投资效率[J].会计研究,2020(1):110-125.

[147] 王开明,万君康.企业战略理论的新发展:资源基础理论[J].科技进步与对策,2001,18 (1):131-132.

[148] 王艳林,薛鲁.董事会治理、管理者过度自信与投资效率[J].投资研究,2014,33(3): 93-106.

[149] 王海岳.家族企业创始人社会资本的代际正效接续与调适——利益相关者管理方法[J].经济问题探索,2008(11):110-116.

[150] 王海岳,陆颢.二代家族企业社会资本再生产的转向[J].江苏经贸职业技术学院学报, 2015(2):14-96.

[151] 王革,张玉利,吴练达.企业社会资本静态与动态分析[J].天津师范大学学报(社会科学版),2004(1):16-20+37.

[152] 王东清,刘静静.环境不确定性、会计稳健性与非效率投资——基于民营上市公司的经验证据[J].经济问题,2018(3):125-129.

[153] 王竹泉.利益相关者财务披露监管的分析框架与体制构造[J].会计研究,2006(9):35-41.

[154] 王飞飞,吴炯,贺林均.家族企业跨代创业与技术创新[J].山西财经大学学报,2021(4): 76-87.

[155] 王明琳,何秋琴.内部人的创新活动更为保守吗?——来自中国上市家族企业研发投入的经验证据[J].外国经济与管理,2020,42(12):104-118.

[156] 王楠,黄静,王斌.董事社会资本、CEO权力与企业研发投资——基于创业板上市公司的实证[J].科研管理,2019,40(5):244-253.

[157] 王龙伟,王文君,王立.政治关联与企业绩效:基于组织和私人层面的比较研究[J].管理评论,2021(3):213-214.

[158] 王明海,李小静,WANG,等.政府干预、外部投资与企业自主创新——基于信号传递视角的研究[J].上海经济研究,2017(2):9-16.

[159] 王小鲁,樊纲,马光荣.中国分省企业经营环境指数 2017 年报告[M].北京:社会科学文献

出版社,2017.

[160] 王俊秀,杨宜音.中国社会心态研究报告(2012—2013)[M].北京:社会科学文献出版社,2013.

[161] 王晨宇,冯雨飞,刘曼曼.家族企业代际传承对企业绩效的影响——基于A股上市家族企业的实证研究[J].中国商论,2020(1):202-204.

[162] 温忠麟,叶宝娟.有调节的中介模型检验方法:竞争还是替补?[J].心理学报,2014,46(5):714-726.

[163] 温忠麟,张雷,侯杰泰,等.中介效应检验程序及其应用[J].心理学报,2004,36(5):614-620.

[164] 吴炯.家族企业剩余控制权传承的地位、时机与路径——基于海鑫、谢瑞麟和方太的多案例研究[J].中国工业经济,2016(4):110-126.

[165] 吴炳德,陈士慧,窦军生,等.家族企业代际创业研究动态与述评[J].中国科技论坛,2017(3):117-124.

[166] 吴炳德,陈凌.社会情感财富与研发投资组合:家族治理的影响[J].科学学研究,2014(8):1233-1241.

[167] 吴彤.自组织方法论研究[M].北京:清华大学出版社,2001.

[168] 魏春燕,陈磊.家族企业CEO更换过程中的利他主义行为——基于资产减值的研究[J].管理世界,2015(3):137-150.

[169] 汪祥耀,金一禾.家族企业代际传承及二代推动战略转型的绩效研究[J].财经论丛,2015(11):61-70.

[170] 王陆庄,方洁,谈晓燕.当代中国家族企业传承中后代培养方式的实证研究[J].科研管理,2008,29(S2):126-133.

[171] 小艾尔弗雷德·D.钱德勒.看得见的手:美国企业的管理革命[M].北京:商务印书馆,1977.

[172] 谢洪明,王成,吴业春.内部社会资本对知识能量与组织创新的影响——华南地区企业的实证研究[J].管理学报,2007(1):100.

[173] 谢雅萍,王国林.家族性资源、创业行动学习与家族创业能力——乐观的调节作用[J].科研管理,2016(2):98-106.

[174] 谢军,黄志忠.宏观货币政策和区域金融发展程度对企业投资及其融资约束的影响[J].金融研究,2014(11):64-78.

[175] 谢军,李千子.公司治理结构能缓解非效率投资吗?——来自上市公司的证据[J].兰州财经大学学报,2012(1):69-75.

[176] 谢德仁,陈运森.金融生态环境、产权性质与负债的治理效应[J].经济研究,2009(5):118-129.

[177] 谢乔昕.环境规制扰动、政企关系与企业研发投入[J].科学学研究,2016,34(5):713-719+764.

[178] 徐业坤,钱先航,李维安.政治不确定性、政治关联与民营企业投资——来自市委书记更替的证据[J].管理世界,2013(5):116-130.

[179] 徐明东,陈学彬.货币环境、资本充足率与商业银行风险承担[J].金融研究,2012(7):48-62.

[180] 徐可,何桢."新"由"和"生?社会资本激励创新驱动力的倒U型抑扬效应研究[J].科技进步与对策,2021,38(04):28-35.

[181] 许永斌,鲍树琛.代际传承对家族企业风险承担的影响[J].商业经济与管理,2019(3):50-60.

[182] 许家林.论本科生论文写作训练的几个基本问题[J].财经政法资讯,2005,21(2):3-14.

[183] 辛金国,吴雪婷.家族企业政治联系与传承绩效实证研究——基于社会情感财富理论的分析[J].浙江社会科,2016(10):72-82.

[184] 夏宁,邱飞飞.高管激励、非效率投资与公司业绩[J].南京审计学院学报,2014(2):68-78.

[185] 项秀栋.社会资本与小微企业竞争优势研究——基于新疆小微企业的实证分析[J].现代商贸工业,2015,36(7):19-21.

[186] 岳媛媛,龚驹.货币政策冲击、企业社会资本与固定资产投资[J].投资研究,2017(2):147-160.

[187] 颜琼,成良斌.企业社会资本对技术创新推动的作用研究[J].科技管理研究,2006,26(7):30-33.

[188] 杨玉秀.论社会资本在我国家族企业代际传承中的影响[J].云南财经大学学报,2011(5):131-137.

[189] 杨玉秀.家族企业代际传承中的家族社会资本[J].当代经济管理,2014(8):23-29.

[190] 杨玉秀.代际传承视角下家族企业社会资本的结构优化[J].哈尔滨商业大学学报(社会科学版),2021(5):86-95.

[191] 杨兴全,张照南,吴昊旻.治理环境、超额持有现金与过度投资:基于我国上市公司面板数据的分析[J].南开管理评论,2010,13(5):61-69.

[192] 杨清香,俞麟,胡向丽.不同产权性质下股权结构对投资行为的影响——来自中国上市公司的经验证据[J].中国软科学,2010(7):142-150.

[193] 杨栩,黄亮华.社会资本和家族企业代际传承的关系研究[J].科学学与科学技术管理,2008,29(10):164-167.

[194] 严若森,叶云龙.家族所有权、家族管理涉入与企业R&D投入水平——基于社会情感财富的分析视角[J].经济管理,2014(12):51-61.

[195] 严若森,吴梦茜.二代涉入、制度情境与中国家族企业创新投入——基于社会情感财富理论的研究[J].经济管理,2020(3):23-39.

[196] 严若森,肖莎.政治关联、制度环境与家族企业创新绩效——社会情感财富理论视角的解释[J].科技进步与对策,2019,36(6):75-84.

[197] 叶松勤,黄瑾,廖飞梅.信息共享,融资方式与企业投资效率[J].江西财经大学学报,

2020(4):40-52.

[198] 叶银华.族控股集团、核心企业与报酬互动之研究——台湾与香港证券市场之比较[J]. 管理评论(台湾),1999,18(2):43-57.

[199] 于晓东,李宇萍,王瑞华.家族企业为何解雇家族 CEO?——基于 QCA 的探索性研究[J].经济管理,2019(5):55-71.

[200] 余明桂,回雅甫,潘红波.政治联系、寻租与地方政府财政补贴有效性[J].经济研究,2010(3):65-77.

[201] 余向前,张正堂,张一力.企业家隐性知识、交接班意愿与家族企业代际传承[J].管理世界,2013(11):77-89.

[202] 余向前.家族企业代际传承与制度创新[J].学术月刊,2007,39(3):94-99.

[203] 约瀚·伊特韦尔,皮特·纽曼,默里·米尔盖特,等.新帕尔格雷夫经济学大辞典[M].北京:经济科学出版社,1996.

[204] 游春,刘芳.社会资本——企业竞争优势的新来源[J].贵州社会科学,2010(2):94.

[205] 邹立凯,王博,梁强.继任 CEO 身份差异与家族企业创新投入研究——基于合法性的视角[J].外国经济与管理,2019,41(3):126-140.

[206] 赵瑞.企业社会资本、投资机会与投资效率[J].宏观经济研究,2013(1):65-72.

[207] 赵岩.企业社会资本、融资约束与投资——现金流敏感性研究[J].湖南财政经济学院学报,2013,29(142):77-94.

[208] 赵静,陈晓.货币政策、政治联系与企业投资[J].重庆大学学报(社会科学版),2016(2):50-59.

[209] 赵卿.金融发展、债务治理与上市公司过度投资行为[J].南方经济,2012(11):67-79.

[210] 张润宇,余明阳.社会资本、债务约束与非效率投资——基于中国上市家族企业数据的分析[J].管理评论,2020,32(12):61-87.

[211] 张琦,吉富星,潘攀.政策不确定性、银行信贷供给与企业投资[J].中国软科学,2021(4):173-182.

[212] 张会丽,陆正飞.现金分布、公司治理与过度投资——基于我国上市公司及其子公司的现金持有状况的考察[J].管理世界,2012(2):141-151.

[213] 张洪辉.社会资本、法律保护与研发投资——来自中国上市公司面板数据的证据[J].华中科技大学学报,2014,28(5):121-131.

[214] 张兵,徐金发,章清.家族企业——一个亟待深入研究的领域[J].科研管理,2004,25(7):88-96.

[215] 张方华,林仁方.企业的社会资本与技术合作[J].科研管理,2004,25(2):31-36.

[216] 张潇璇.家族企业代际传承中关系网络异化跨案例探索研究[D].天津:天津财经大学,2013.

[217] 张维迎.企业的企业家契约理论[M].上海:上海人民出版社,1995.

[218] 张维迎,柯荣住.信任及其解释:来自中国的跨省调查分析[J].经济研究,2002(10):

59-70+96.

[219] 张维迎.企业家与职业经理人：如何建立信任[J].北京大学学报（哲学社会科学版），2003(5)：29-39.

[220] 张学亮.范霍恩可持续增长模型在医院财务管理中的应用[J].中国卫生经济，2013，32(8):73-75.

[221] 章凯,刘永虹,熊军.家族企业可持续成长的内部传承模式研究[J].中国人民大学学报，2009(4):97-104.

[222] 郑毅,徐佳.融资约束、信息披露与R&D投资[J].经济与管理,2018,32(1):46-53.

[223] 郑登攀，李生校，王功博.两代共存治理,继任者培养与家族企业技术创新——基于浙江省数据的分析[J].科学学与科学技术管理，2020，41(8):80-95.

[224] 周小虎,陈传明.企业社会资本与战略管理[M].北京:人民出版社,2006.

[225] 周小虎.企业理论的社会资本逻辑[J].中国工业经济,2005(3):84-91.

[226] 周锡冰.中国家族企业为什么交不了班[M].北京:东方出版社,2014.

[227] 周鸣阳.默会知识视阈下家族企业代际传承管理与创新[J].商业经济与管理,2015(11):88-96.

[228] 周红云.社会资本及其在中国的研究与应用[J].经济社会体制比较,2004(2):135-144.

[229] 周燕,葛建华.权威、认同与家族企业代际传承问题[J].当代财经,2011(3):73-79.

[230] 周杰.管理层股权结构对我国上市公司投资行为的影响[J].天津商学院学报，2005，25(3):36-40.

[231] 中国民营经济研究会家族企业委员会.中国家族企业传承报告[M].北京:中信出版社,2015.

[232] 中国民营经济研究会家族企业研究课题组.中国家族企业发展报告[M].北京:中信出版社,2011.

[233] 朱沆,叶琴雪,李新春.社会情感财富理论及其在家族企业研究中的突破[J].外国经济与管理,2012,34(12):56-62.

[234] 朱沆,ERIC K,周影辉.社会情感财富抑制了中国家族企业的创新投入吗?[J].管理世界，2016(3):99-114.

[235] 祝振铎,李新春,赵勇.父子共治与创新决策——中国家族企业代际传承中的父爱主义与深谋远虑效应[J].管理世界，2021，37(9):191-206+232+207.

[236] ADLER P S, KWON S W. Social capital：respects for a new concept[J]. Academy of Management Review,2002,27(1):17-40.

[237] AIVAZIAN V A, GE Y, QIU J . The impact of leverage on firm investment：Canadian evidence[J]. Journal of Corporate Finance, 2005，11(1):277-291.

[238] AGARWAL R, ECHAMBADI R, FRANCO AM, et al. Knowledge transfer through congenital learning：spin-out generation, growth and survival, 2002,4(4):501-522.

[239] ALLEN F, QIAN J , QIAN M. Law, fiance, and economic in China[J].Journal of

Financial Economic,2005(77):57-116.

[240] ANDERSON T, CARLSEN J, GETZ D. Family business goals in the tourism and hospitality sector: case studies and cross-case analysis from Australia, Canada, and Sweden[J].Family Business Review, 2010,15(2):89-106.

[241] ANDERSON R C, REEB D M. Founding family ownership and firm performance: evidence from the S&P 500[J]. Journal of Finance, 2003,58(3):1301-1328.

[242] ANDERSON R C, REEB D M. Board composition: Balancing family influence in S&P 500 firms[J].Administrative Science Quarterly,2004,49(2):209-237.

[243] ANDERSON R C,DURU A,REEB D M.Investment policy in family controlled firms [J]. Journal of Banking and Finance,2012,36(6):1744-1758.

[244] ANDREW A. Social capital and voluntary sports clubs: investigating political contexts and policy frameworks[M].England:Loughborough University,2009.

[245] ANSOFF H I. Corporate strategy: an analytic approach to business policy for growth and expansion[M]. New York: Mc Graw-Hill,1965.

[246] ATANASSOV J.Do hostile takeovers stifle innovation? Evidence from antitakeover legislation and corporate patenting[J]. Journal of Finance, 2013, 68(3):1097-1131.

[247] BALAKRISHNAN K, CORE J E, VERDI RS. The relation between reporting quality and financing and investment: evidence from changes in financing capacity[J]. Journal of Accounting Research, 2014,52(1):1-36.

[248] BAMETT S A, BROOKS R. What's driving investment in China? [J]. IMF Working Papers, 2007, 06(265):18398-18404.

[249] BARACH J A, GANTISKY J B. Successful succession in family business[J]. Family Business Review, 1995,8(2):131-155.

[250] BARNES L B, HERSHON S A. Transferring power in the family business[J].Harvard Business Review, 1976,54(4):105-144.

[251] BARNEY J B. Firm resources and sustained competitive advantage[J]. Advances in Strategic Management, 1991, 17(1):3-10.

[252] BARNEY J B . The resource-based theory of the firm[J]. Organization Science, 1996, 7(5):469-469.

[253] BARRY B.The development of organization structure in the family firm[J].Journal of General Management, 1975,3(1):42-60.

[254] BARON R M, KENNY D A. The moderator-mediator variable distinction in social psychological research: conceptual, strategic, and statistical considerations.[J]. Journal of personality and social psychology, 1986, 51(6):1173-1182.

[255] BAXTER N D. Leverage, risk of ruin and the cost of capital[J]. Journal of Finance, 1967, 22(3):395-403.

[256] BEBCHUK L A, COHEN A, SPAMANN H. The wages of failure: executive compensation at bear Stearns and Lehman 2000—2008[J]. Social Science Electronic Publishing, 2010,27(2):145-151.

[257] BECKHARD R, DYER W G. Managing continuity in the family-owned business[J]. Organization Dynamics, 1983,12(1):5-12.

[258] BENNEDSEN M, FAN J, JIAN M , et al. The family business map: framework, selective survey, and evidence from Chinese family firm succession[J]. Journal of Corporate Finance, 2015:212-226.

[259] BERGFELD M M H, WEBER F M. Dynasties of innovation: highly performing German family firms and the owners' role for innovation[J].International Journal of Entrepreneurship and Innovation Management, 2011,13(1):80-94.

[260] BERRONE P, PASCUAL, CRUZ C, et al. Socioemotional wealth in family firms: theoretical dimension, assessment approaches, and agenda for future research[J].Family Business Review, 2012,25(3):258-279.

[261] BERRONE P, CRUZ C, COMEZ-MEJIA L R, et al. Socioemotional wealth and corporate responses to institutional pressures: do family-controlled firms pollute less? [J].Administrative Science Quarterly, 2010,55(1):82-113.

[262] BENA J, KAI L I. Corporate innovations and mergers and acquisitions[J]. The Journal of Finance, 2014, 69(5):1923-1960.

[263] BIDDLE G C, HILARY G. Accounting quality and firm-level capital investment[J]. Accounting Review, 2006,81(5):963-982.

[264] BIDDLE G C,HILARY G, VERDI R S. How does financial reporting quality relate to investment efficiency? [J].Journal of Accounting and Economics, 2009, 48(2-3): 112-131.

[265] BIRD M, WENNBERG K J. Why family matters: the impact of family resources on immigrant entrepreneurs' exit from entrepreneurship[J]. Journal of Business Venturing, 2016,31(6):687-704.

[266] BIRLEY S. Succession in the family firm: the inheritor's view[J]. Journal of Small Business Management,1986,24(3):36-44.

[267] BJUGGREN P O, SUND L. Strategic decision making in intergenerational successions of small and medium size family-owned businesses[J]. Family Business Review, 2010,14 (1):11-24.

[268] BLOCK J H. R&D investments in family and founder firms: an agency perspective[J]. Journal of Business Venturing, 2012,27(2):48-265.

[269] BLOCK J H, THAMS A. Long-term orientation in family and non family firms: a Bayesian analysis[J]. SFB 649 Discussion Papers, 2007(59):307-309.

参考文献

[270] BLOOM N, BOND S, REENEN J V. Uncertainty and investment dynamics[J].Review of Economics Studies,2007,74(2):391-415.

[271] BOLION MC, TURNLEY W H, BLOODGOOD J M. Citizenship behavior and the creation of social capital in organizations[J].Academy of Management Review, 2002, 27(4):505-522.

[272] BOURDIEU P. Distinction a social critique of the judgment of taste[M].Cambridge Mass: Harvard University Press,1985.

[273] BOURDIEU P.The forms of social capital[M]// John G Richardson. Handbook of theory and research for the sociology of education.New York: Greenwood Press,1986.

[274] BOUBAKRI N, MANSI S A, SAFFAR W. Political institutions, connectedness, and corporate risk-taking[J]. Journal of International Business Studies, 2013(44):195-215.

[275] BOYLE G W, GUTHRIE G A. Investment, uncertainty, and liquidity[J].Journal of Finance, 2003,58(5):2143-2166.

[276] BURKART M, PANUNZI F, SHLEIFER A. Family firms[J]. Journal of Finance, 2010, 58(5):2167-2202.

[277] BURT R S. Structural holes: the social structure of competition[M].Cambridge, MA: Harvard University Press,1995.

[278] BUSHMAN R M, SMITH A J. Financial accounting information and corporate governance[J]Journal of Accounting and Economics, 2001,32(1):237-333.

[279] CABRERA-SUÁREZ K. The succession process from a resource - and knowledge-based view of the family firm[J].Family Business Review, 2001,14(1):37-48.

[280] CAMBINI C, RONDI L. Incentive regulation and investment: evidence from european energy utilities[J].Journal of Regulatory Economics, 2010,38(1):1-26.

[281] CALABRÒ A, VECCHIARINI M, GAST J, et al. Innovation in family firms: a systematic literature review and guidance for future research[J].International Journal of Management Reviews, 2018, 21(3):317-355.

[282] CALOMIRIS C W , HUBBARD R G . Internal finance and investment: evidence from the undistributed profits tax of 1936—1937[J]. The Journal of Business, 1995, 68(4): 291-325.

[283] CAPPIELLO G, GIORDANI F, VISENTIN M. Social capital and its effect on networked firm innovation and competitiveness[J].Industrial Marketing Management, 2020, 89(8):422-430.

[284] CARPENTER R E, PETERSEN B C. Capital market imperfections, high-tech investment, and equity financing [J]. The Economic Journal,2002,112(477):54-72.

[285] CASSIA L, DE MASSIS A, PIZZURNO E. An exploratory investigation on NPD in small family businesses from Northern Italy [J]. International Journal of Business,

Management and Social Sciences, 2011,2(2):1-14.

[286] CHAMBERLIN E H. The theory of monopolist competition: a reorientation of the theory of value[J]. Harvard Economic Studies,1933,25(7):261-297.

[287] CHAN L K, LAKONISHOK J, SOUGIANNIS T. The stock market valuation of research and development expenditures[J]. Journal of Finance,2001,56(6):2431-2456.

[288] CHATELAIN J B, ANDREA G, IGNACIO H, et al. New findings on firm investment and monetary transmission in the Euro area[J]. Oxford Review of Economic Policy, 2003(1):73-83.

[289] CHEMMANUR T J, PAEGLIS I. Management quality, certification, and initial public offerings[J]. Journal of Financial Economics, 2005,76(2):331-368.

[290] CHEMMANUR T, TIAN X. Do anti-takeover provisions spur corporate innovation? [J]. Social Science Electronic Publishing, 2013(3):1-45.

[291] CHEN X, CHENG Q, DAI Z. Family ownership and CEO turn-over [J].Social Science Electronic Publishing,2013,30(1):1-26.

[292] CHEN H J, CHEN S J. Investment-cash flow sensitivity cannot be a good measure of financial constraints: evidence from the time series[J].Journal of Financial Economics, 2012,103(2):393-410.

[293] CHEN H L,HSU W T.Family ownership, board independence and R&D investment[J]. Family Business Review, 2009,22(4):347-362.

[294] CHEN S, CHEN X, CHENG Q. Do family firms provide more or less voluntary disclosure? [J]. Journal of Accounting Research,2008,46(3):499-536.

[295] CHRISMAN J J, CHUA J H, SHARMA P.Important attributes of successors in family businesses: an exploratory study[J].Family Business Review, 1998,11(1):19-34.

[296] CHRISMAN J J, PATEL P C. Variations in R&D investments of family and nonfamily firms: behavioral agency and myopic loss aversion perspectives [J]. Academy of Management Journal, 2012, 55(4):976-997.

[297] CHURCHILL N C,HATTEN K J. Non-market-based transfers of wealth and power: a research framework for family businesses[J].American Journal of Small Business, 1987, 11(3):51-64.

[298] CHUNG C N, LUO X R. Leadership succession and firm performance in an emerging economy: successor origin, relational embeddedness, and legitimacy [J]. Strategic Management Journal,2013,34(3):338-357.

[299] COHEN W M, LEVINTHAL D A. Absorptive capacity: a new perspective on learning and innovation[J].Administrative Science Quarterly, 1990,35(1):128-152.

[300] COLEMAN J S. Social capital in the creation of human capital [J]. American Journal of Sociology (Supplement),1988,(94):95-121.

参考文献

[301] CLERCQ D D, DIMOV D, THONGPAPANL N T. Organizational social capital, formalization, and internal knowledge sharing in entrepreneurial orientation formation [J].Entrepreneurship Theory and Practice, 2013,37(3):505-537.

[302] COLEMAN J S. Schools and the communities they serve[J].Phi Delta Kappan, 1985, 66(8):527-532.

[303] CONNELLY J T. Investment policy at family firms: evidence from Thailand [J]. Journal of Economics and Business,2016,83(1):91-122.

[304] CONYON M J, SCHWALBACH J. executive compensation: Evidence from the UK and Germany[J]. Long Range Planning, 2000, 33(4):504-526.

[305] DALPIAZ E, TRACEY P, PHILLIPS N. Succession narrative-sin family business: the case of Asia[J].Entrepreneurship Theory and Practice, 2014,38(6):1375-1394.

[306] DEMERJIANP R, LEV B,LEWIS M F, et al. Managerial ability and earnings quality [J]. Accounting Review, 2013, 88(2):463-498.

[307] DECHOW P M, SLOAN R G. Executive incentives and the horizon problem—an empirical investigation[J].Journal of Accounting and Economics, 1991,14(1):1-89.

[308] DONNELLEY R G. The family business[J].Harvard Business Review, 1964, 42(4): 93-105.

[309] DONNELLEY R G. The family business[J]. Family Business Review, 1988, 1(4): 427-445.

[310] D'MELLO R , MIRANDA M . Long-term debt and over-investment agency problem[J]. Journal of Banking & Finance, 2010, 34(2):324-335.

[311] DHALIWAL D S, LI O Z, TSANG A,et al. Voluntary non-financial disclosure and the cost of equity capital: the initiation of corporate social responsibility reporting[J].The accounting review, 2011,86(1):59-100.

[312] DEFOND M L , HUNG M. Investor Protection and Corporate Governance: evidence from Worldwide CEO Turnover[J]. Journal of Accounting Research, 2004, 42(2): 269-312.

[313] DIAMOND P A ,STIGLITZ J E . Increases in risk and risk aversion[J]. Journal of Economic Theory, 1974, 8(3):337-360.

[314] DYER W G, NENQUE E, HILL E J. Toward a theory of family capital and entrepreneurship: antecedents and outcomes[J].Journal of Small Business Management, 2014,52(2):266-285.

[315] DYER J H, SINGH H. The relational view: cooperative strategy and sources of interorganizational competitive advantage[J]. Academy of Management Review, 1998, 23(4):660-679.

[316] ELLUL A, PAGANO M, PANUNZI F. Inheritance law and investment in family firms

[J]. Social Science Electronic Publishing, 2010, 100(5):2414-2450.

[317] FACCIO M, MARCHICA M T, MURA R. CEO gender, corporate risk-taking, and the efficiency of capital allocation[J]. Journal of Corporate Finance, 2016, (39):193-209.

[318] FAN J P H, Wong T J, Zhang T. Founder succession and accounting properties[J]. Contemporary Accounting Research, 2012, 29(1):283-311.

[319] FAZZARI S M, HUBBARD R G, PETERSEN B C.Financing constraints and corporate investment[J].National Bureau of Economic Research,1988,1(1):141-195.

[320] FREEMAN L C . The impact of computer based communication on the social structure of an emerging scientific specialty[J]. Social Networks, 1984, 6(3):201-221.

[321] FREEMAN R E. Strategic Management: a Stakeholder Approach[M]. New York: Cambridge University Press,1984.

[322] FREYMAN J D, PATUREL R, RICHOMME-HUET K. Condition model for transferring social capital in family business succession [C]// 3rd International Entrepreneurship Research Exchange (AGSE), 2006.

[323] FUKUYAMA F. Social capital and civil society[J].IMF working paper, 2000,00(74).

[324] FUKUYAMA F.Trust: the social virtues and the creation of propensity penguin London [M].New York: Free Press,1995.

[325] FUKUYAMA F. Social capital, civil society and development [J]. Third World Quarterly, 2001, 22(1):7-20.

[326] GABBAY S M, LEENDERS R. CSC: The structure of advantage and disadvantage[M]. Boston: Springer US, 1999.

[327] GALUNIC, CHARLES. The positive externalities of social capital: benefiting from senior brokers[J].Academy of Management Journal, 2012,55(5):1213-1231.

[328] GERSICK K E, HAMPTON M M, LANSBERG I, et al.Generation to generation: life cycles of the family business[M]. Boston: Harvard Business School Press,1997.

[329] GERSICK K E,LANSBERG I, DESJARDINS M, et al. Stages and transition: managing change in the family business[J].Family Business Review, 1999,12(4):287-297.

[330] GEDAJLOVIC E, DANIEL M S, BUDURU B. Financial ownership, diversification and firm profitability in Japan[J]. Journal of Management & Governance, 2003,7(3): 315-335.

[331] GIROUD A, MUELLER H M. Corporate governance, product market competition, and equity prices[J].The Journal of Finance, 2011,66(2):563-600.

[332] GÓMEZ-MEJÍA L R, CRUZ C, BERRONE P, et al.The bind that ties: socioemotional wealth preservation in family firms[J].The Academy of Management Annals, 2011,5 (1):653-707.

[333] Gómez-Mejía L R, Haynes K T, Jacobson K J L , et al. Socioemotional wealth and

business risks in family-controlled firms: evidence from Spanish olive oil mills[J]. Administrative Science Quarterly, 2007,52(1):106-137.

[334] GÓMEZ-MEJÍA L R, MAKRI M., KINTANA M L. Diversification decisions in family-controlled firms[J].Operations Research,2011,47(2):223-252.

[335] GÓMEZ-MEJÍA L R, CRUZ C, IMPERATORE C. Financial reporting and the protection of social emotional wealth in family-controlled firms[J].European Accounting Review, 2014,23(3):387-402.

[336] GOMES A. Going public without governance: managerial reputation effects[J]. The Journal of Finance, 2000,55(2):615-646.

[337] GRANOVETTER M S. The strength of weak ties[J].American Journal of Sociology, 1973,78(6):1360-1380.

[338] GREVE H R. Investment and the behavioral theory of the firm: evidence from shipbuilding[J]. Industrial and Corporate Change, 2003,46(6):685-702.

[339] GROOTAERT C, BASELAER T V. Understanding and measuring social capital: a synthesis of findings and recommendations from the social capital initiative[J]. Earth Surface Processes & Land Forms the Journal of the British Geo-morphological Research Group, 2001,30(7):901-912.

[340] GUARIGLIA A. Internal financial constraints, external financial constraints, and investment choice: evidence from a panel of UK firms[J]. Journal of Banking and Finance,2008,32(9):1795-1809.

[341] HABBERSHON T G, WILLIAMS M L.A resource-based framework for assessing the strategic advantages of family firms[J].Family Business Review, 1999,12(1):1-25.

[342] HAKEN H. Synergetics[J]. The Science of Nature, 1980, 67(3):121-128.

[343] HAMILTON G. Business networks and economic development in East and Southeast Asia [M]. Hong Kong:Centre for Asian Studies,1991.

[344] HANDLER W C. Succession in family firms: a mutual role adjustment between entrepreneur and next-generation family members[J].Entrepreneurship Theory and Practice, 1990,15(1):37-51.

[345] HANDLER W C. Succession in family business: a review of the research[J].Family Business Review, 1994,7(2):133-157.

[346] HANIFAN L J. The Rural School Community Centre[J]. Annals of the American Academy of Political and Social Sciences,1916(67): 130-138.

[347] HAUCK J, PRÜGL R. GL R. Innovation activities during intro-family leadership succession in family firms: an empirical study from a socioemotional wealth perspective [J]Journal of Family Business Strategy, 2015,6(2):104-118.

[348] ISAKOV D A, WEISSKOPF J P. Are founding families special blockholders? An

investigation of controlling shareholder influence on firm performance[J]. Journal of Banking and Finance, 2014(41):1-16.

[349] JENSEN M C. Agency costs of free cash flow, corporate finance and take overs[J].The American Economic Review, 1986,76(2):323-329.

[350] JENSEN M C. Theory of the firm: managerial behavior, agency costs and capital structure[J].Social Science Electronic Publishing, 1976,3(4):305-360.

[351] WEI K C J , ZHANG Y. Ownership structure, cash flow, and capital investment: evidence from east Asian economies before the financial crisis[J].Journal of Corporate Finance, 2008,14(2):118-132.

[352] JOHN K, YEUNG L B. Corporate governance and risk-taking[J]. The Journal of Finance,2008,63(4):1679-1728.

[353] JOHNSON S G, SCHNATTERLY K, HILL A D. Board composition beyond independence: social capital, human capital, and demographics [J]. Journal of Management Official Journal of the Southern Management Association,2013,39(1): 78-135.

[354] JORGENSON D . Capital theory and investment behaviour[J]. American Economic Review, 1963(53):247-259.

[355] JULIO B, YOOK Y. Political uncertainty and corporate investment cycles[J].The Journal of Finance, 2012,67(1):45-83.

[356] JULIEN D , ANDR G . On the North-south effects of environmental policy: rent transfers, relocation and growth[J]. LERNA Working Papers, 2006.

[357] KADAPAKKAM P, KUMAR P C, RIDDICK L A. the impact of cash flows and firm size on investment: the international evidence[J]. Journal of Banking and Finance, 1998,22(3):293-320.

[358] KALM M, Gómez-Mejía L R . Socioemotional wealth preservation in family firms[J]. Revista De Administrao, 2016, 51(4):409-411.

[359] KAO J. The worldwide web of Chinese business[J]. Harvard Business Review,1993, 71(2):24-34.

[360] KAPLAN S N, LUIGI Z.Do investment-cash flow sensitivities provide useful measures of financing constraints? [J]. Quarterly Journal of Economics, 1997,112(1):169-215.

[361] RHEE D K,CHO Y G, LEE K P. Management control and performance of Korea-Chinese joint venture in China[J]. Korea trade review, 2003, 28(5):5-24.

[362] KELIN E G. Generation to generation: life cycles of the family business[M]. Boston: Harvard Business School Press,1997.

[363] KELLERMANNS F W, EDDLESTON K A, MURPHY S F. The entrepreneuring family: a new paradigm for family business research[J].Small Business Economics, 2012,

参考文献

38(1):1-11.

[364] KELLERMANNS F W, EDDLESTON K A. A family perspective on when conflict benefits family firm performance[J]. Journal of Business Research, 2007, 60(10): 1048-1057.

[365] KOTHARI S P, LAGUERRE T E, LEONE A J. Capitalization versus expensing: evidence on the uncertainty of future earnings from capital expenditures versus R&D outlays[J]. Review of Accounting Studies, 2002,7(4):355-382.

[366] LANDRY R, AMARA N, LAMARI M . Does social capital determine innovation? To what extent? [J]. Technological Forecasting & Social Change, 2002, 69(7):681-701.

[367] LA PORTA R, LOPEZ-DE-SILANES F,SHLEIFER A.Corporate ownership around the world[J].Journal of Finance,1999,54（2):471-517.

[368] LEE K S, GUAN H L, WEI S L.Family business succession: appropriation risk and choice of successor[J].The Academy of Management Review,2003,28(4):657-666.

[369] LEE J. The effects of family ownership and management on firm performance.[J]. Sam Advanced Management Journal, 2004, 69(4):46-53.

[370] LERNER M , MALACH-PINES A. Gender and culture in family business: a ten-nation study[J]. International Journal of Cross Cultural Management, 2011, 11(2):113-131.

[371] LE B M, ISABELLE, MILLERR D . Why do some family businesses out-compete? Governance, long-term orientations, and sustainable capability[J]. Entrepreneurship Theory & Practice, 2010, 30(6):731-746.

[372] LIN N. Social capital: a theory of social structure and action[M].New York: Cambridge University Press,2001.

[373] LIU Q, LUO T, TIAN G G. Family control and corporate cash holdings: evidence from China[J].Journal of Corporate Finance,2015,(31):220-245.

[374] LONGENECKER J G, SCHOEN J E.Management succession in the family business[J]. Journal of Small Business Management, 1978,16(3):1-6.

[375] LOURY G C. A dynamic theory of racial income differences [N]. Discussion Papers,1976.

[376] LUBATKIN M H, SCHULZE W S, LING Y , et al. The effects of parental altruism on the governance of family-managed firms[J]. Journal of Organizational Behavior, 2005, 26(3):313-330.

[377] LU Z, ZHU J, ZHANG W. Bank discrimination, holding bank ownership, and economic consequences: evidence from China[J]. Journal of Banking & Finance, 2012, 36(2):341-354.

[378] LYANDRES E . Costly external financing, investment timing, and investment cash flow sensitivity[J]. Journal of Corporate Finance, 2007, 13(5):959-980.

[379] MALEKZEDEH A R, MCWILLIAMS V B, SEN N. Implications of CEO structural and ownership powers, board ownership and composition on the market's reaction to anti takeover charter amendments[J].Journal of Applied Business Research, 2011,14(3): 53-62.

[380] MASSIS A D, FRATTINI F, LICHTENTHALER U. Research on technological innovation in family firms present debates and future directions[J]. Family Business Review, 2012,26(1/3):10-31.

[381] MAURY B. Family ownership and firm performance: empirical evidence from Western European corporations[J]. Journal of Corporate Finance, 2006,12(2):321-341.

[382] MEMILI E, FANG H C, KOC B , et al. Sustainability practices of family firms: the interplay between family ownership and long-term orientation[J]. Journal of Sustainable Tourism, 2018, 26(1-3):9-28.

[383] MCCONNELL J J, SERVAES H. Equity ownership and the two faces of debt[J]. Journal of Financial Economics, 1995, 39(1):131-157.

[384] MICHIELS A, VOORDECKERS W, LYBAERT N, et al. Dividends and family governance practices in private family firms[J]. Small Business Economics, 2015, 44(2): 299-314.

[385] MILLER D, STEIER L, BRETON-MILLER I L, Lost in time: inter-generational succession, change and failure in family[J] Journal of Business Venturing, 2003,18(4): 513-531.

[386] MILLER D, BRETON-MILLER I L, LESTER R H. Family and lone founder ownership and strategic behavior: social context, identity and institutional logic[J]. Journal of Management Studies,2011,48(1):1-25.

[387] MILLER D, BRETON-MILLER I L. Deconstructing socioemotional wealth [J]. Entrepreneurship Theory and Practice, 2014, 38(4):713-720.

[388] MILLER M H.Debt and taxes[J]. Journal of Finance,1977,32(2):261-275.

[389] MIOZZO M, DEWICK P. Building competitive advantage: innovation and corporate governance in European construction[J]. Research Policy, 2002, 31(6):989-1008.

[390] MITCHELL R K, MORSE E A, SHARMA P. The transacting cognition of non-family employees in the family business setting[J] Journal of Business Venturing, 2003,18(4): 533-551.

[391] MODIGLIANI F, MILLER M H. The cost of capital, corporation finance and theory of investment[J]. American Economic Review, 1958,48(4):261-297.

[392] MODIGLIANI F, MILLER M H. Corporate income taxes and the cost of capital: A correction[J]. American Economic Review, 1963,53(3):433-443.

[393] MOJON B, SMETS F, VERMEULEN P.Investment and monetary policy in the euro

area[J].Journal of Banking and Finance, 2002,26(11):2111-2129.

[394] MONTE A D, PAPAGNI E. R&D and the growth of firms: empirical analysis of a panel of Italian firms[J]. Research Policy,2003,32(6):1003-1014.

[395] MORCK R. A history of corporate governance around the world: family business groups to professional managers[M]. Chicago: The University of Chicago Press,2005.

[396] MOYEN N. Investment-cash flow sensitivities: constrained versus unconstrained firms [J]Journal of Finance, 2004,59(5):2061-2092.

[397] MURRAY B. The succession transition process: a longitudinal perspective[J]. Family Business Review, 2003, 16(1):17-33.

[398] MURPHY K J, BAKER G P, GIBBONS R S. Relational contracts and the theory of the firm[J]. Quarterly Journal of Economics, 2002, 117(1):39-84.

[399] MUSTAKALLIO M, AUTIO E, ZAHRA S A. Relational and contractual governance in family firms: effects on strategic decision making[J]. Family Business Review, 2002, 15(3):205-222.

[400] MYERS S C, MAJLUF N S. Corporate financing and investment decisions when firms have information that investors do not have[J].Journal of Financial Economics, 1984, 13(2):187-221.

[401] NAHAPIET J, GHOSHAL S. Social capital, intellectual capital and the creation of value in firms[J].Academy of Management Annual Meeting Proceedings 1997(3):35-39.

[402] NAHAPIET J, GHOSHAL S. Social capital, intellectual capital and the organizational advantage[J].Academy of Management Review,1998,23(2):242-266.

[403] NAHAPIET J. Strategies for the global service firm[J].Financial Times Mastering Global Business, 1999(4):52-57.

[404] NORDQVIST M, WENNBERG K J, BAU M, et al. An entrepreneurial process perspective on succession in family firms[J].Small Business Economics, 2013,40(4):1087-1122.

[405] NORTH D C, THOMAS R P. The rise of the Western World [M]. New York: Cambridge University Press, 1973.

[406] NORTH D C, THOMAS R P. Structure and change in economic history[M]. New York: Norton, 1981.

[407] OPLER T C, PINKOWITZ L, STULZ R, et al.The determinants and implications of corporate cash holdings[J].NBER Working Papers,1997, 52(1):3-46.

[408] OSNES G.Succession and authority: a case study of an African family business and a can chief[J]. International Journal of Cross Cultural Management, 2011,11(2):85-201.

[409] ORBAY H, YURTOGLU B.The impact of corporate governance structures on the corporate investment performance in Turkey[J].Corporate Governance An International Review,2010,14(4):349-363.

[410] PENROSE E. G. The theory of the growth of the firm[M]. New York: Wiley Press,1959.

[411] PETTKER J D, CROSS A D. The new anti-freeze law: a meltdown for the family firm? [J]. Family Business Review, 2010, 2(2):153-172.

[412] PORTES A.Social capital: its origins and applications in modem sociology[J].Annual Review of Sociology, 1998,24(1):1-24.

[413] PORTER M E . Competitive strategy: techniques for analyzing industries and competitors[J]. Social Science Electronic Publishing,1980,(2):86-87.

[414] LA PORTA R, LOPEZ-DE-SILANES F, SHLEIFER A, et al. Legal determinants of external finance[J].Journal of Finance, 1997,52(3):1131-1160.

[415] LA PORTA R, LOPEZ-DE-SILANES F, SHLEIFER A. Law and finance[J]. Journal of Political Economy, 1999,106(6):1113-1155.

[416] LA PORTA R, SILANES F, SHLEIFER A, et al.Investor protection and corporate governance[J]. Journal of Financial Economics, 2000, 58(1-2):3-27.

[417] POTERBA J M, SUMMERS L H.A CEO survey of companies' time horizons and hurdle rates[J].Sloan Management Review, 1995,37(1):43-53.

[418] POWELL T C, ARREGLE J L. Firm performance and the axis of errors[J].Journal of Management Research,2007,7(2):59-77.

[419] PUTNAM R D . The prosperous community: social capital and public life[J]. The American prospect, 1997,(13):35-42

[420] PUTNAM R D, LEONARDI D R. Making democracy work: civic traditions in modern Italy[J]. Contemporary Sociology, 1994, 26(3):306-308.

[421] PUTNAM R D. Bowling alone: america's declining social capital[J]. Journal of Democracy,1995,6(1):223-234.

[422] ROBINSON J. The theory of money and the analysis of output[J]. Review of Economic Studies, 1933,1(1):22-26.

[423] RICHARDSON S . Over-investment of free cash flow[J]. Review of Accounting Studies, 2006, 11(2-3):159-189.

[424] RICHLER J. Social capital supports action [J]. Nature Climate Change, 2019, 9 (3):186.

[425] SANCHEZ-RUIZ P, DASPIT J J, HOLT D T, et al. Family social capital in the family firm: a taxonomic classification, relationships with outcomes, and directions for advancement[J]. Family Business Review, 2019(2):131-153.

[426] SASIDHARAN S, LUKOSE P J, KOMERA S.Financing constraints and investments in R&D:evidence from Indian manufacturing firms[J].The Quarterly Review of Economics and Finance,2015, 55(2):28-39.

参考文献

[427] Scott D. Creating social capital: the distinctive role of the non-government agency[J]. Children Australia, 2016, 24(01):4-7.

[428] SHARMA P . An overview of the field of family business studies: current status and directions for the future[J]. Family Business Review, 2010, 17(1):1-36.

[429] SHARMA P, CHRISMAN J J, CHUA J H. Predictors of satisfaction with the succession process in family firms[J]Journal of Business Venturing, 2003,18(5):667-687.

[430] SHARMA P, CHRISMAN J J, PABLO A L,et al.Determinants of initial satisfaction with the succession process in family firms: a conceptual model[J].Entrepreneurship Theory and Practice, 2001,25(3):17-36.

[431] SHIN H H, KIM Y H. Agency costs and efficiency of business capital investment: evidence from quarterly capital expenditures[J].Journal of Corporate Finance, 2002, 8(2):139-158.

[432] SHLEIFER A, VISHNY R W.Large shareholders and corporate control[J].The Journal of Political Economy, 1986,94(3):461-488.

[433] SMITH C W, WATTS R L. Incentive and tax effects of executive compensation plans [J].Australian Journal of Management,1982,7(2):139-157.

[434] STEIN, JEREMY C. Agency, information and corporate investment[J]. Handbook of the Economics of Finance, 2003:111-165.

[435] STAVROU E T, KLEANTHOUS T, ANASTASIOU T.Leadership personality and firm culture during hereditary transitions in family firms: model development and empirical investigation[J]Journal of Small Business Management, 2010,43(2):187-206.

[436] TOBIN J. A General equilibrium approach to monetary theory[J].Journal of money, Credit and Banking, 1969,1(1):15-29.

[437] TSOUTSOURA M.The effect of succession taxes on family firm investment: evidence from a natural experiment[J]Journal of Finance, 2015,70(2):649-688.

[438] TSAO S M, LIN C H, CHEN V. Family ownership as a moderator between R&D investments and CEO compensation[J].Journal of Business Research, 2015, 68(3): 599-606.

[439] TSAI W, GHOSHAL S. Social capital and value creation: the role of intrafirm networks [J].Academy of Management Journal, 1998,41(4):464-476.

[440] VILLALONGA B, AMIT R.How do family ownership, control, and management affect firm value? [J]Journal of Financial Economics, 2004,80(2):385-417.

[441] WANG Y Z, LO F Y, WENG S M. Family business successors knowledge and willingness on sustainable innovation: the moderating role of leader's approval[J]. Journal of Innovation and Knowledge,2019,4(3):188-195.

[442] WASTON R, WILSON N. Small and medium size enterprise financing: a note on some

of the empirical implications of a pecking order[J]. Journal of Business Finance & Accounting, 2002,29(3):557-578.

[443] WATSON J. Modeling the relationship between networking and firm performance[J]. Journal of Business Venturing, 2007, 22(6):852-874.

[444] WERNERFELT B.A resource-based view of the firm[J].Strategic Management Journal, 1984,5(2):171-180.

[445] WILLIAMSON O E.The economic institutions of capitalism: firms, markets, relational contracting[M].New York: The Free Press,1985.

[446] WILLIAMS J B. The theory of investment value[M].Cambridge: Harvard University Press,1938.

[447] WINTOKI M B,LINCK J S,NETTER J M. Endogeneity and the dynamics of internal corporate governance[J]. Journal of Financial Economics,2012,105(3):581-606.

[448] XU N, XU X, YUAN Q. Political connections, financing friction and corporate investment: evidence from Chinese listed family firms [J]. European Financial Management, 2013,19(4):675-702.

[449] YAN J, SORENSON R. The effect of Confucian values on succession in family business [J].Family Business Review, 2010,19(3):235-250.

[450] ZHAI Z J, ZHANG M. Review on the intergenerational succession of tacit knowledge in family business[J].高千穂論叢, 2016(51):49-66.

[451] Zellweger T M, ASTRACHAN J H. On the emotional value of owning a firm[J]. Family Business Review, 2008, 21(4): 347-363.

参考文献

后　记

　　本书是在我的博士论文基础上修改而成,为了尽可能保持论文的原貌,本书以博士论文中的致谢作为后记,这也最能体现我写作本书时的内心感受!

　　在本书完成的瞬间,对刚刚诞生的作品固然满怀喜悦之情,但涌上心头更多的却是感激。本书的写作既是一段特殊的心路历程,也是一种特别的科研历练;既是对"他者"研究的借鉴和创新,也是对"自我"研究的升华和拓展。可以说,本书既是我自己的一个尝试和挑战,也是智识和学术方面的超越。然而,这种超越当归功于一路上给予我支持与鼓励的师长及亲朋好友。当我在键盘上敲下最后一个字符时,我知道,此刻我终于可以无所顾忌地表达自己的主观感情,也唯有此时,才没有了逻辑上的束缚和表述上的约束。此刻,我想好好利用属于自己的、一点有限的"自由"和"权利",跳出"象征、文化、阐释、模式"等术语和逻辑的拘囿,在"学术以外"表达自己的这一段心路历程。

　　时光荏苒,岁月如梭,时光总是不经意从手指间匆匆流走,似乎还未从离别的惆怅中走出来,转瞬间我毕业即将两年了。在将博士论文整理成书即将出版之际,博士生活又历历在目,几年的酸甜苦辣又一次涌上心头。清晰地记得从收到录取通知书的那一刻起,导师就发给我大量有关财务管理和管理会计方面的文献和资料,要求我认真研读,为后期的研究打基础。入校伊始,导师就对我提出了严格要求,希望我"好做学问、做好学问"。为了不辜负老师的信任和鼓励,我只有夜以继日地勤奋学习以提高专业理论知识,了解学科前沿课题和发展方向,系统深入地学习研究方法,积极参加科研活动,完善自己的知识结构,开阔研究思路。虽然在这个过程中我也曾彷徨、失望、心神憔悴,但在导师的鼓励和帮助下,我很快就找回了坚持财务管理学和管理会计学研究的信心和决心。另外,在理论知识学习的同时,导师又鼓励我积极参与申请课题,从读文献、确定选题,到撰写申请报告,不仅促使我养成了严谨的治学态度、实事求是的学术作风,还使我对科研工作有了更深刻的认识,坚定了以后全力以赴地投入到科研工作并取得一定科研成果的决心和信心。

　　经过两年多的积累和沉淀,我开始了博士论文选题的思寻。没有想到这个过程异常艰难,一个一个选题被否定,然后又重新海量读文献、激发灵感。多少次凌

（side）社会资本视角下我国家族企业代际传承与投资决策研究

晨三点还在读文献、写报告，多少次梦中构思论文而惊醒，多少次都在读文献、选题目、上班、照顾孩子等各种模式中快速转换……经过一年反反复复的推敲、高潮低谷的不断交替、数不清不眠之夜的煎熬，我终于在导师的指导下确定了博士论文的选题。人生中往往会有几个重要的转折点，在选择读博时，我没想到这条路会如此的艰辛与坎坷。面对学业上的压力、单位工作的繁重、家庭生活的干扰，我曾失落过、彷徨过，也常伴随不安与浮躁，但在导师耐心和悉心的关怀和疏导下，在同学真心地帮助和扶持下，在家人的理解和支持下，我克服了各种困难和诱惑，直到今天仍执着于当初的选择而不曾后悔，无论未来如何，那段求学生涯将永远铭刻在我心中。

学业有限，学术无涯。在东北财经大学攻读博士的几年，是我人生成长的重要阶段。一路走来，遇到太多贵人相助，无以回报，唯有言语的致谢：

首先，衷心感谢导师王满教授细致入微的指导。您是一位善良、优雅、知性、睿智的学者，您严谨的治学态度、实事求是的学术作风，不染俗流的学者风骨，诲人不倦的师长风范，为我树立了做人、做事、做学问的楷模。老师，感谢您不嫌弃我天资愚钝，"手把手"地领我进入会计学术殿堂，让我较早地接触学术前沿和培养对学术的兴趣；老师，感谢您给予我信任、鼓励和指导，不管是小论文还是博士论文，从选题到写作，您都倾注了大量的心血为我指明研究方向、理清研究思路、完善研究设计并提出了许多宝贵的修改意见和具有针对性的建议。没有您的指导，我的小论文的发表和博士论文的写作不会这么顺利。此外，我还要感谢您在平时生活中母亲般的关心和呵护，让背井离乡来大连求学的我感到无比的温暖。在博士期间我能够师从于您，我感到很庆幸。师恩浩荡，终生无以回报！

感谢孙光国院长，您的鼓励让我拾起读博的信心，您精益求精的教学风格，诲人不倦的高尚师德，严以律己、宽以待人的崇高风范，朴实无华、平易近人的人格魅力是我学习的楷模；感谢张先治教授，您的财务学理论课程为我们构建了良好的财务学理论框架，使我对整个财务学理论框架有了清晰的认识；感谢刘淑莲教授，您在经典文献选读课程上带我们阅读了财务学方面的经典外文文献，既使我们深化了对经典理论的学习，也培养了我们阅读外文文献的能力；感谢方红星副校长，您的财务与会计研究方法课程通过回顾经典文献的方式传授我们财务、会计领域常用的研究方法，以及如何规范地使用这些方法；感谢耿云江教授为我的研究出谋划策，指点迷津，您自身的学术和人格魅力深深地感染和启发了我，成为我人生之路上的一笔宝贵财富。

读博以来，我一直保持着与同门之间的密切联系，本书的写成也得益于与他们的长期交流。特别值得感谢的是我的师妹马影博士，她的学术造诣让我钦佩，她的智慧、鼓励和与她的交流常常使我冒出思想的火花，也激发了我继续深入探索的动力和勇气。另外，感恩师门的兄弟姐妹们和我的同窗好友，感谢师门于浩洋博士、刘子旭博士、钟芳博士、孙玮博士、徐晨阳博士、彭博博士等人，感谢你们在师门讨论会上为我的小论文和博士论文提出宝贵意见，这些意见或给我启发或给我思路，帮助我更好地修改了小论文和毕业论文。感谢我的同学马丽娜博士和沙秀娟博士，一路走来与你们相伴一起学习、相互讨论、共同进步，因为有你们我的博士生活才不至于那么枯燥。

另外，我更应该感谢的是一直支持我、鼓励我的家人。感谢我的爸爸、妈妈、老公、双胞胎女儿和弟弟妹妹们在我读博士期间无怨无悔、默默地全力支持着我，你们知道我的学习压力大，总是打电话来关心我的近况，给我无限的关怀。谢谢你们在博士期间这段艰难的时光给我爱与包容，你们永远是我前进和努力的动力。对于你们无私的奉献我无以回报，也真心希望我的收获能给你们带去欣慰。

最后要特别感谢立信会计出版社的毕芸芸老师，她作为策划编辑和责任编辑，付出了太多的辛苦与努力，她对文稿一丝不苟的认真与苛求让我既紧张又感动，也感谢毕芸芸老师身后我所不知名的团队所做的工作。

"路漫漫其修远兮，吾将上下而求索"，加油吧！谨以此书献给所有关心和帮助过我的师长、亲人和朋友们！祝你们永远健康、幸福、快乐！

姜　阳

2021 年 12 月